U0939576

The Junks and Sampans of the Yangtze

中国长江帆船通鉴

[英] 夏士德——著　王予和——编译

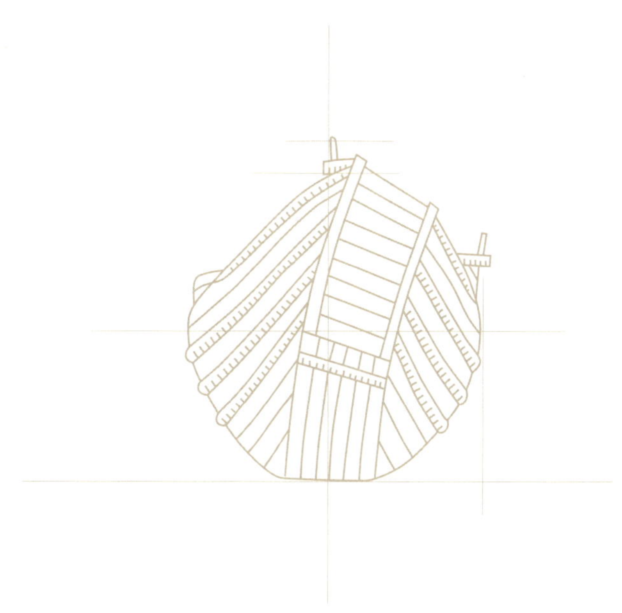

同济大学出版社 · 上海

目录

CONTENTS

第24章

长江上游的帆船与舢板

麻秧子船

麻秧子船在定期来往航行于重庆下游的各型帆船中占有重要地位。该型船通常都是大型帆船，但是也能按照船东想要的尺寸任意建造，大者长达110英尺，小者只有36英尺长。图24-1显示了目前在用的最大型麻秧子船。据报道，麻秧子船是蒸汽机船引进长江之前大型帆船，长达150英尺或者更长。

这种帆船长102英尺，宽19英尺，深8.5英尺，通体使用万县出产的坚硬柏木建造，设置14道舱壁，外观十分牢固。这种沉重的结构必然影响美观，但是看上去很匀称。

船体牢固是因为采取炮塔式结构，使用覆合式窄甲板。使用贯通船全长的粗壮长椈木(1)来增加强度。方形船艏使用突出的大横梁(2)；这些大横梁总共有7根，分布在船的前前后后，形成显著特点。较低的4英寸宽的舱口围板(3)从船艏延伸到甲板室。

鲸背甲板纵向铺设，也安装在船底外板下面。船艏板横向排列到水线下面，连接纵向安装的船底外板。船体使用28根半肋骨代替完整肋骨，即用厚梁木间隔安装，侧通到横舱壁之间的船底，形成船体结构。平面高船艉渐渐弯曲至水面。船艉板从船底垂直地升上来，上面部分水平排列。船艉设有带滑动门的方形小舷窗。

平甲板活动铺板横向安放，连续到舷弧船体。第二(4)和第三(5)大前横梁绑到横梁(6)上面用于摇橹。

固定截短硬木绞盘，底部包铁，可以安装在前甲板第五舱壁(7)横梁上面。杉木桅杆高达80多英尺，安装在桅座(8)上面，桅座高出甲板面6英尺。每个桅座上面都安装有一个系索耳，用于系住斜桁四角帆的升降索。

甲板室又短又矮，从桅杆后面约5英尺处开始，厨房木炭炉放在敞露空间的左边。甲板室拱形横梁下面有一个挂架，还有几个带锁橱柜，提供放置炊具的空间。

货舱最深大约8英尺，这使帆船下行时载运量达到100吨，上行达到80吨。船上带有一个便携式竹制抽水机，用于清空舱底水。

操舵室(9)位于甲板室后面，舱壁内倾，舱顶比其他帆船舵机舱的舱顶高，艉甲板室室顶渐渐升至船艉顶高，那里安装有两个高栓(10)，用于盘卷备用篾缆。

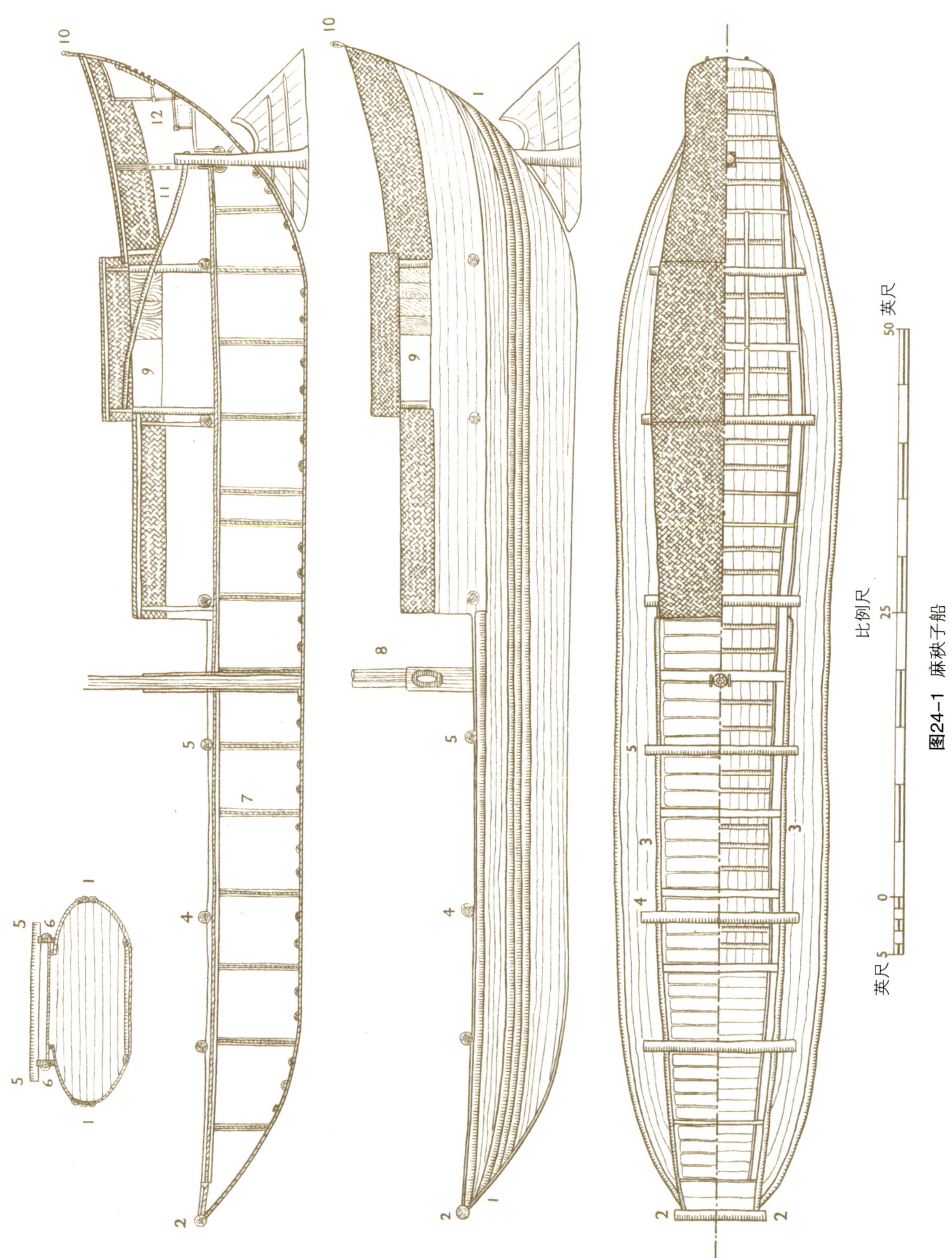

图24-1 麻秧子船

舵柄(11)长 25 英尺,微弯到位于第 11 道舱壁的指挥位置,在难于航行的急流中航行时需要 3 名船员共同操纵。

船艉甲板室可以是单舱室,也可以分为两个舱室,通过陡梯(12)进出。滑动舱门上面的壁龛从任意一边延伸到小格栅平台,那里挂有镜子、图片和装饰物。

麻秧子船配备多少船员根据帆船大小而定,长约 90 英尺的帆船配备 8 名长期船员,上行航程总共配备 60 名船员,下行航程配备 50 名船员。下行航程四支橹每支配备 12 人,船艏桨(艏梢)需用 13 人;而上行航程则需要 16 人负责船艏桨(首梢)和 50 人拉纤。

遇到急流时需要增加纤夫,新滩可能需要多达 300 名或者 400 名苦力拖缆,齐心协力把船拖过急流。这种行动平均每次花费 30 美元,无论使用多少纤夫。

梢 麻 秧 船

梢麻秧船,如图 24-2 所示,在重庆很少看到;确实,该型船很难称为长江上游帆船,因为它们通常都是在宜昌与沙市和长江中游其他港口之间进行贸易。该型船通常长约 85 英尺,宽 16 英尺,深 8 英尺;像其对手麻秧子船一样,是一种塔形炮塔式结构的深吃水船。该型船的尺寸与南河船几乎完全一样,也采用很相像的型线,除鲸背甲板(1)以外,顶面作为在浅水区从船艏到船艉撑篙的无障碍通道。

这种行进方法完全不同于正常的长江上游帆船惯例,表明梢麻秧船可能为长江下游船。而且,撑篙通道赋予其新奇外观。

这种撑篙方法由一名或者多名船员进行,每名篙手使用一根铁头竹篙。他们依次站到船艏,每名篙手都将手中竹篙插入浅水直至抵住河床。篙手用篙端抵住肩头,然后弯腰撑篙,有时甚至用几乎达到俯卧的角度,走过通道。篙手从船艏撑到船艉后再返回船艏,重复这一过程。

方形船艏几乎不变尖,宽船艉为钝圆形,设有船东舱室(2)。牢固的榭木(3)从船艏通到船艉,就在撑篙通道下面。

涪 州 面 粉 船

如果不描述涪州明轮船,对长江上游帆船的记录就不完整,内河蒸汽机船船长很高兴,因为他们忍不住告诉好奇的乘客,这些都是划桨到重庆的新型帆船。看到其厨房高高的烟囱往外冒烟时,这种认识的错觉进一步加剧了。

长江上游没有哪种帆船比这种船只更感恩、膜拜杨幺——操船者的保护神,因为据信,正是他在 12 世纪发明了明轮船。

实际上,这些浮动的面粉船由老式帆船组成,船上盖着一间传统大房子,采用席顶。帆船配备两对短桨,停泊时随意收起来,起航时放下去划桨涉过激流。

整个配置,结构精巧而且非常有效,不会发生任何故障,并使营运成本降到最低。任何帆船都能用于这个目的,但是最受欢迎的船型还是舵笼子船。

如图 24-3 所显示的帆船通常分为 3 个舱室,艏楼上最前面舱室(1)用作库房和船上厨房。船体中部舱室搬开甲板,在帆船船底安放磨面机械。后舱室(2)用作成品库房,同时也用作船员居住舱室,包括 2 名磨面工和 2 名船员,工资根据工作时间和效能计发,每月 10～16 美元。

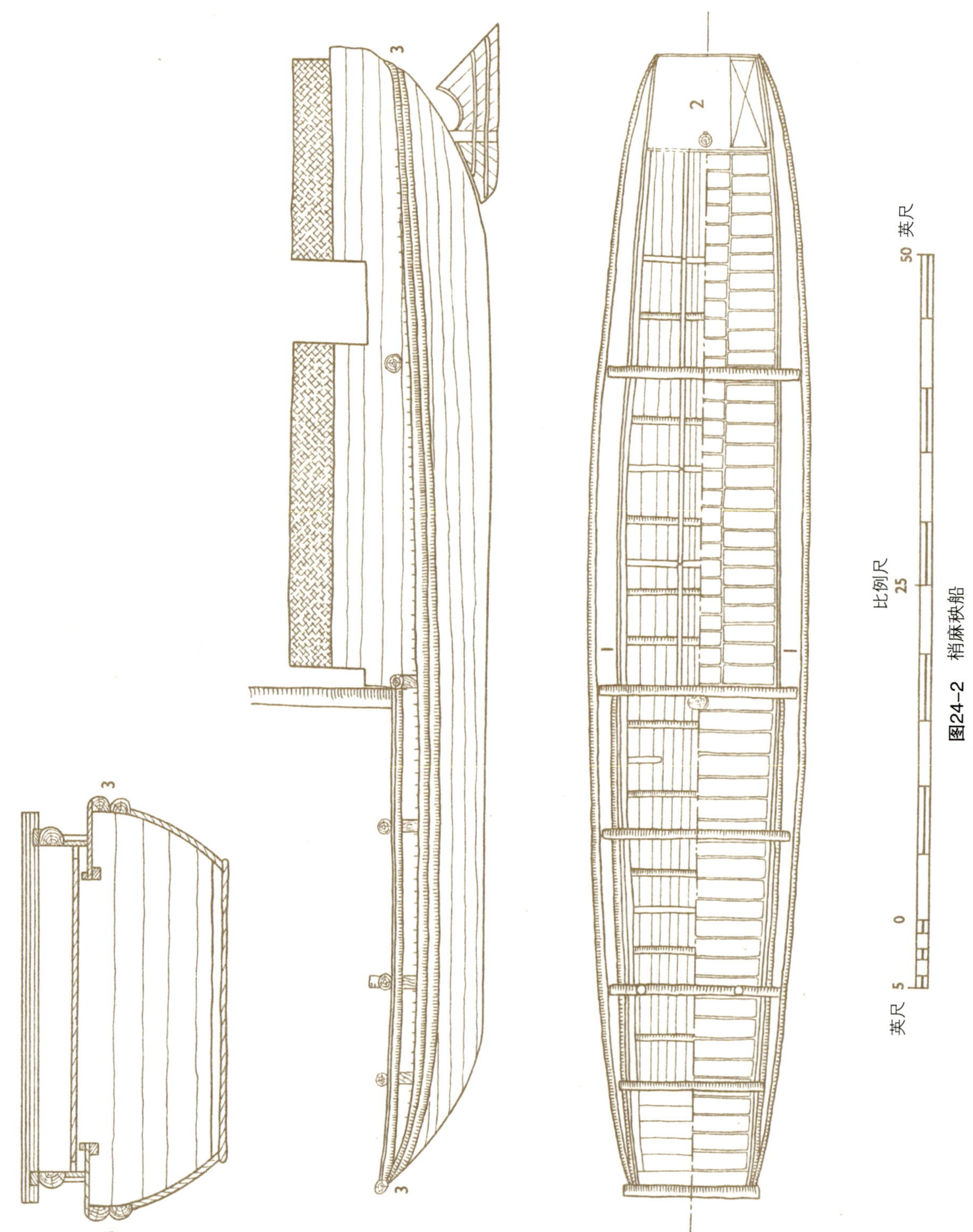

图24-2 梢麻秧船

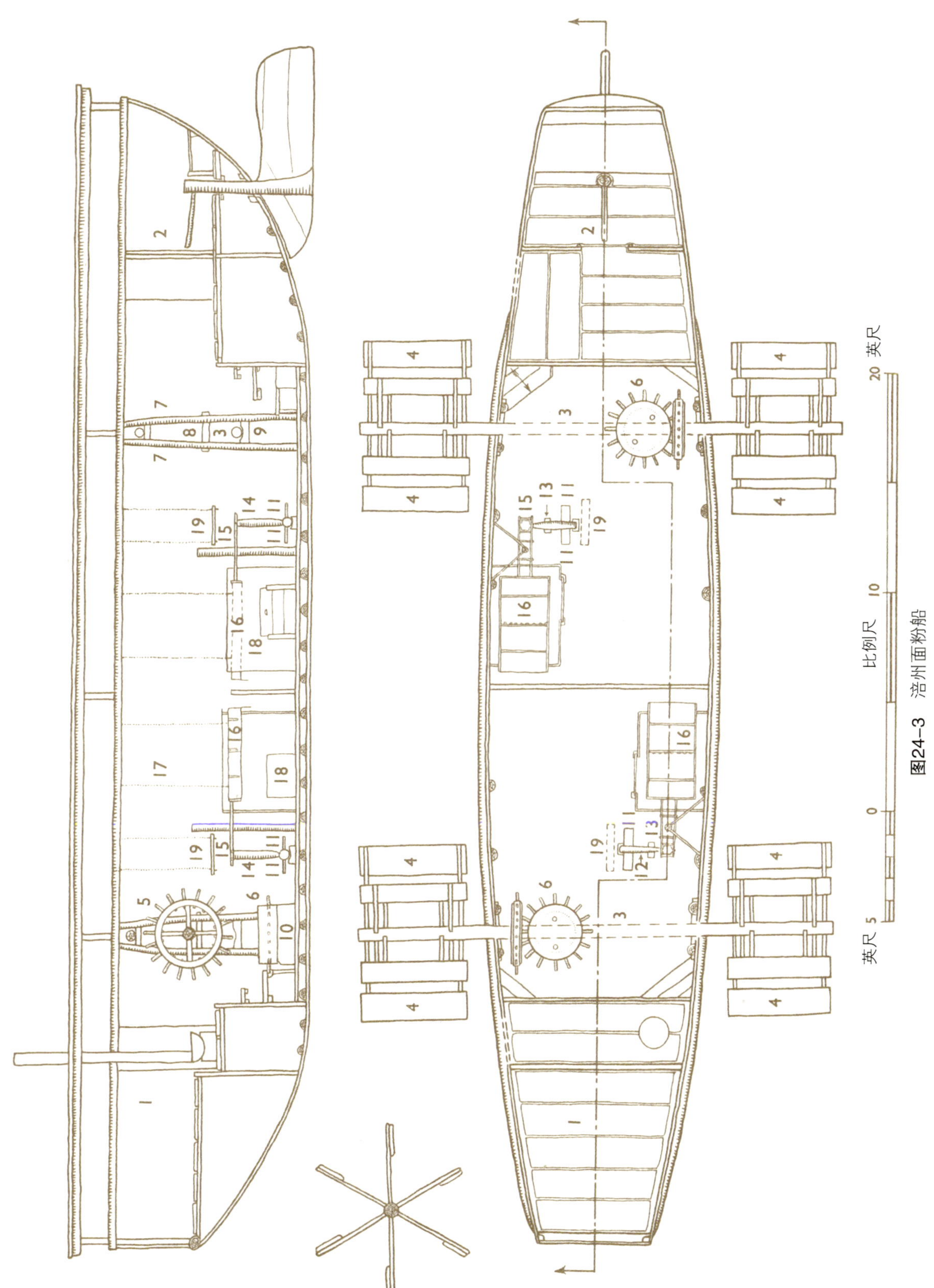

图24-3　涪州面粉船

磨面设备主要包括石磨(6)和网筛(16)。通过河水对踩板(4)的作用转动石磨,通过脚踏带动网筛。

磨面设备包括一根木轴(3)带动每个末端和木嵌齿轮(5)之间的踩板(4),很像帆船的舵轮,装有加入16个木齿驱动下面石磨(6)的18个大木齿。这些磨面装置严格重复第二对踩板。偶尔,可以看到3对踩板。这台笨重的机器忽动忽停迟钝含糊;以大量反冲、旋转的方式运转着。

轴系(3)架在两边靠近船舷和固定在帆船船底和舱顶的两对坚硬立柱(7)上面。附加强度由立柱之间的两根横木提供,一根靠紧房顶,另一根(9)离船底2.5英尺高。

当磨面机械不用时,轴系(3)完全提升,明轮和嵌齿轮绑到一起,放在钉入立柱的大木钉(8)上面,离船底4英尺高处。拔出大木钉时,轴系(3)用一根穿过立柱(7)的细索降低到下横木(9)上面,弯曲减小摩擦力。这个位置的踩板进入水中,磨面机械开始工作。

石磨(6)被固定在船底,分为上下两扇,下扇(10)为固定部分,而凿有斜槽的上扇转动。上扇顶部像茶碟一样,放小麦,流进两个小孔,当水流急时碾磨麦面。当水流不急时,将一个孔塞紧。面粉被石磨上下扇碾出。

网筛由脚踩板(11)、连接片(12)、硬木材(13)和立柱(14)四个部分组成。脚踩板成直角固定连接片;连接片搁在两块木材上面,带有立柱,通过摇杆连接。它依次通过另一根摇杆绑紧筛架(15)通向网筛(16),使用从舱顶垂下的细索(17)系紧四个筛角。网筛下面是一个靠紧船边的大接面斗(18)。

磨面工面向内站在脚踩板上面(11),肘部搭在房顶吊下来的木架(19)上面,就像自行车的手把。踩板运动使连接片从一边倾斜到另一边,这种交替推拉筛架,网筛前后成直角运动。

磨面工轮班作业,以便磨面房能够长期连续工作。按照说明,磨面机械每昼夜能够连续磨840斤小麦。将这些小麦磨筛五遍,能够得到720斤面粉。奇怪的是为什么不将网筛与水力相连接,以便一并解除体力劳动。

本书这一章开头已经指出,驱动装置上的轮齿不同于石磨上的那些轮齿。因此,这种传动系统符合现代工艺,因为啮合布置的不等数轮齿保持均匀磨耗。这种轮机工程原理比较新,在引进齿轮减速汽轮机之前没有进入推广使用。

现在可以合理地假设中国使用这种工艺已有几个世纪,不光是对于涪州面粉船,而且对于所有需要啮合齿轮的各种机械设备的行当都是如此,问题是西方国家是否将这种原理的发现归功于中国人。

红船或救生船

最有趣的船型之一也许是较为现代的红船。说它有趣,并不是因为设计简单,而是因为其用途是救生。所有人都应感到遗憾的是,这种营救了许多生命的服务已经没有了。

如图24-4所示红船是一种全长30英尺、最大宽度7英尺、结构良好和适于航海的小船;比“重庆划子”还小许多,采用相同型线,很容易操纵。舷边通常写有“龙门下浩救生船”这七个大字,每个字周围都画有一个白圈。船只左舷船艉飘扬着写有“救生船”三个大字的旗帜,靠旗杆边竖排红底黑字写着“重庆市南岸下龙门浩防溺救生会”。

新型改良船或者多用途帆船

这种耐用帆船,载运量分为20吨、40吨和60吨三种,也许是首次真正全新设计长期使用的帆船;实际上是,有人推测可能能用几个世纪。

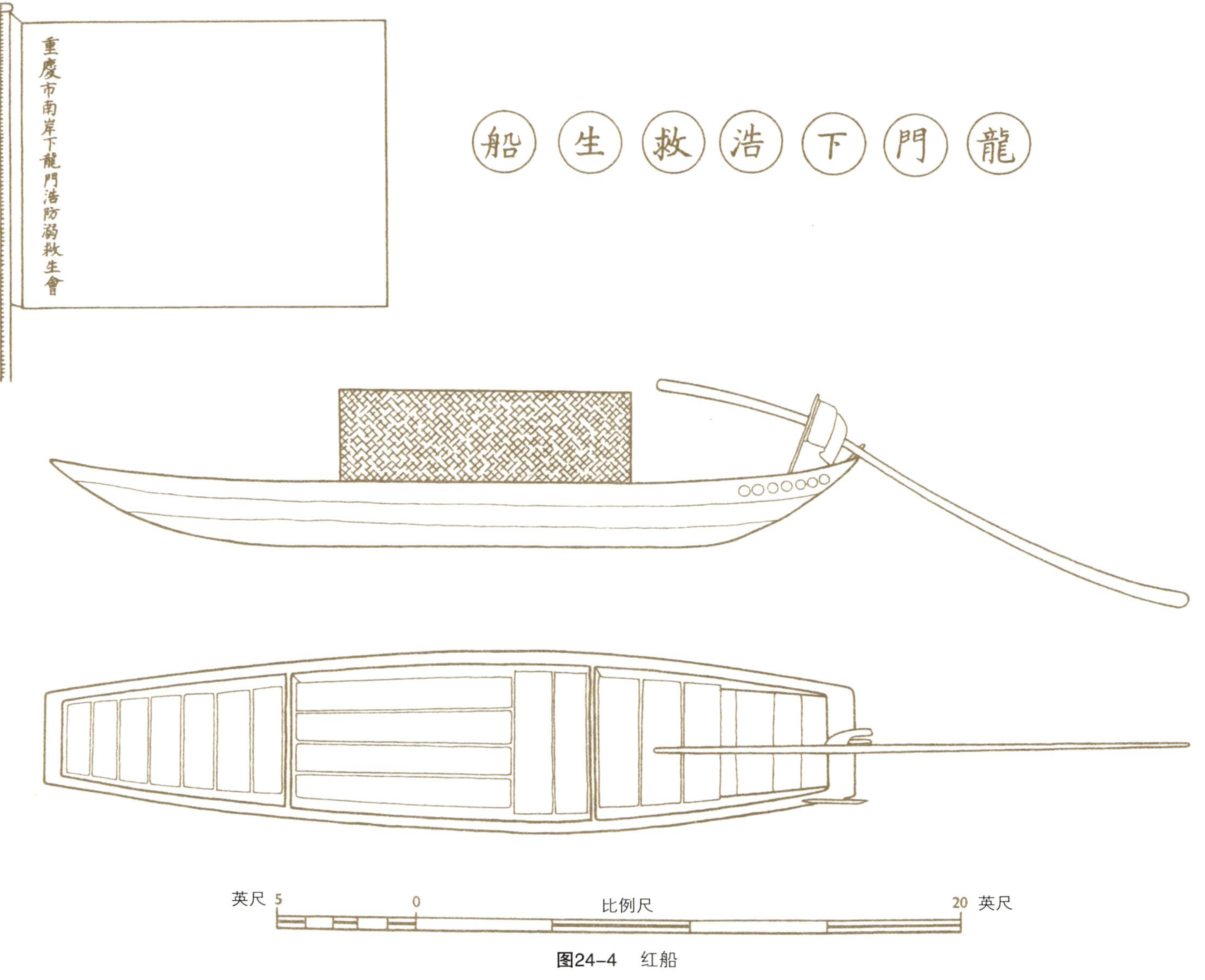

图24-4　红船

新型帆船似乎寻求把许多现有船型的最佳特点与一些现代创新结合起来，以便造出适合全部内河航道的近标准化船只。设计绝非原创设计，似乎主要受启发于桐油驳船。

这些帆船首次由政府赞助于1939年引进，投入使用数量较多。还需进一步改进和改造，经过试验，最后定型。因循守旧的船员们认为，他们现在使用的帆船太沉重。

像其他所有帆船一样，它们在非本质方面有很大不同。如图24－5所示，这种典型的帆船，船长66.5英尺，宽13英尺，深5英尺。

这种帆船使用柏木建造，船体在舱底拐弯处使用1根内龙骨(1)和2根边内龙骨(2)加固，使用青杠木船底外板固定。这里使用无数道横舱壁，通常使用3个"隔离舱"(3)，每个都装有人孔门(4)。偶尔在大型帆船上能够看到这些隔离舱，每个都是小舱室，不存放货物，有两个小孔通向两边紧邻的大货舱。它们的功能是方便排干进入货舱的水分。

高大的匙形船艏至横向大艏柱梁(5)装有桨架导缆孔。该横梁在船艏两边突出6英寸，提供帆船的一个主要特性。两根大硬木缆柱(6)固定在船体结构上，通过切到甲板高度楔入甲板铺板，开槽连接舱壁的木材。然而，它们的位置有些变化。柏木平甲板采用低边材，甲板室的后面让位给舷墙。代替普通活动列板，大部分甲板船中部都用低舱口围板，长度和宽度都有变化，但总是覆盖相当大部分的甲板。部分可拆卸舱口盖(7)为水密舱盖。新型帆船的另一个现代特点是明显刻在船艏两边着色的罗马数字和外国注册编号。

船艉外形较宽，相当上翘，微微内倾，席顶，有门，通常里面只放方形大床(8)。桅杆后面开始的甲板室延伸到指挥位置(9)，同正常设置没有变化。轻型杉木桅杆按照普通方式紧靠舱壁安装。舵似乎一样，简单的船上厨房炉灶放在左边，"泥滩锚"(10)全是传统风格。

宜昌划子

宜昌划子这种船没有什么原创性，也不特别引人注意，如图24－6所示，划子是一种开式船，艏楼除外，划子长29英尺，宽6英尺。

宜昌划子靠划动两支或者三支桨推进，其中一支由头桨手划动，他有时也撑钩篙，而另外一两支桨，有时外加一个舵，由船老大操纵。船老大将两支长14英尺大桨的桨柄横在面前用双手划动，用一只脚蹬舵柄操舵，另一只脚保持平衡，这是在长江上行船的一种令人称奇的秘技。同样令人惊异的是，船老大知道舵柄的准确位置，虽然背对着舵，这等"脚技"使他无须左顾右盼就能找到舵柄。

像头桨手一样，他也撑篙，撑篙时通常用手臂夹紧，而一只脚和手交替操纵舵柄。他的困难因为使用夏天遮阳、冬天避雨的席篷而增大。通常，席篷已经破损，既不能遮阳也不能避雨，倒是很影响视野。

这些船员高超的技艺和能力充分体现为他们登上全速航行的船只的勇气和判断力。蒸汽机船一进入宜昌，这些舢板船队几乎就同时去迎接。

简单地说，方法是"随波逐流"到蒸汽机船两旁用钩篙停住，幸运的舢板靠得更近。此后，船老大急忙转向调头。头桨手同时抓紧钩篙，以便使劲时放松备用长竿，并尽快用端头带挽钩的短系艇索系紧舢板。

当一艘船的船员被拖到另一艘上，或在另一艘船上被拽走时，彼此之间从来不会表现出怨恨。常常看到五六艘划子并排停靠，最近的蒸汽机船随机应变。

这样做需要承担的巨大风险与节省几分钟时间似乎无法相比，据记载，没耐心的乘客或者拉客住宿的推销员伤亡很大，他们跳过急流和鸿沟，跃上蒸汽机船或从那船上跳下。

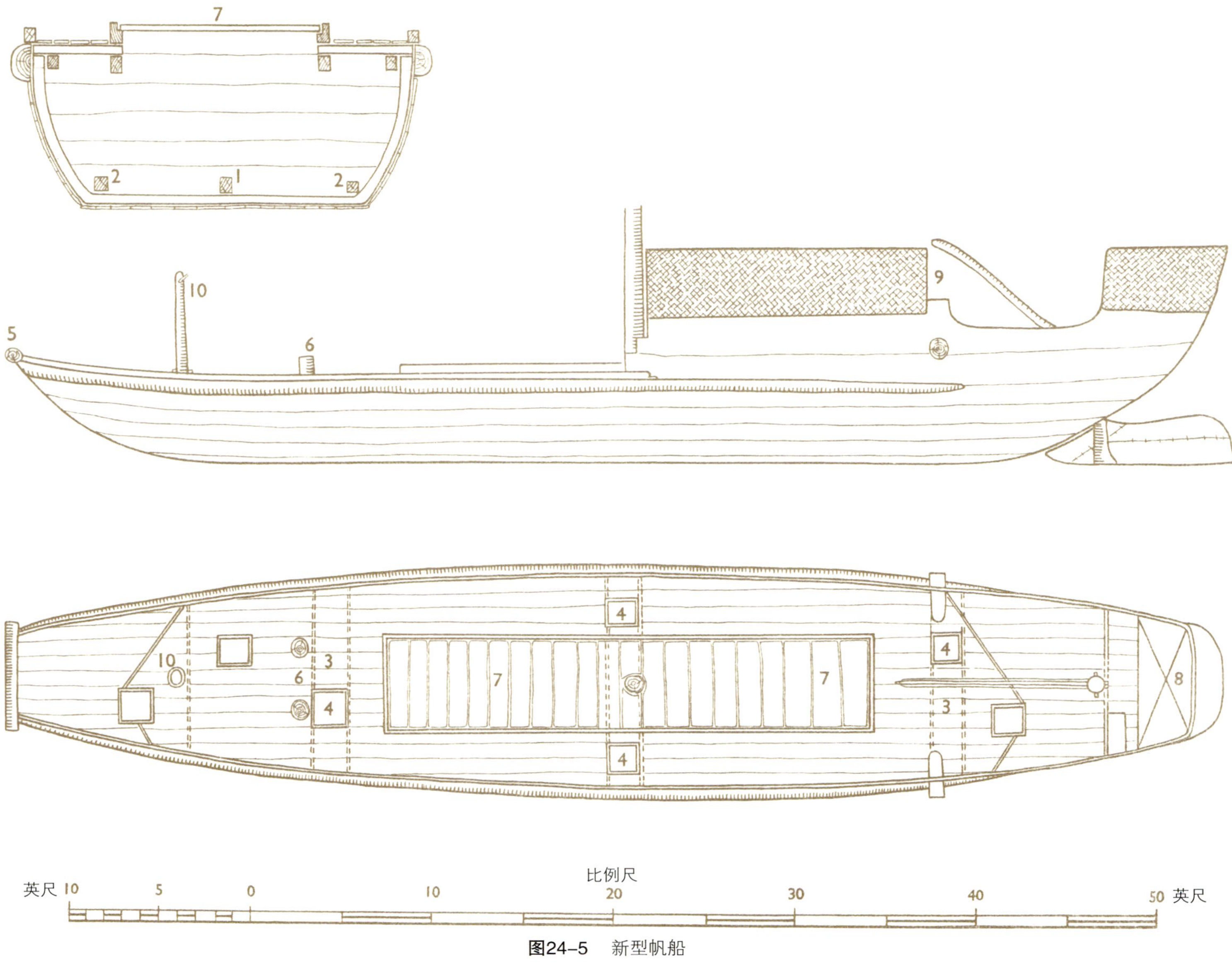

图24–5 新型帆船

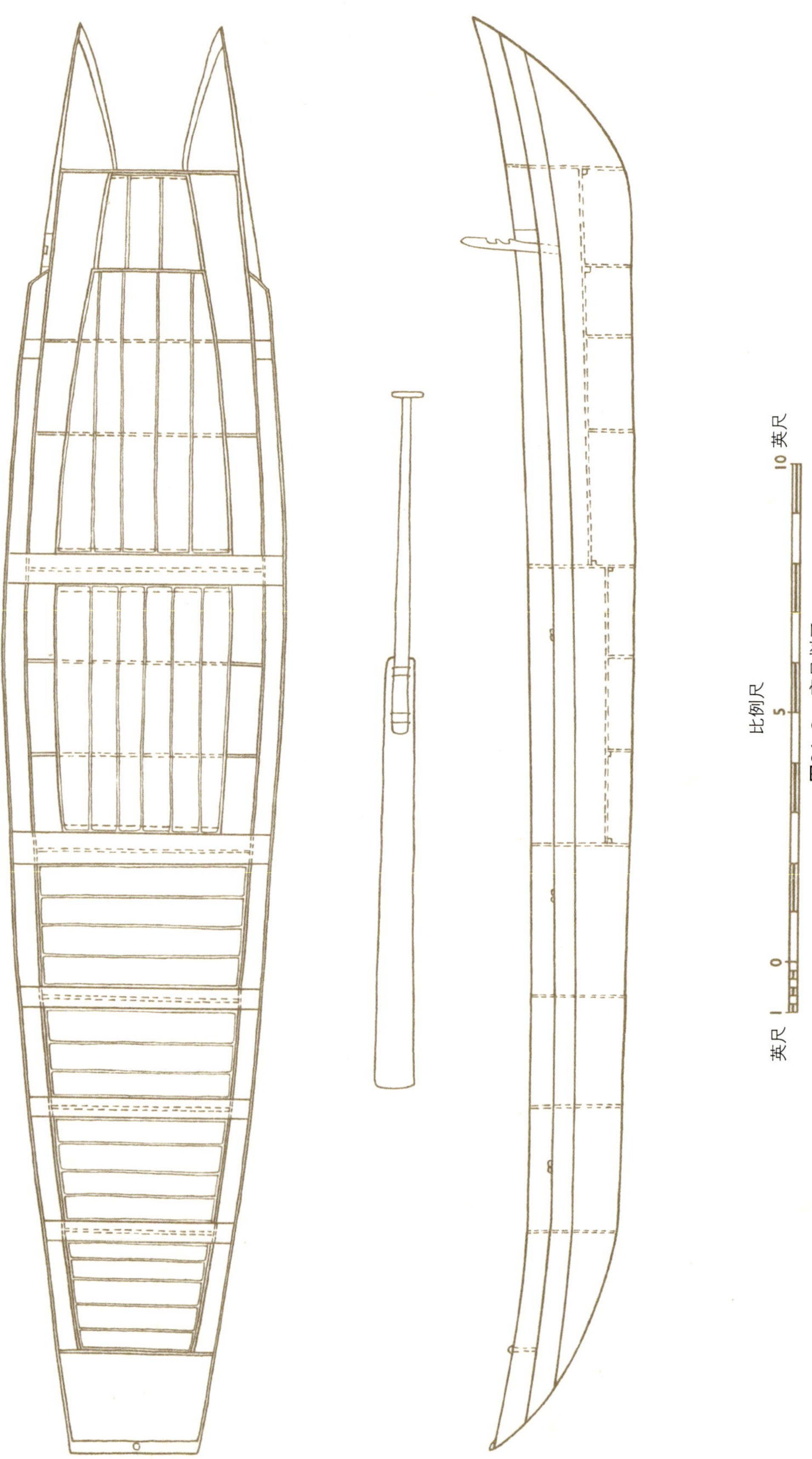

图24-6 宜昌划子

他们莽撞跳帮时携带的大篮食物、煤油罐、被服卷、婴孩和小鸡等，使得他们行动不便，显得极为尴尬。

这种跳帮做法时常在夜间进行，在宜昌已发展成为一门精彩却很危险的绝活，不过，经常以生命为代价。

重庆划子

重庆划子是一种尺寸几乎完全相同的两头船，建造牢固结实，适合在长江上游急流和强大水流中航行，如图24－7所示，全长40英尺，最宽8英尺。

该型船使用3道舱壁加固，中心舱壁(1)位于船的正中位置，其他两道舱壁(2)位于两边7英尺处。从后舱壁到船艉，甲板与船舷上缘齐平，专供舵手使用。前面相应部分也与船舷上缘齐平，留给头桨手(3)使用。其余两个船体中部舱(4)供乘客使用和存放货物。舱底板全部是活动的，需要时可以搭起来用作座位。这种船不用舵，使用相当于船体三分之二长的大舵桨(尾梢)(5)，代替舵的作用。

重庆划子用作渡船摆渡时，除2～3名船员外，可以载运多达25人，甚至会不顾安全地载运多达40人。船老大或者舵手站在船艉，右手操纵左舷小桨(6)控制船只，右手操纵大舵桨。长而弯曲的舵桨(尾梢)(5)，在重心处使用突出边开有长槽(8)的颊板(7)加固。轴承销(9)插在长槽内，使得舵桨牢固地定位，但允许它作最大限度的运作。轴承销(9)放成斜角，方便大舵桨运动，使其更容易拆卸。侧加强筋(7)用铁丝绑紧，桨柄(10)弯曲，适合用手抓。桨叶也是曲形，弄成这种形状是为了确保尽量伸入水中，但又不是很深。

头桨手站在船艏划桨，承担随时使用桨或者通用钩篙(11)推进船只的责任。这些桨手使用钩篙的技能令人惊异。桨到之处，轻舟飘过。长江多石的江岸到处都是各种船只和各种钩篙戳出的洞孔。

然而，也有用舵而不用舵桨的重庆划子。重庆划子虽然稍有不同，但是尺寸和外观都一样，通常专门用于运输港口货物。

撒网捉鱼船

撒网捉鱼船是一种与众不同的船型。如图24－8所示，该型船长约12英尺，宽3英尺，专门设计用于重庆礁湖水域。

撒网捉鱼船的真正工作是撒网或者用水獭捕鱼。这两种捕鱼方法需要技巧。撒网捕鱼由一人进行，他站在船艏，左手提网。渔网使用大麻制成，但更多的是使用真正的白麻属植物“四川大麻”制成，形状为圆形，周边系有小铅块加重。渔夫转身面向想要的方向，将渔网从左手转到右手，随着划桨运动，把渔网撒向正前方，落到离船艏至少8英尺远的地方，张开成正圆形，沉入水中。

虽然渔夫技能高超，但是使用这种方法或者其他方法捕到的鱼还是很少，所以江鱼在重庆被视为珍品，奇货可居。

在长江上游的有些浅湖静水中使用水獭捕鱼也用同一种小舢板。

船只慢慢漂流，渔夫用上述方法撒网。同时，他还利用一两只经过训练的水獭捕鱼，水獭被用细竹竿头连着细铁链的一种皮圈栓住。渔网尾部有一段有开口的长颈，撒网后通过开口放进水獭搅动泥中和湖底石缝里的鱼，以便它们在收网时陷入渔网。接着，将水獭、渔网和鱼一同拉上岸。

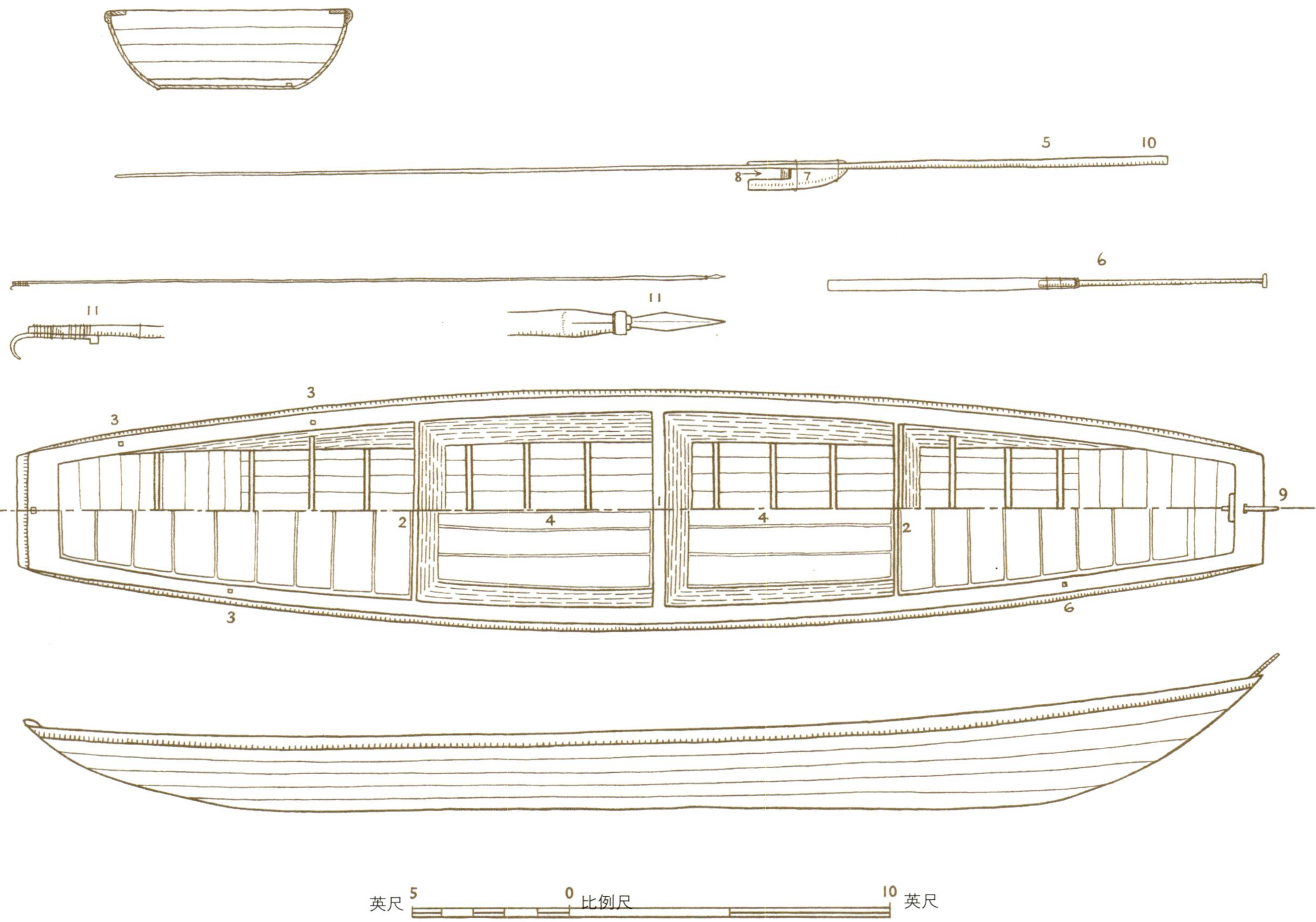

图24-7 重庆划子

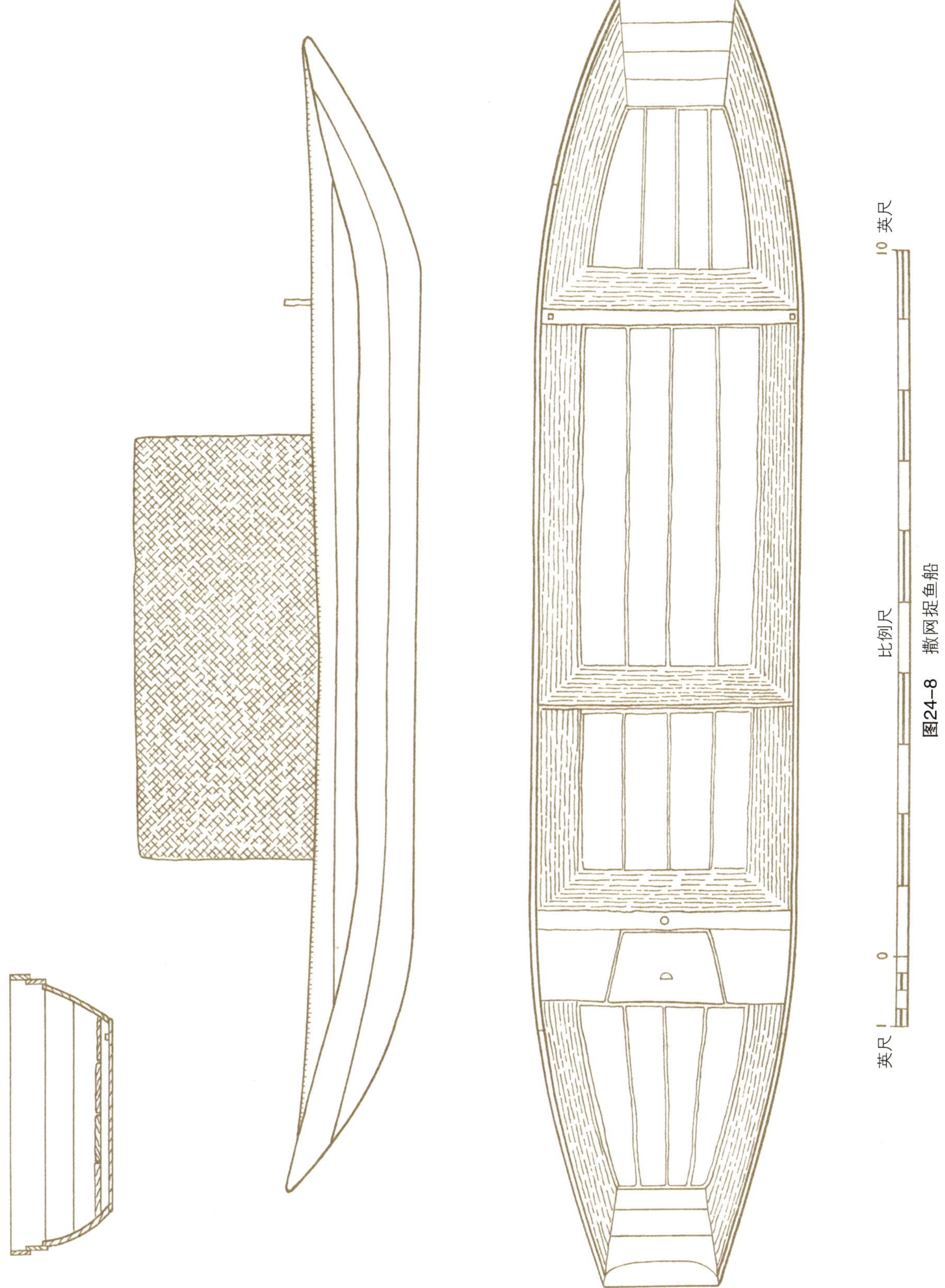

图24-8 撒网捉鱼船

长江上游竹筏

长江上游的竹筏并不引人注目。这些竹筏被粗、中、细竹竿绑到一起，形成大、中、小型竹筏。

竹筏顺江漂流，充分利用激流，从左岸到右岸或者从右岸到左岸，保持筏子处于激流。绑住竹筏是实现这个目标的方法，通过描述的"水耙"完成。如图 24－9 所示，这包括使用一根 6 股篾索将整个竹筏绑成长宽分别为 4.5 英尺×3 英尺，厚 6 英寸的椭圆形（1）。插入一根 15 英尺长的竹竿（2），把椭圆体分为两半，用两根竹钉（3）通过竹杆上的孔（4）和椭圆体钉紧。将水耙在江中尽可能地向远处猛推，然后拉向竹筏，以此来完成划桨运动。

很明显，划动竹筏需要相当的技能和方法，由竹筏上的船工控制适当的前进方向。

竹筏上不带绳索或者其他类似装置，只偶尔使用竹竿绑块木板制成的临时桨。如此缺乏其他机械辅助设备的竹筏操控必须具有很好的判断力，特别是在迎风行驶或者避开挡道的障碍时，还必须了解航速。

竹筏用小捆竹竿绑成，这样的排列可以收拢成狭窄细长的一个点来当作船头，虽然不能假定航行一定首先需要船头。把额外竹捆叠加起来可使船员的位置更高和更干燥。通过增加更多竹捆来扩大竹筏是一件很容易的事情。

更大型的竹筏上有时使用临时准备的首桨和舵桨，两侧使用临时桨。竹筏使用船员数量不等，最小型的竹筏只需 1 名船员，最大型竹筏配备多达 6 名船员。有时，可能运输非重要货物，例如稻草捆，偶尔也可以运输乘客。

这些竹筏，随水流高速漂行一般都难以控制，因此所有其他船只都会远远避开。

扒窝子船

扒窝子船，如图 24－10 所示，是能够进入长江上游支流进行贸易的大型帆船，令人惊异的是这么大的船只能够用于这种目的，因为它们长 58 英尺，宽 9.5 英尺。该型船必须通过的浅水区按其吃水表示，载运量达到满载 67 担时只有大约 6 英寸，而全深只有 3 英尺。

扒窝子船结构简单，船体使用柏木建造，船底使用青杠木，设置 6 道舱壁和 6 根半肋骨。

实际上，该型特种帆船来往于重庆到长江上游被称为"雨林"的小支流，到高滩镇和邻水镇进行交易。这两个小镇是从周围乡村收购食品的中心。常常一次性收购 30 头猪，放在船中部，运往重庆，帆船返回时运输食盐和蔗糖。这种帆船偶尔也运输石材。

扒窝子船经常使用横帆，但是更多的是靠拉纤和划桨推进。

古林陀煤船

宜昌上游 134 英里处的长江右岸有个集镇叫古林陀，它是磨刀溪流域煤的产销集散中心。蜿蜒曲折的磨刀溪在古林陀附近的石板滩下面进入长江。夏季，帆船上行大约 8 英里到那里装煤；冬季，磨刀溪不再适合帆船航行，便用骡马到溪口运煤。

古林陀煤船的结构尺寸相当统一，它们从古林陀运煤远达巫山。如图 24－11 所示，古林陀煤船长

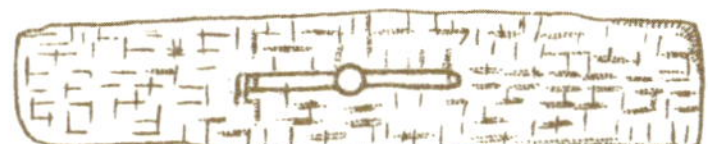

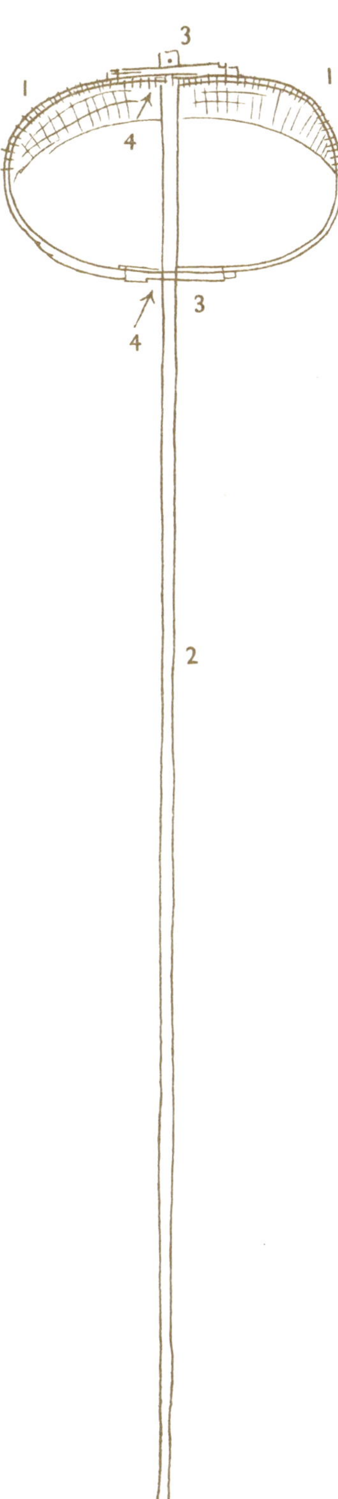

图24－9 长江上游竹筏

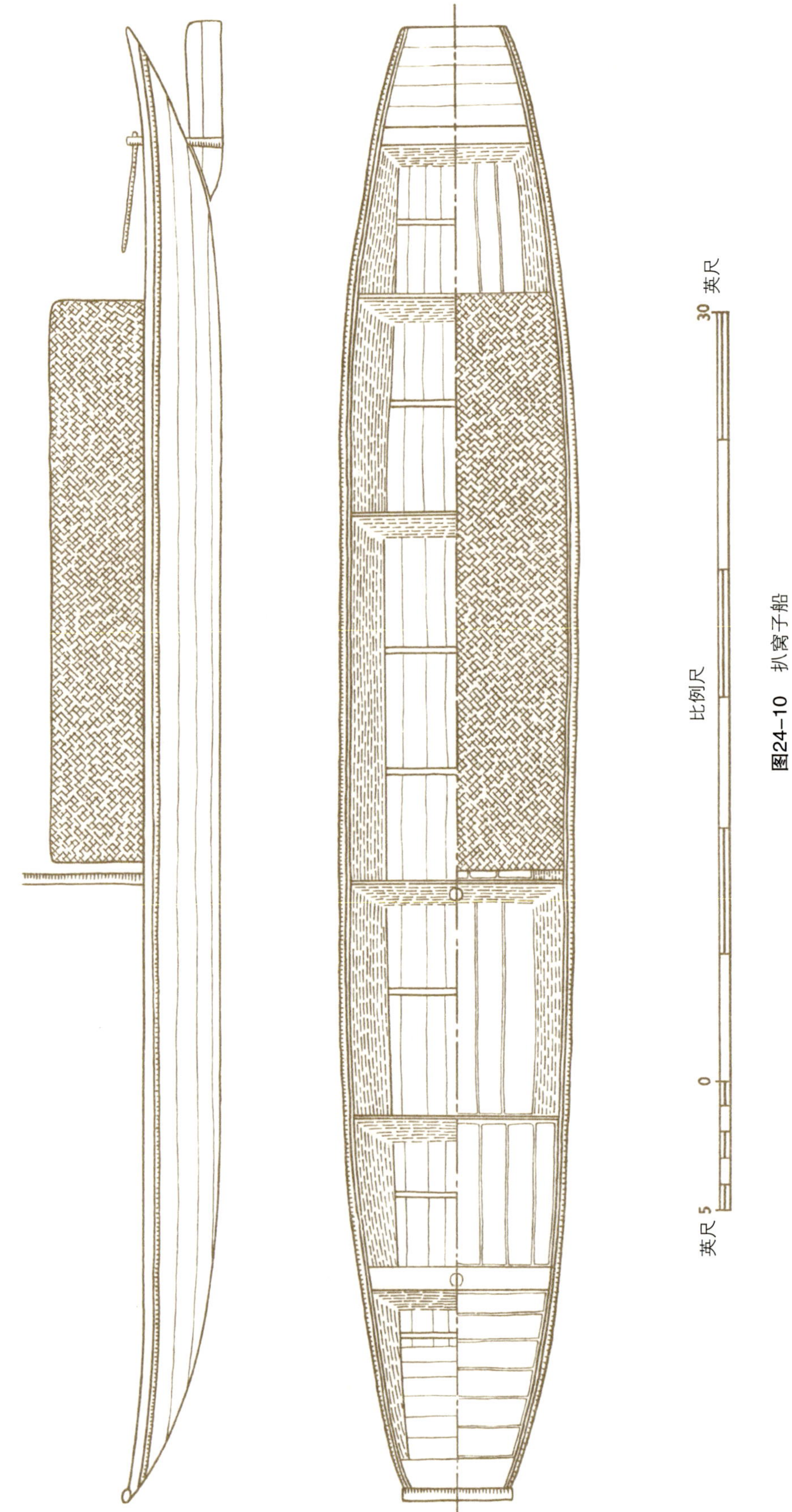

图24-10 扒窝子船

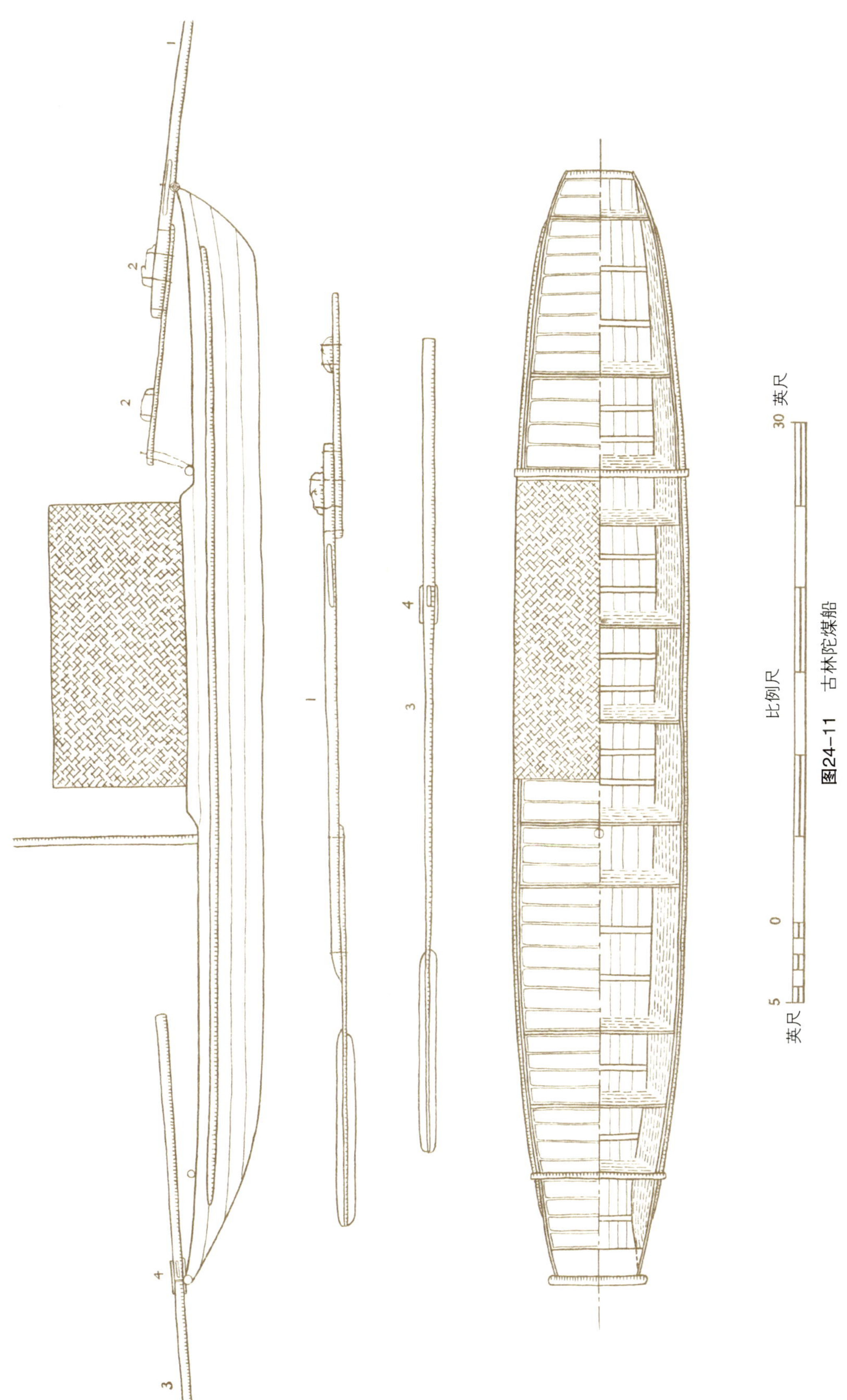

图24-11 古林陀煤船

67 英尺，宽 10 英尺，结构经过特别加固，以便运输重型货物。

它是一种瘦长型帆船，其主要特点是有明显的方形船艉，实际上不用悬伸部，奇异的高甲板室通常很靠近船艉，具有很特别的舵桨(1)。这种舵桨特别长，只比帆船总长短 11 英尺，实际上比水线长。舵桨由 3 根木杆组成，中间木杆最长，较长交叠连接桨柄和叶片。通过大巧若拙地调整绑在桨柄上面的石头(2)保持平衡。船艏桨(3)没什么特别的地方，使用普通防擦垫板(4)，那里装有桨耳导缆器。

同万县下游营运的绝大多数帆船一样，古林陀煤船使用斜桁四角帆。

— 第 25 章 —

大宁河的神驳子船

宜昌上游 90 英里坐落着巫山。这个设有城墙的城镇位于长江的左岸或说北岸，即长江与小支流大宁河的交汇处，大宁河有一个长江上游支流的普遍名称“小河”。该河成直角流入长江，河口有干流冲刷形成的大量鹅卵石和沙子。

沿大宁河可上溯航行到相距约 60 英里的大宁或者大宁滩，当地居民估计为 240 里。大宁河河水较浅，有许多急流，所以特别设计出一种能够通过所遇困难的小帆船。

这就是神驳子船，但在外国人眼里更以“扇形尾”帆船而知名，如图 25－1 所示。

该型船原长 36 英尺 8 英寸，宽 5 英尺 8 英寸，船底护板最窄 3 英尺 8 英寸，深 3 英尺 6 英寸。该型船尺寸有些变化，但原始设计尺寸不变。如图 25－1 所示的神驳子样船长 51.5 英尺，宽 6 英尺，满载 2500 斤货物时吃水为 1 英尺 3 英寸，空载时实际只有 5 英寸。这些吃水充分说明了大宁河的情况。扇形尾船设置 11 个舱室和 11 道舱壁，都是 1 英寸厚的木材，船艏收窄到 2 英尺 11 英寸。由于可航行水域河水较浅，所以不用舵，也不用帆，只靠拉纤和划动 3 支桨推进，由一名船员左手操纵舵桨，右手操纵一支短桨。

前面提到的中国早期造船工匠肯定对船型和适航性有很好的判断力，他们建造的这些船只的型线非常赏心悦目。它们的最大特点是像威尼斯贡多拉船一样的高船艉，狭窄中部，扇形尾达到 2 英尺 8 英寸宽，优美地向内弯曲，扇形尾外板横向排放。船员们认为这种船艉结构是原型船设计者兴之所至，但是像其他绝大多数事物一样，这种设计毫无疑问具有合理性。或许，这种结构是为了防止通过急流时“浪打船艉”，那里的河水可能很容易冲刷船艉。造船设计者这样想的另一个原因是，这样设计方便在必要时至少有两名船员跳入水中推船，机动通过浅滩。

“神驳子”船通常配备三或四名船员，但是水流更急时可能再增加一两名。这些帆船 6 ~ 10 艘编队航行，守望相助。夜间，它们靠岸，相互并靠系泊。稀奇古怪的是“泥滩锚”位于船艉，就像小江船在綦江停泊一样。可以看到，因为峡谷上游瓶颈处在筑坝拦水，大宁河水位增高。这里水流停止，有时甚至形成逆流，直到河水冲破一个出口。作为结果，河流奔泻再次增高水位，这一过程在五个峡谷可航行河段附近每两三个小时重复一次。因为帆船队全都相互并排停泊，这种独创的锚泊方法可以避免任何使令人不快的船只相互碰撞，这是河水水位上涨时不可避免的。这很清楚地证明了“泥滩锚”锚泊方法的功效，因为随着水涨水落，船只上下移动，锚都保持位置不变。

帆船无论上行或者下行，都保持着平均每天航行 30 里的进度，航行到大宁的整个航程需要 10 个纤夫。在洪水季节，这些帆船约有 2 个月时间停止冒险出航。

图25-1 神驳子船

“神驳子船”运送稻米、酒类、烟叶和蔗糖等货物到大宁，返回时运送调料、草药、油漆、桐油、水果和大宁河或者大宁盐水井河出产的食盐。

有人说，经过大宁河急流、穿过大宁河峡谷的航行惊心动魄，紧张而惊险。

— 第 26 章 —

龚滩河的帆船与舢板

龚滩河因是乌江上游支流而闻名，它是一条清水河，发源于贵州省西北部，流到重庆下游约 65 英里处的涪州汇入长江。

涪州位于长江右岸，是一个独具特色的古城，背靠高约 1000 英尺的山岗，梯田层层升高。龚滩河口的砾石滩将河流分为两条河流，并行流淌，最后又汇合到一起。当然，这在高水位期不是很明显。

据说，龚滩河可航行水道长约 360 英里，但是水流很急，急流险滩令人生畏，以至完成这段航程必须分为五段，载运货物不断换船，因为每段都只能通过受限的那一段。

第一段是最长的河段，从涪州到龚滩，长约 200 英里，超过整个可航行河段的一半。因为龚滩的海拔高度比涪州高大约 1200 英尺，所以龚滩河从龚滩流到涪州有 71 处难以航行的急流，可以说是帆船航行最危险的河段。从龚滩到思南分为四个河段，即：龚滩至沿河，60 英里；沿河至新滩，40 英里；新滩至漕地，20 英里；漕地至思南，20 英里。

龚滩河因非同寻常的"歪屁股"船而闻名，这些船只航行要经过许多急流，总能看到许多船只成群结队而行，在涪州龚滩河口岸边并靠停泊，约有半英里长。

1938 年 2 月，中国政府开始对龚滩河进行勘察；1939 年 8 月，开始爆破消除一些造成最大急流的障碍物，以期改善龚滩河的航行条件。

这意味着"歪屁股"船将被大功率机动船替代吗？

歪屁股船

当地所称的"歪屁股"船是一种厚板船，是指必须采用能够通过急流的牢固结构（见图 26 - 1）。

这些很牢固的船只是所有定期来往航行于长江或其支流的标准船型之一，因为它们兼顾不同造船者的设想，设计样式和主尺寸基本一致，最长 90 ~ 100 英尺，经验证明，这个长度的船只最适合在龚滩河狭窄而弯曲的水道航行。

这些帆船使用柏木、红椿木或者枫香木建造，设计上的很多方面都不同于中国的其他船型。

船体结构使用 10 道水密舱壁加固，建造得很坚固，这是一个突出特点，同时，从拉纤横梁中心纵向到甲板室后面增加强度。从船艏到船艉也用 3 根梆木。

方形船艏以比普通帆船更高的角度从水线翘起，使用两块甚至多达五块平行加固件加固。

最前舱室不按几乎不变的规则铺设，这个空间不用甲板铺板，以便纤绳可以绑紧两根外露的横梁

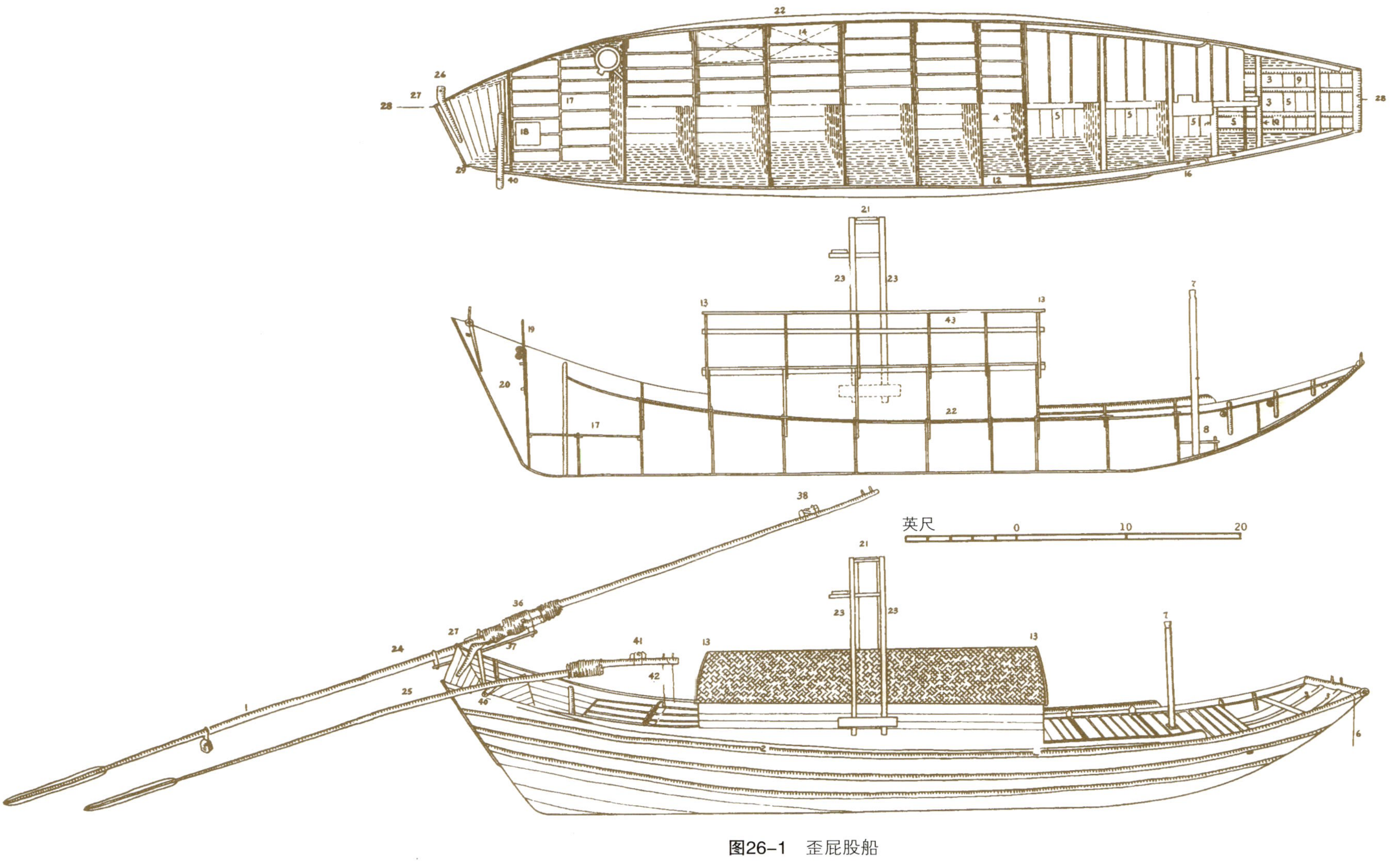

图26-1 歪屁股船

(12)。除此之外,甲板平铺,直到离船艉约18英尺处。前甲板安装有一根高大的旋转式活动木系船柱(3),在两道舱壁之间插到船底底座。必须拉纤通过急流时,纤绳一头系住系船柱,一头通到岸边。纤夫猛地把绳索套在肩头,在甲板上走动,用力拉拖缆,船只向前走。该系船柱(3)也用于分配拉纤的应力,因为纤绳系住系船柱(3),通到装有纤绳横梁(12)制动器的船艏。

甲板室使用席顶,比普通甲板室高大,里面设有四个固定铺位(4),供五名重要船员使用。这些原始的简易铺位使用摇晃的竹架,两头绑紧两根横木,支撑一两块厚木板当铺板。很难找到比它们更不舒适的床铺。

驾驶这种船只不用舵,而是使用98英尺长的巨大舵桨,舵桨被称为后梢(5),通过船中部甲板室中心,由位于高上层建筑(6)的船东操纵。通常,船东站在极高处,抓紧舵桨保持平衡。这通过一截长纤维绳索来实现,绳端系紧船桥任意一边。通过转动桨柄,船东把舵桨推离自己确保绳索总是绷紧。这样给舵桨提供额外稳定性,确保舵处于期望位置,帮助船老大保持平衡。船东右手保持绳扣在转动桨柄随时放松或者相反,必须转舵时拉紧。这种装置很简单,既灵活又实用。

高高的露天航行桥楼(6)离水面高28英尺,结构即使在理想工况下也不牢固,安装不结实和稳定,所以很多船老大发生事故也就毫不奇怪了。爬上桥楼或者下来都不方便,很难爬上船桥并待在上面,因为它总是随横捆拉紧的情况摇摆不定。这些都只是为了加固轻而薄的船桥结构,包括使用篾缆横捆船桥两翼到支撑它的底部对面支柱。

帆船使用更小的50英尺长侧桨辅助操纵,侧桨称为小梢(7),架在轴承销(8)上面。就像西洋帆船上厨师照管靠近厨房的前桅帆脚索那样,"歪屁股"船上的厨师也站在离炉灶(9)2英尺远的侧桨旁边,而炉灶很靠近船艉右舷。船上厨房包括一个小炉灶和一副石磨(10),用来为船员准备每日膳食。

然而,这些帆船的主要的以及为它们赢得"歪屁股"船美名的特征是,方形船艉增高左舷舷部(11),以便安装承载大舵桨(位于外缘或者拐角处)的轴承销(12),几乎正好插入帆船艏艉线中心。右舷角(13)相应降低,这样形成一种很奇特的外观,就像帆船的尾部位于梁端上面。

关于这种创新结构,有多种荒诞可笑的解释。细心研究这种设计图立即得出显而易见的原因,表明"歪屁股"不仅不是随意而为或者是遵照"古老传统"的结果,而是有很谨慎思考的设计图,也许是单凭经验方法和几百年反复试错得出的结果,非常有效。

高低不平的船艉舷部设计很重要,遇到紧急情况时还能同时使用大小不同的两支舵桨,在很小空间同一活动半径内活动,差不多平行而不相互妨碍。而且,能够提供很大强度,支撑同帆船一样长的更大舵桨,放在适当位置,在最短时间内发挥最大作用,这些都是采用其他方式都不可能达到的效果。

侧桨(7)长约50英尺,同舵桨(5)一起使用时,能提供无与伦比的回转力。据船员们说,这种舵桨平时不大使用,万一大舵桨在事故中受损,侧桨就能用作辅助舵桨。这两支舵桨,每支桨都包括用篾缆紧紧地绑到一起的两根硬木杆,还要用多个楔子加固。突出边开槽的颊板和橹支钮啮合,在各种情况下都放在长橹担(8)(12)上面。"歪屁股"船的大舵桨在通过急流时很可能被卸下来,以很原始方式使用吊着两个索环(15)的木板条(14),板条贴紧安装在橹担下面。舵桨上绑有一大块石头(16)(侧桨上也绑一大块石头),绑在适当位置以保持重心平衡。这种98英尺长的大舵桨很平衡,所以船东不需要帮助就能灵活自如地操纵。

总在船上工作的长期雇佣船员一般如下:第一个是操纵大舵桨的船老大或者船东;第二和第三个是在船艏撑钩篙的船员及其助手;第四个是纤夫;第五个是厨师,他在必要时也按照船桥上船老大的指示操纵侧桨。

这些帆船按8艘结队而行,以便在通过特别难以航行的急流时将各船的纤夫集中起来共同拉纤。

因为每艘帆船有 16 名纤夫拉纤通过急流上行，这就意味着在必要时可以有 128 名纤夫拉动一艘帆船，使用 3 根缆索同时拉纤。通过较小的急流时，只需 64 名纤夫就足以拉动一艘帆船。

帆船顺江下行时，使用另外一支船艄桨(17)，使用 6 名或者 8 名船员共同操纵。每年大约进行 4 个到龚滩的往返航次。夏季，帆船上行航程需用 3 个月或者更长时间，下行航程只需 1 天时间；到枯水季节，上行航程需用 5 个星期，下行航程只需 3～4 天时间。载运食盐到贵州时，每艘帆船能载运 175 包食盐，每包 175 斤。偶尔也载运一些杂货。

帆船装载完毕，准备起航日之前的午夜，船员们要特别举行祈求王爷保佑的仪式，杀一只公鸡祭拜王爷，把鸡血洒在船艄。这个仪式由精通法术的造船木匠(掌墨师)主持，他背诵祷文，并用鸡血预言未来航程的结果。如果是凶兆，船长便得到警示，要特别小心谨慎。

著名的歪屁股船是一种数量较少的专用船只，它们几乎不为人知。该型船一个奇异的显著特点是它们那没有确实根据的特性和破破烂烂的外观。令人颇为费解的是龚滩河的船员们似乎不太重视船只维修保养，要知道他们的生计乃至生命有赖于它们。帆船木材陈旧，经常显现腐烂迹象，甚至新造船只也大量使用陈旧和较差的木材。可以看到，捻缝已经脱落，席子不同程度地腐烂，舱底浸水，到处发生不该是熟练船员能安之若素的事情。不过，同种种漫不经心相比，舵桨被维护得很好，盖上席子免遭日光照晒，篾缆总是处于完好状态。

龚滩河的船员们声称歪屁股船出现的比长江上的其他任何船型都早，它的型线不够美观，在静水中航行时显得笨拙，但是通过激流险滩时却显得游刃有余，非常独特和有趣，由长江上游地区最勇猛的船员驾驶。

小型歪屁股船

小型歪屁股船约为上述大型盐船的三分之一长，像原型船一样摇摇晃晃，没有依据。

这种帆船符合大型帆船的全部原理，只是不用组合式木甲板室，也不用船艄桨和边舵桨。难以相信这么脆弱的船只能够通过这么危险的河流。相信它们能够到达龚滩，除非假设是这样，即，只有河流处于最好情况，它们才能航行到龚滩。高船艄(1)和大拖缆桩(2)将在通过难以航行的急流时发挥作用，就像放在常用橹担(3)上的巨大舵桨那样。

如前所述，小型歪屁股船不用船艄桨，但是装有桨架支撑双桨(4)。操纵船桨的船员实际上站在 1 英寸宽的船舷上缘划桨，他这种保持平衡的能力只有船老大比他强，船老大站在水上 7 英尺高的摇摆不稳的窄木板船桥(5)上面操纵舵桨。

这种舵桨长 44 英尺，或者比船只本身长 6 英尺，平衡保持得非常好。但是，即便如此，需要反复练习以练就操纵舵桨的良好技能与敏捷性。船老大站在船艉部，但是如图 26－2 所示的那样，舵桨并不是在帆船中心线位置。

这些虽然是小型歪屁股船，但是船体结构很像大型帆船。船艄纵向平行加固材(6)、舱壁(7)数量、歪尾和航行驾驶台(5)等别无二致。

这些船只从不运盐，而是载运龚滩河地区出产的杂货。

蛇　船

蛇船在龚滩河下游绝大部分河段运营。如图 26－3 所示，蛇船船艄的形状有些像蛇头，但是航行时

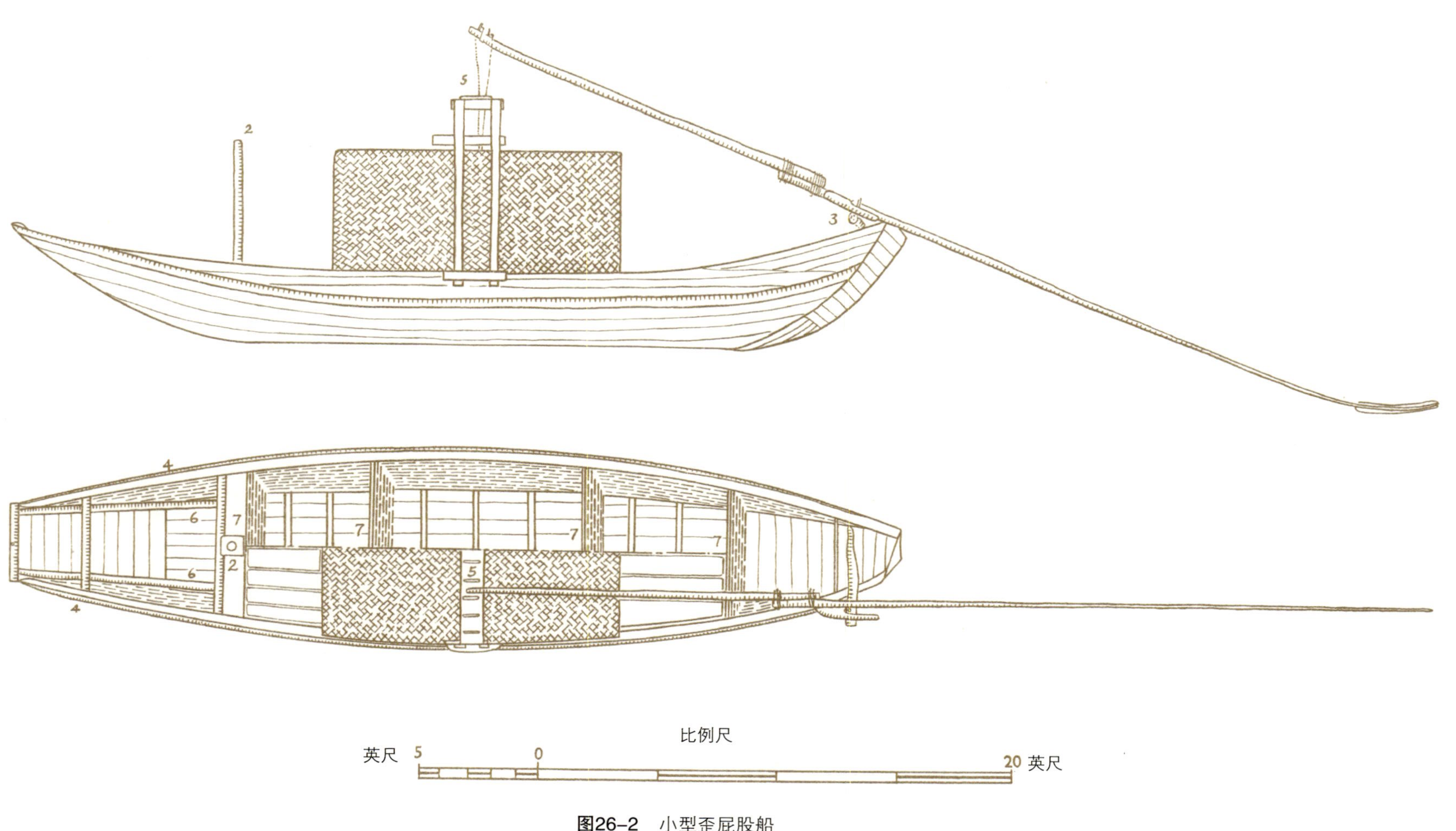

图26-2 小型歪屁股船

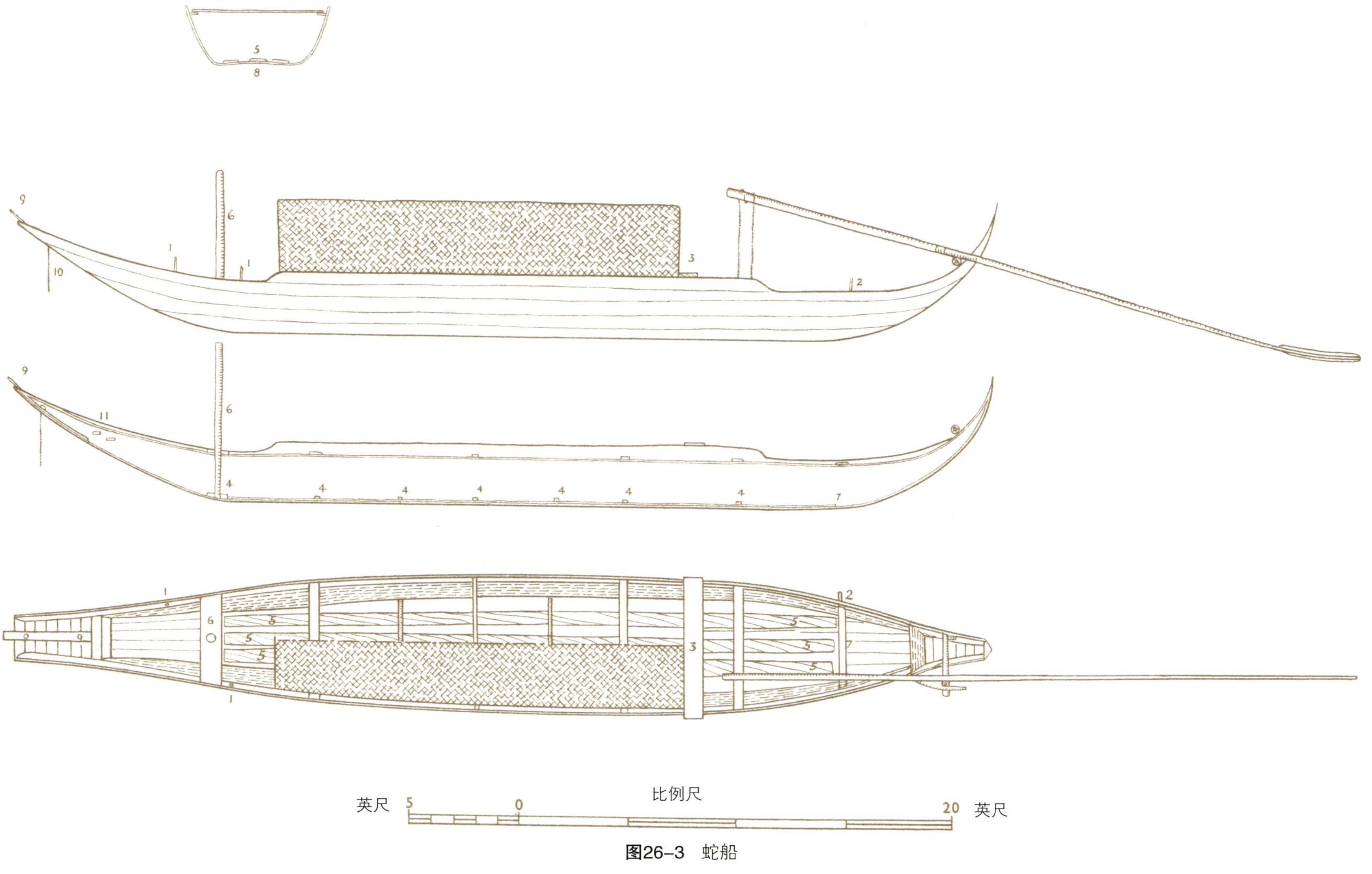

图26-3 蛇船

不像蛇那么灵活，显得非常不便和笨拙。然而，尽管如此，它们仍然是龚滩河上出类拔萃、有名的快船。

这种船基本上是客船，使用柏木或者龚滩河地区随处可见的红椿木建造。靠划桨推进，船艏(1)使用双桨，船艉(2)使用一支长31英尺的舵桨，由船老大在稍微升高的平台(3)上操纵。可是，上行航程更多地使用12人拉纤。龚滩河上航行船只的特点完全一样，都是长45英尺，宽6.5英尺。建造结构独特，不用任何舱壁，只用5根肋骨(4)；使用3块纵向列板(5)加固，从高大的拖缆桩(6)通到后横坐板(7)。同时安排中心稍微升高，使船底成凹形(8)。

涪州是长江上游的一个主要造船中心，但是这些船只却不是在那里建造的，而是在龚滩和彭水建造的。令人难以相信的是，新船下水只要经受住第一次到羊角碛的下行航程，就能经受住龚滩河这些危险的急流，羊角碛是第一段难行急流河段的一个小镇，它们保有从那里到涪州的客运业务。

高翘船艏是龚滩河上航行船只的典型特点，那里固定有一块小木板(9)，上面系有一段绳索和一个系索栓(10)。它被用于连接钩篙，在紧急情况下顶风停船，篙杆插入江底，绳索绕两三圈系紧篙杆。操作员站在特别建造的平台(11)上面。

蛇船配备5名船员，主要用作客船，没有乘客时就运输杂货，例如烟、酒、糖和大米。

涪州渡船

严格来说，涪州渡船也许不应被包括在龚滩河上常来常往的帆船之列，可是经常能看到它们载客过河。这些船只都在涪州建造，涪州被视为它们的总部所在地。

如图26-4所示，涪州渡船都用柏木建造，长34英尺，宽6.5英尺，采用与重庆划子相同的普通型线，没有支柱支撑的席顶，各种行李堆放在角落。最大载荷包括身带个人行李的40名乘客和5名船员。

这种渡船靠划桨、拉纤推进，或者在紧急时刻张帆航行。它们载运乘客上行远达涪州上游6英里的李渡，下行至长江下游28英里的所有城镇和村庄。

涪州渡船没有什么明显特别之处，只是终点港为丰都，即冥王或者阎罗王的总部，那里有座庙，庙里有冥王的新娘，据说是在她的结婚日被冥王拐来的，身着礼服坐在冥王身边。还是这里，可以花1美元买一张到天堂的通行证。它包括一大张写满祈愿字符的纸，上面有大僧侣和丰都县太爷签名，盖有冥王印章和大熊星座北斗七星印。这些都是长江上游的文献宝典，因而谨在此予以收录。

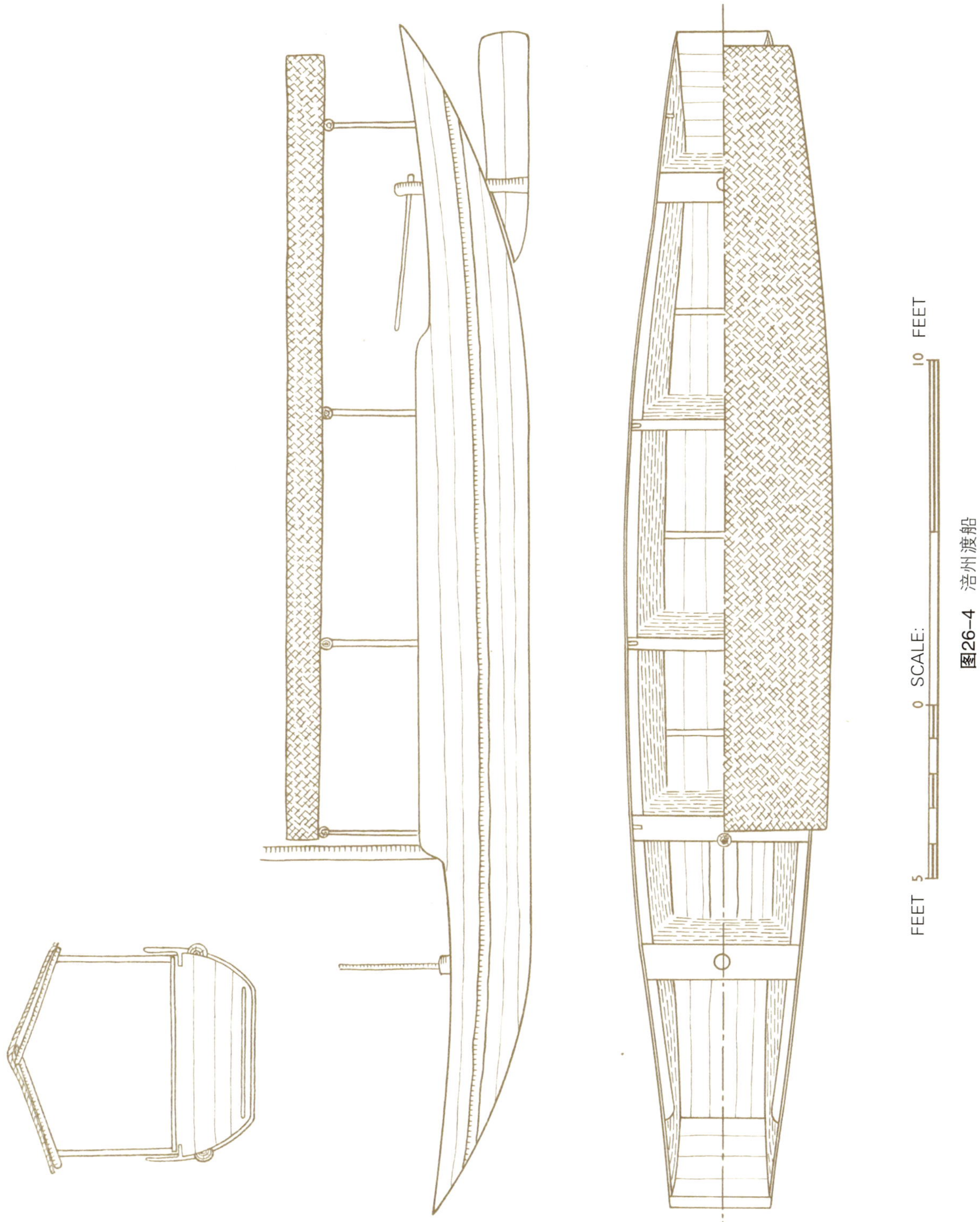

图26-4 涪州渡船

— 第27章 —

嘉陵江帆船与舢板

嘉陵江是长江的一条支流，在重庆汇入长江。整个四川东北部地区的三条支流——遂宁河、保宁河和渠河或者绥定河，都在重庆上游50英里的合州及其附近汇入嘉陵江。每年12月至次年4月，是嘉陵江的枯水季节，有一系列由粗砾和鹅卵石浅滩隔开的深水河段，浅滩上水流很快，形成航行困难的急流。冬季河水清冽。整条嘉陵江都波高浪急，特别是在合州，最大水深约为40英尺。

嘉陵江及其支流流域农业兴盛，矿藏丰富，产品众多，是长江的重要支流之一。

帆船航行的范围依次为遂宁河上的顺江、绥定河或称渠河上的绥定和保宁河上的广元，保宁河的支流可以航行最长距离。这些地方整个冬季都能通航，无论是小型帆船还是没有满载的大型帆船。

老 划 秋 船

老划秋船，如图27－1所示，通常定期在遂宁河上来往，是一种典型的杂货船，采用炮塔式结构，全船从头到尾内倾很大。这种内倾很明显，形成一种有角的膨胀外观(1)。

这种船只全长125英尺，宽17英尺，是嘉陵江上最大帆船，也是长江上游地区最长的帆船。船底外板使用青杠木，侧板使用柏木或者黄连木建造。

老划秋船结构比普通帆船轻一些，型线非常匀称，船艏和船艉倾斜，船艉高翘，安装有优美的舵桨。

这种船只通体使用平甲板，方形船艏安装小的舱口围板(2)。两个硬木系缆柱(3)以普通楔形方式安装在最前舱壁，就在“泥滩锚”(4)前面。第四道舱壁前面约3英尺处安装有一对大系缆柱(5)。它们在必要时，例如绕过河流的急弯段时，可以系住两根中的一根纤绳。

老划秋船使用一根高大的杉木桅杆(6)，以普通方式安装，它后面是宽敞的中心甲板室，船员们都生活在那里，唯一设备是安放在左边的简易厨房炉灶，连接直角形砖砌烟囱，同席顶一样高。简洁是老划秋船的基调。没有精美食物或者粮食柜，仅有一个粗糙的物品架和一个放碗筷的木箱。

整个帆船可能通过活动前甲板席篷覆盖。甲板室后面是带舷墙的普通露台和操纵帆船的木板船桥(7)。加长舵柄(8)总是用木子木制成，利用两根圆材加固。

承舵柱(9)紧后面的整个艉部内倾，形成两个相通舱室。在这里可以看到涂漆的雕花木窗、供奉保护神与四个身穿黑色和金色长服的瘟神的壁龛。

最前面舱室内设有一张床、一个碗碟柜和一个通往承舵柱的入口。后舱室是船艉急剧翘起的部分，通过高梯阶接近，横靠船艉的百叶窗前摆放着一张大床。

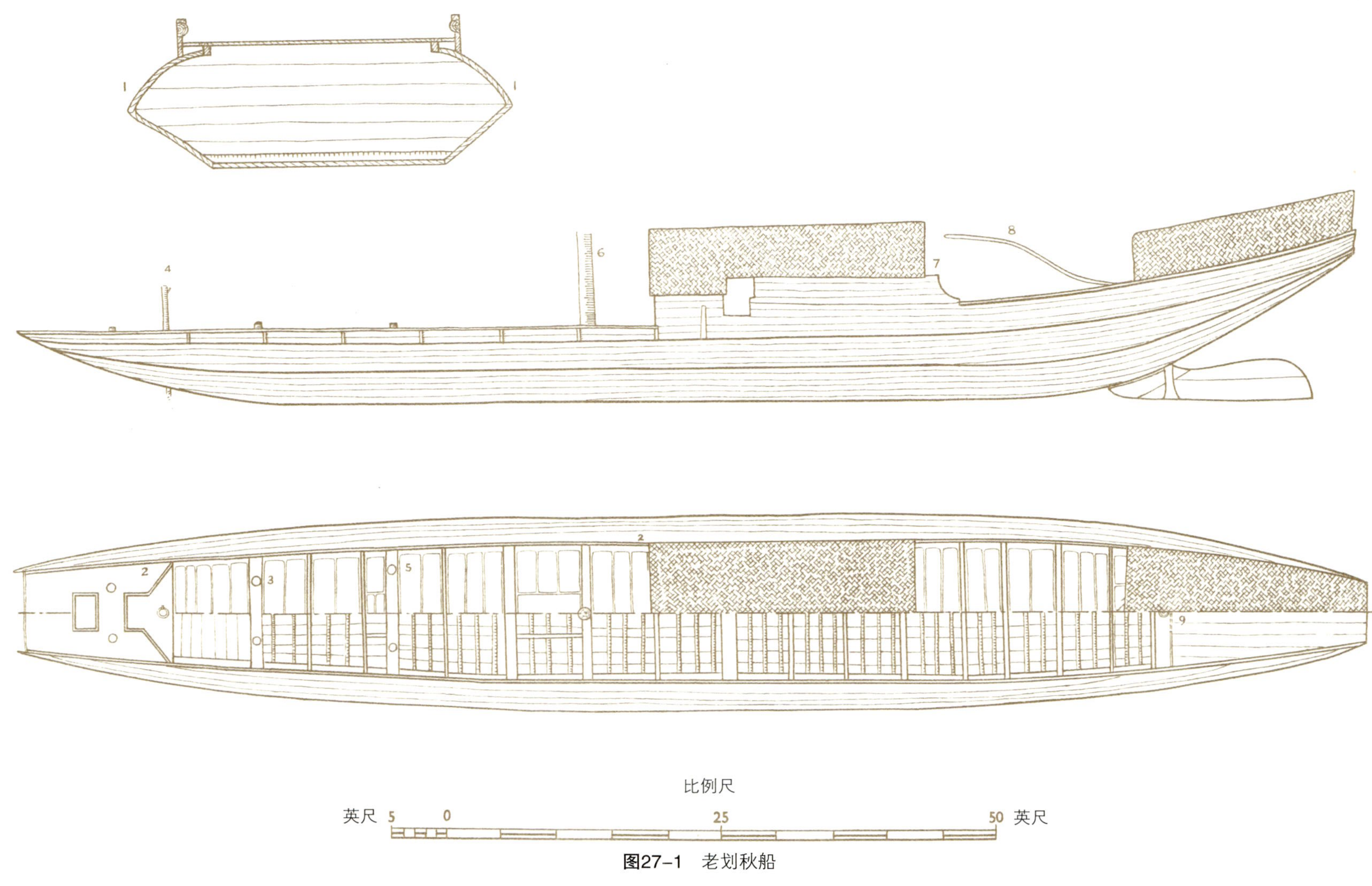

图27-1 老划秋船

如前所述，这种特殊的帆船在宗教上非常传统，因为，除拜船神和念符咒之外，照例在每次上行航程之前杀一只公鸡，在仍然带着鸡毛时，将鸡血撒在甲板室横梁半圆拱部分。

我们记得，该型帆船通常都在桅顶绑住一把雨伞或者风包，以“避免淋雨”。

舵笼子船

“舵笼子”船的正常贸易航线在重庆与合州之间，情况允许时可航行到比合州更远的地方。这些大型帆船根据长江上游许多大型帆船的特有型线建造。

典型的“舵笼子”样船，如图 27－2 所示，长 93 英尺，宽 14 英尺，深 4 英尺，船底护板使用青杠木，其他部位使用柏木建造。

方形宽平船艏共用 3 根大型突出横梁。这些船只中有些在艏楼装有 1 英尺高的舷墙，向后延伸到敞开式大甲板室，该甲板室从桅杆后面开始，通过高舷墙连接艉甲板室。该后舱室包括一个小舱室，从上舵杆后面开始，覆盖一个 10 英尺×8 英尺区域，装有一个大窗户，向船艉外观察。舱室门上面的壁龛里通常供奉着河神。

“舵笼子”船的大舵有长长的曲形舵柄，通到指挥位置。杉木桅杆按照正常方式安装。高大的硬木系缆柱位于第一道舱壁，在其靠后的位置装有一对更小的系缆柱，像老划秋船上的那样使用，即系住两根中的一根拖缆，以便绕过河流的急弯段。

船上厨房位于左边，有一个短而弯曲的砖砌烟囱，同篷顶一样高。通常配备 6 名左右船员随时侍服，上行航程需要雇用 18 名纤夫。这些船只主要用于客运交通。

巴湾船

巴湾船有时被称为黄豆壳，因其形状很像黄豆壳。尽管这种帆船主要在嘉陵江上运营，但却经常可以在重庆和嘉陵江支流上看到它们。该型船的长度变化较大，但是船体结构没有什么变化。常见帆船尺寸如图 27－3 所示，长 40 英尺，宽 9 英尺，深 3.5 英尺，船身很宽。这种船很好识别，因为虽然尺寸和高度不同，但是船艉高翘，锥度很大。

甲板室，约为船长的三分之一，位于船舯，但是相当靠后。各种设置都简单纯朴，未经精心制作。尽力做到最严格意义上的俭省节约：船上厨房只有一个木炭火盆，就连船员们供奉的船神也只是安放在船艏短而结实的桨架(1)上，可是它代表神灵，所以像对大型帆船上的精美石膏像那样尊奉，似乎能提供同样的满足感。

更小型巴湾船不用桅杆，而是靠划桨或者拉纤航行。嘉陵江上行航程的纤夫费用为每次 20 美元，通常花费一个月时间。每年的航行次数从一次到三次不等，如果只到合州，每年航行可能多达六次。全体船员都来自嘉陵江地区。

帆船上行时通过所有持续或者急转弯处的一种有趣方法是，通过一根木杆插入系紧内装船艏木头的环艏销钉的草绳套(2)来实现，环艏销钉以微小角度安装在船艏悬伸部下面。竹竿插入河底时，作为制动器。

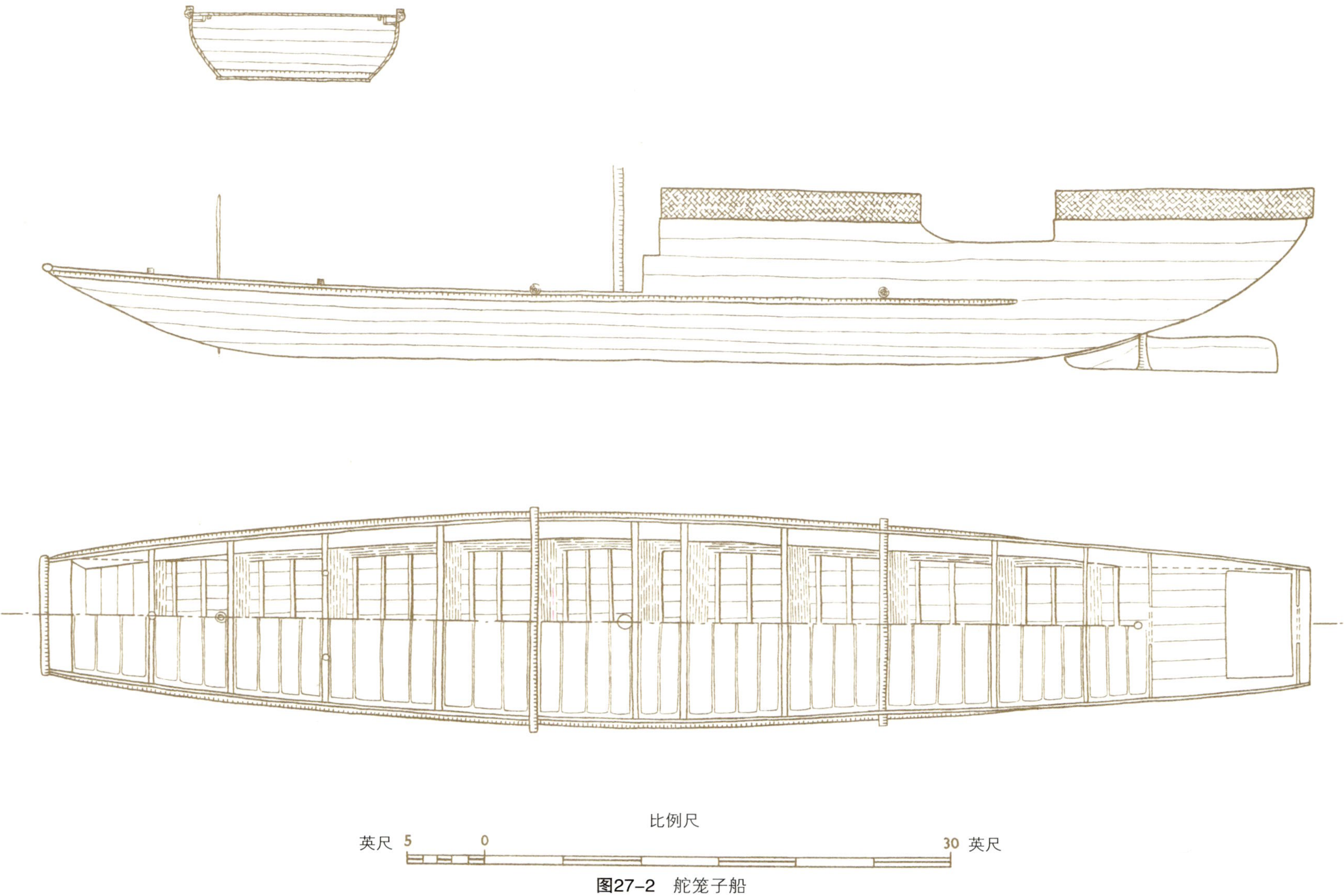

图27-2 舵笼子船

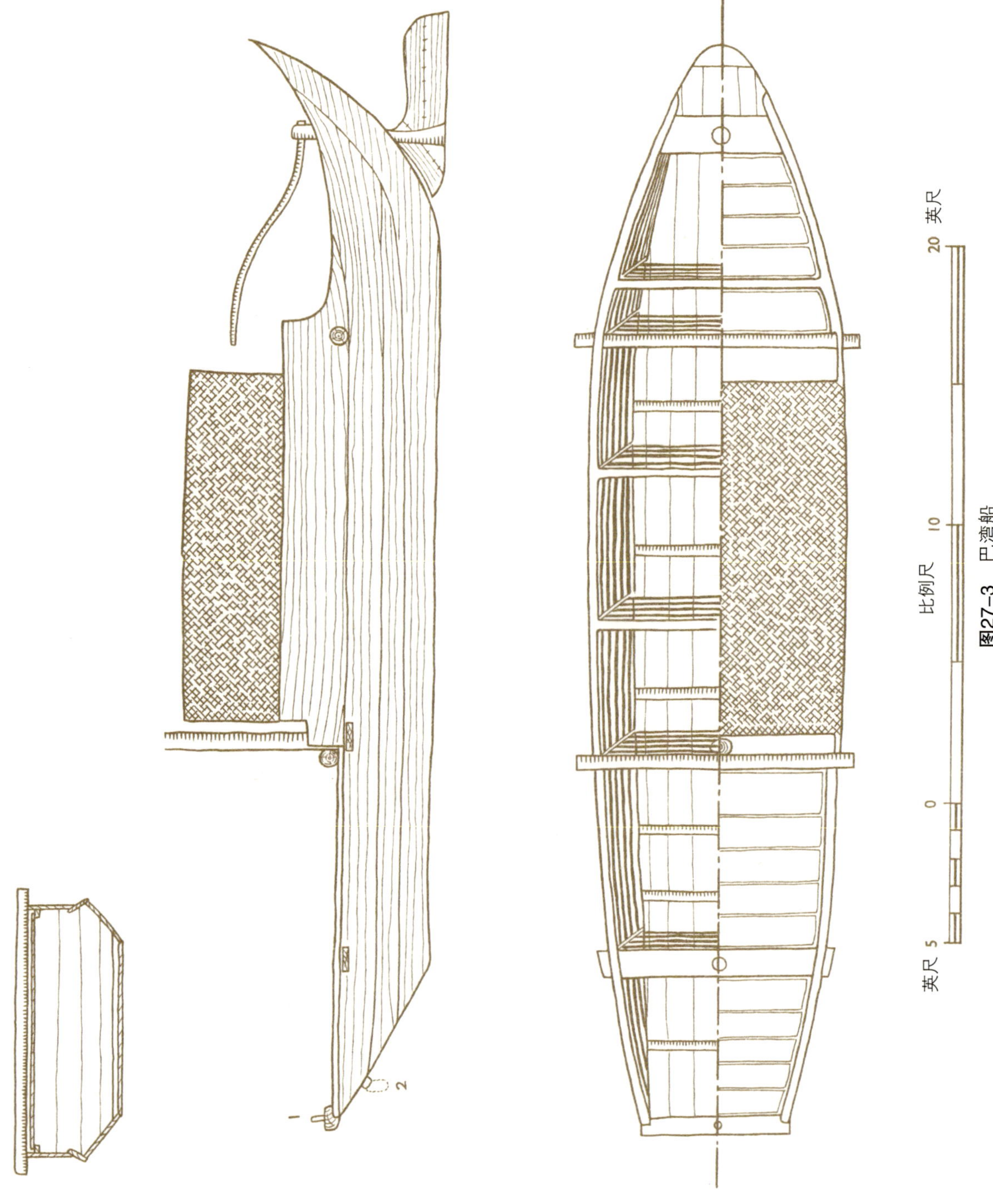

图27-3 巴湾船

东 河 船

东河船，如图 27－4 所示，是一种平底浅吃水货船，设计用于在遂宁河上游浅水区营运，遂宁河乃嘉陵江最东部支流。

该型船一般长约 35 英尺，宽 8.5 英尺，建造结构牢固，特别适合浅吃水船的最大载荷量。被称为“半舱壁”(1)和“半肋骨”(2)的船体结构是典型的长江上游小型船只结构。通常使用 5 道半舱壁和 9 根半肋骨加固。

图中横断面显示的“半舱壁”(1)，表明这种结构满足浅吃水的基本质量要求与附加载货舱位的要求。这主要靠增加横梁(3)来提供，就像舷侧护壳外板一样，水线以下急剧内倾。

东河船既不用桅杆也不用舵，而是靠划动 3 支桨(4)推进。最前面两支桨由两名船员划动，后面的桨由船老大操纵。船老大右手操纵此桨，左手摇动桨柄(6)控制舵桨(5)。这种舵桨(5)穿过有特色、高而窄的尖船艉上的圆形孔(7)。该型船使用很像图 24－7“重庆划子”所用的侧加强筋，在突出边刻有一道深槽。它在船艉使用一根横木，正中间有一个洞孔，当作舵承销。

“泥滩锚”(8)置于船艏右边，以便避开搭载货物。船中部通常装有一个活动小凉篷。这些帆船的一个显著特点是船体的轮廓作了奇怪的提升，形成船艏浅吃水结构。

扳 网 捕 鱼 船

长江上游水流湍急，虽然嘉陵江上游和平静浅湖上也大量进行捕鱼活动，但是很少看到扳网捕鱼船。

这些船只到静水河段巡游，明显是希望大于成功。捕鱼网，如图 27－5 所示，同整个长江流域使用的渔船没什么区别，可以用于许多不同类型的小帆船或者大舢板。

它包括两对细杆(1)和(2)组成的框架，以 120°角连接放在船艏两侧基础(4)上面的横杆(3)。细竿(12)的外端使用支索(5)连接。

细杆(2)的顶端(6)被绑到一起，那里有一个小结(7)，系住支撑渔网(9)的 4 根弯曲竹片撑杆(8)。渔网最外端(10)支索和固定内端的支索作为稳定索。

细杆(1)的最内端用另一根小横杆(11)绑到一起，那里系住一大块石头(12)用来平衡渔网(9)的重量。通过系住横杆(11)的绳索，可以按需提高或者降低渔网。

如果抓到鱼，就使用长柄抄网把它们从网中捞到船里面。

金 银 锭 船

“金银锭”船因为形状有些像银锭而得名，它们定期来往于嘉陵江东部支流遂宁河，航行到可航行的上游河段，载运多达 8 包食盐，每包重 175 斤，返回重庆时载运那里出产的药材。

该型船如图 27－6 所示，在重庆经常能看到，全长 33.5 英尺，离船艉约 6 英尺的最宽处 7.5 英尺。它们很好识别，船艏微微上翘，船艉上翘高一些，艏艉上翘变窄到只有 8 英寸宽。它是长江上游帆船中船艏最窄的。

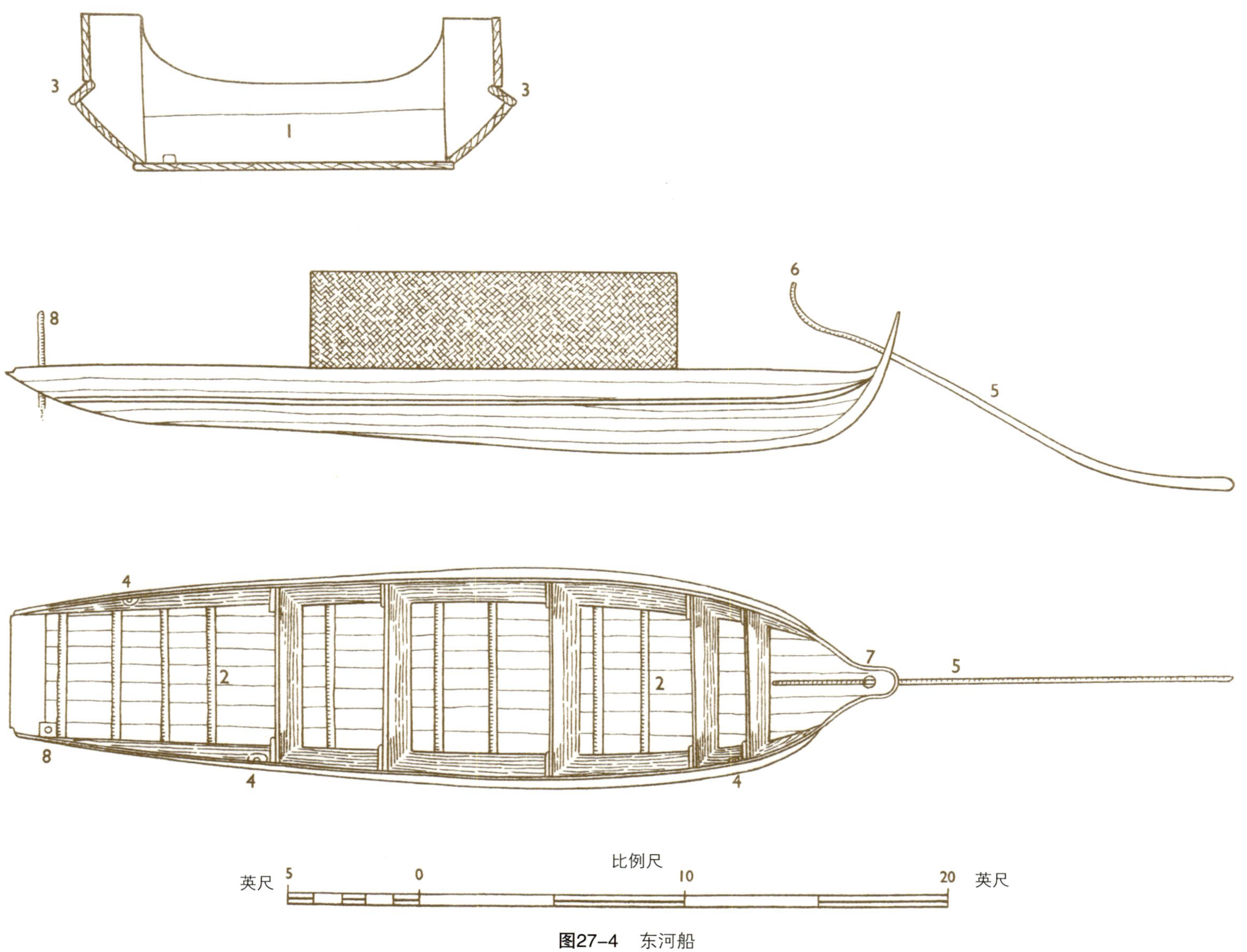

图27–4 东河船

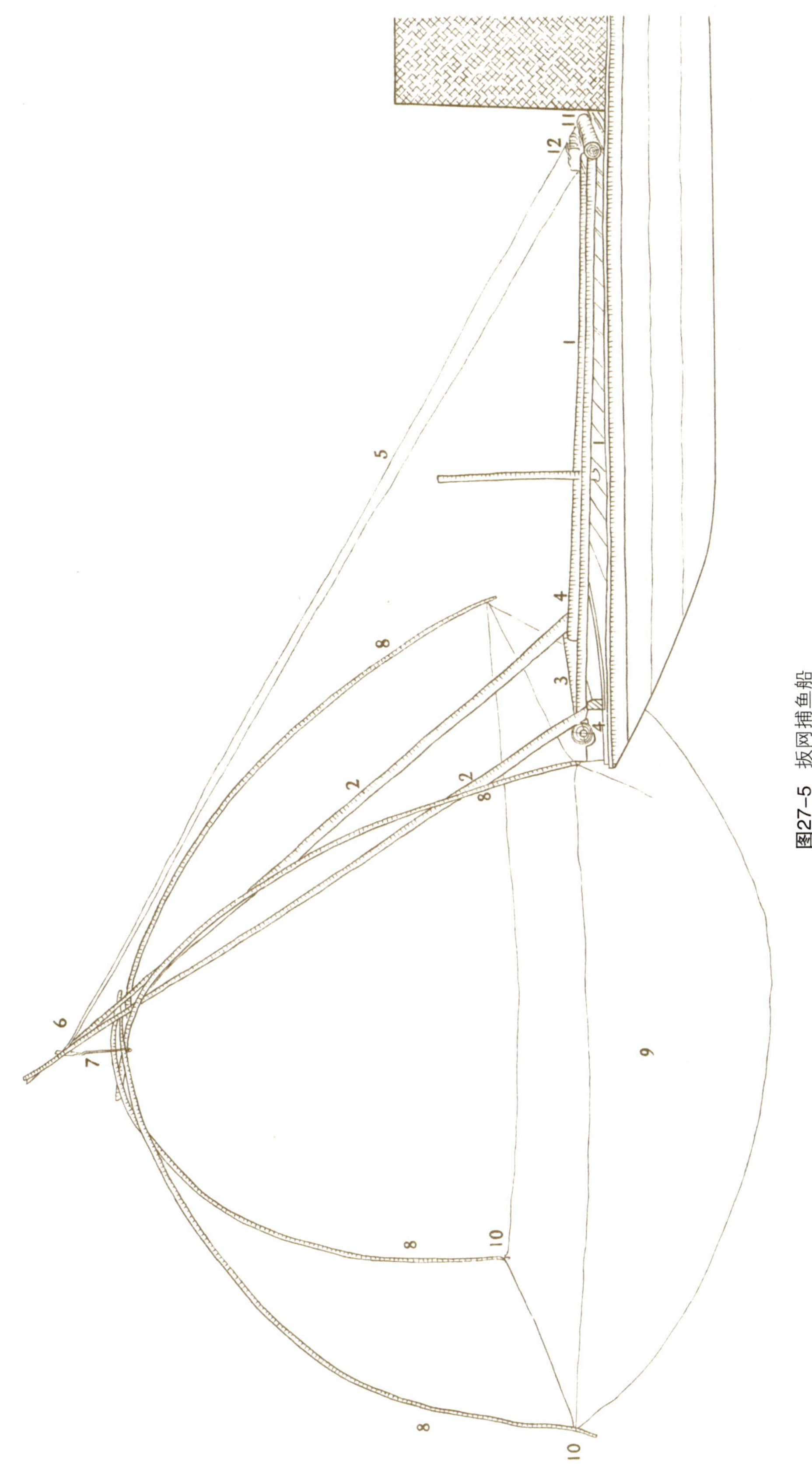

图27-5 扳网捕鱼船

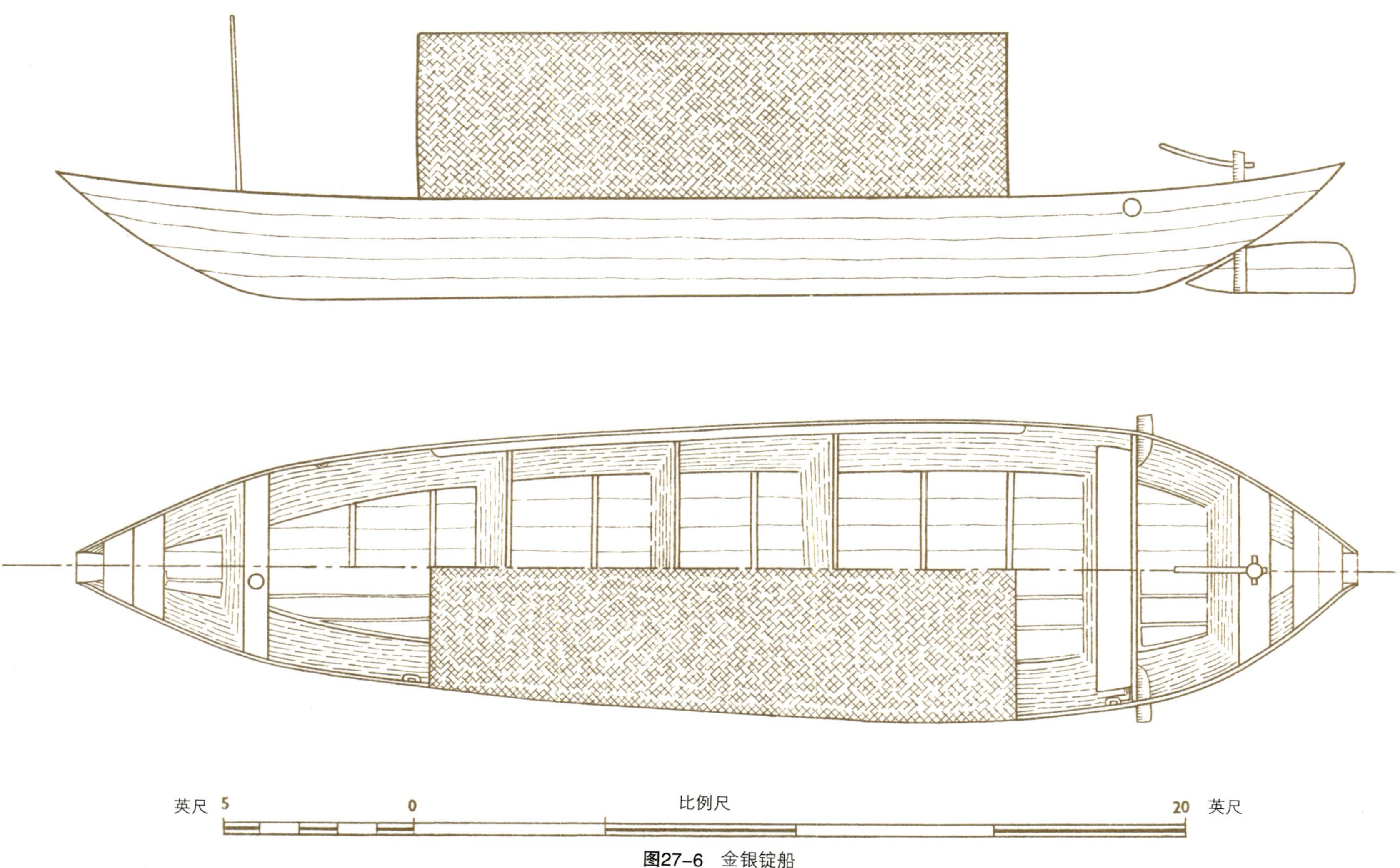

图27-6 金银锭船

金银锭船的建造通体使用柏木，制造工艺粗糙，很少使用铁钉，实际上每英尺铺板只用一个铁钉。甲板室后面横梁的用料讲究节省。活动甲板室占用更大空间。该型船不用桅杆，仅靠划桨和拉纤推进。

该型船配备 3 名船员和 4 名纤夫。通过可航行河段，对这种浮动居住船的需求量很大，不管尺寸大小，都能容纳两个带有普通禽畜的家庭。

厂 边 边 船

厂边边船，如图 27－7 所示，是小江河上典型的中型运煤船。这种船只长 60.5 英尺，宽 12.5 英尺，深 4.5 英尺，满载 14 吨煤时干舷只有几英寸。

该型船的船底使用青杠木，舷侧使用柏木建造，使用多道舱壁和半肋骨，这种船型结构很牢固，必要时载运煤等重量货。

这种帆船是重庆最常见的船型之一。确实，数量很多，以至它们必须在嘉陵江上游的煤矿排队等候装载，有时在轮到装载之前要等长达两周的时间。

这种帆船安装有矮小桅杆，不过也只用于拉纤，这种船只下行时靠划动 8 支桨推进，上行时桨手要充当纤夫，通过急流时还要增加纤夫帮忙。

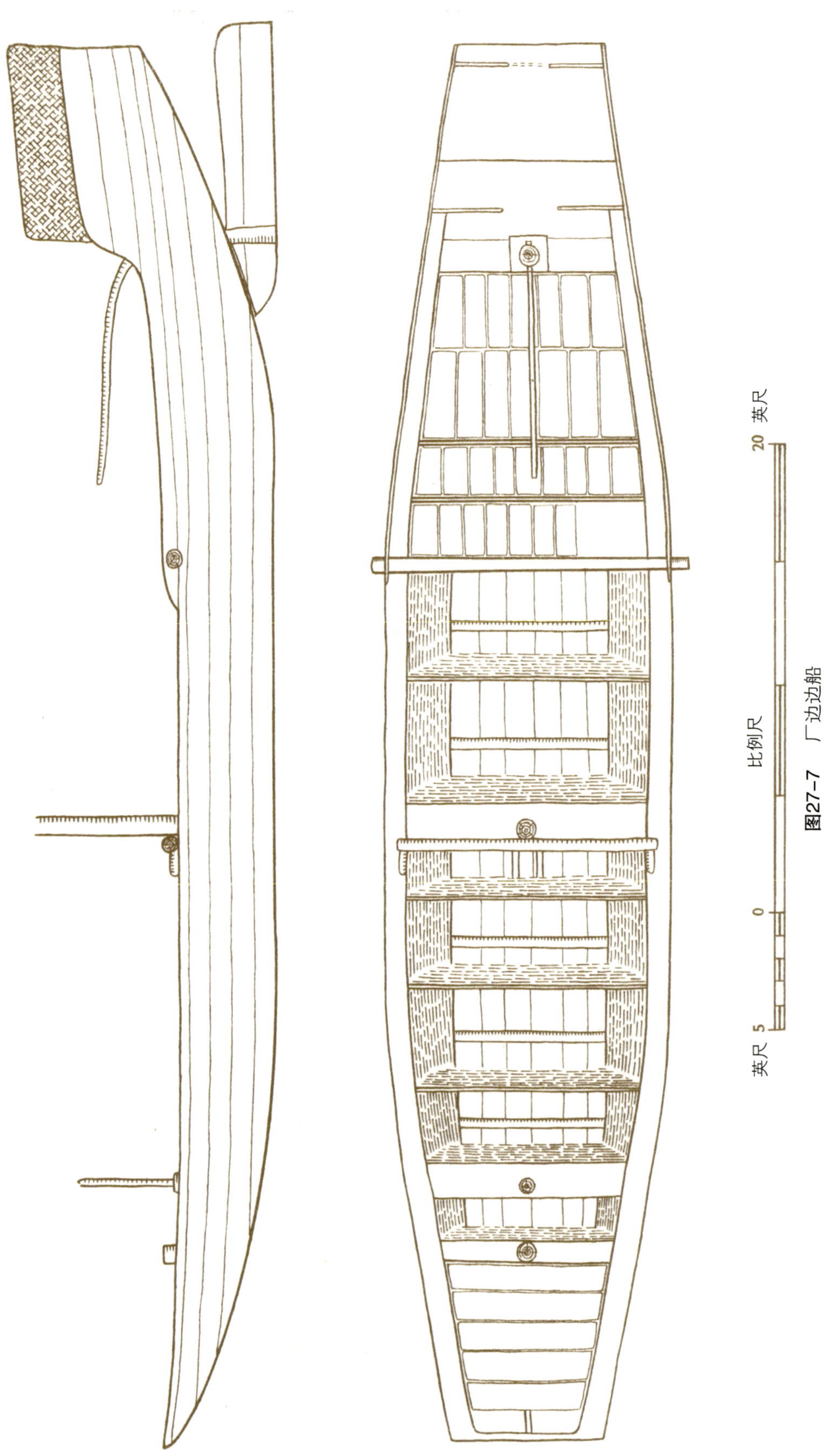

图27-7 广边边船

— 第28章 —

綦江帆船与舢板

綦江在江津或者从綦江口右岸或者南岸流入长江。在洪水季节，这条江可以航行大型帆船，到达上游约 60 英里的綦江镇，载运量 20000～30000 斤。在枯水季节，它们只能装载 10000～15000 斤。通过水路大量运输食盐到贵州。

綦江有条支流被称为三溪或者松江，小型船只可以从这里航行到离长江约 85～90 英里的松坎。从松坎再往上走，就只能使用木筏。

至少有两种定义明确的船型用于綦江水路交通，它们的一个很显著特点是，尽管这两种船只设计完全不同，但是长度几乎一样。它们的一般型线和外观表明，建造这些船只是为了用于浅水区航行，很适合通过河底障碍物很多的江河，这些障碍物使得在綦江上的航行又慢又困难。

小　河　船

小河船是一种吃水很浅的运煤船，如图 28－1 所示，船长 47 英尺，宽 6 英尺，深 3 英尺。船体为瘦长型，使用柏木建造，使用 4 道舱壁，不用任何肋骨。

这些船只经常出现在重庆。从綦江边的煤矿装运 1000 斤煤炭，返回时空载。它们通常会 4 艘编队而行。

它们装有一根桅杆，悬挂一幅方形大席帆，但是绝大部分都靠划桨推进，配备 3 名船员，船老大，操纵长舵桨和尾桨；两名船员，各操纵一支船艄桨。

“泥滩锚”位于船艉，像巫山“扇形尾”船一样。綦江水位变化很大，有时还出现逆流。

舢板船（三板船）

舢板船又称三板船，如图 28－2 所示，船长 46 英尺，宽 9 英尺，根据方形平底船结构建造，是有别于巴湾船的异形船，其主要特点是船艄至船艉明显为三角形内倾，距离约为 6 英尺，呈现明显不同的方形宽船艉。

这种船只船底使用青杠木，船体使用柏木建造，设置 4 道舱壁和 8 根半肋骨。船体结构中使用一根横梁（1），位于甲板室后面，用于系紧桅杆的缭绳和纤绳。

这种船只使用的舵柄（2）是该型船所用的典型舵柄，位于甲板线后 1 或 2 英尺，向上弯曲。据说，这

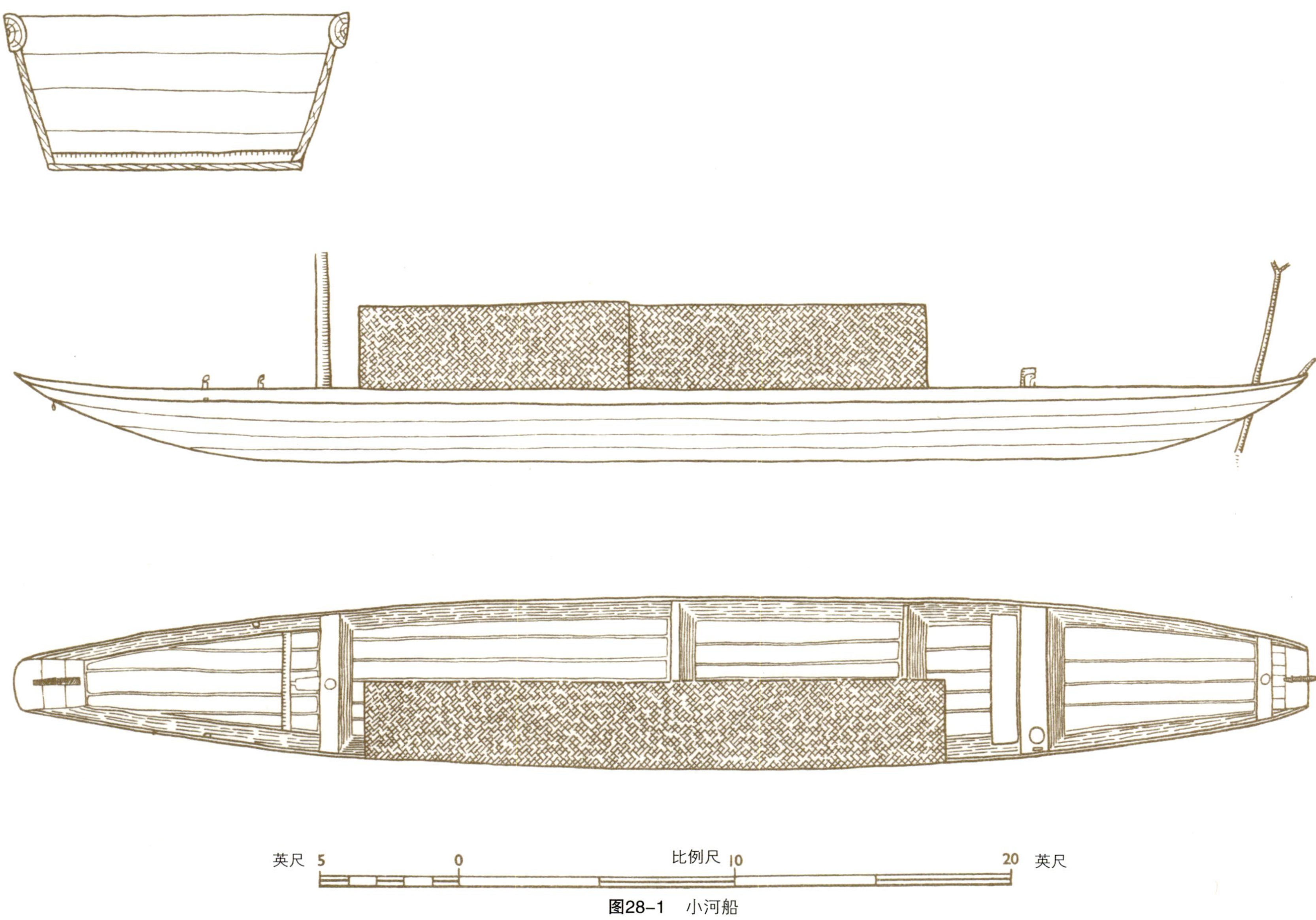

图28-1 小河船

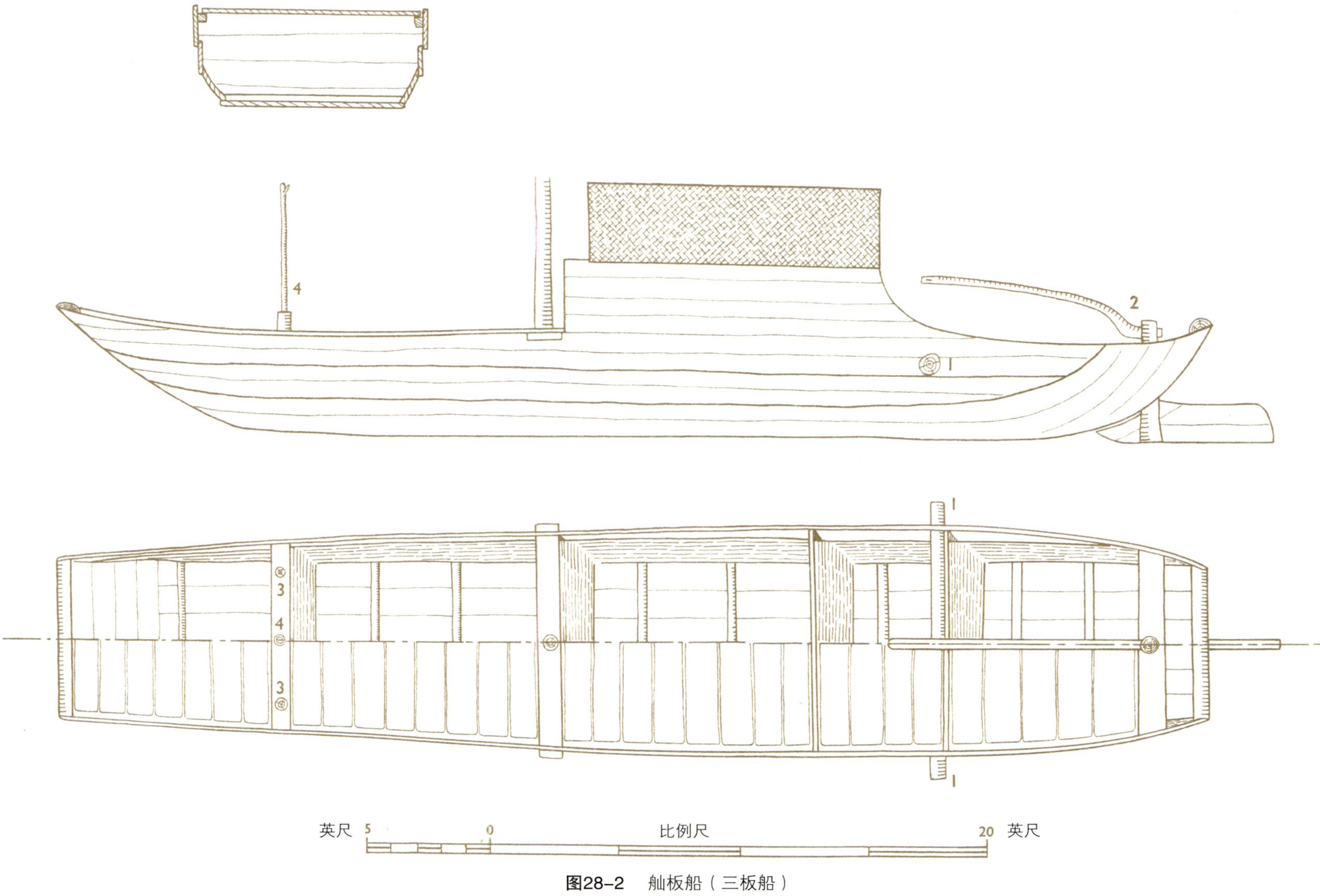

图28-2 舢板船（三板船）

种弯曲是通过汽蒸工艺实现的，但是这种形状又可能是自然长成的。

浅吃水舵突出到船艉的悬伸部后面，向上弯曲到同微微上翘的宽型船艏一样高。船艏与船艉一样宽，两头都用横梁。一对系缆柱(3)装在第一道舱壁上的“泥滩锚”(4)两边。从桅杆后面开始的小甲板室使用组合式侧板和席顶。

这些帆船是运煤船，船底护板的整个长度都放在货物上面，通常只给甲板室内生活舱室留出 2 到 3 英尺净高。

这种船只的船老大不像长江上游其他地方的船老大那样站在厚木板上面，而是站在甲板上面，甲板下面装载的都是货物。船老大通过甲板室向前观察。

— 第 29 章 —

赤水河帆船与舢板

赤水河是长江上游的一条支流，发源于龚滩河源头不远处的长江以南山间，那里是云南、贵州和四川三省接壤地区，差不多沿着贵州与四川两省界线流动。

赤水河在陡峭的石灰岩峡谷之间流动，最后在叙府（译者注：今四川省宜宾市）上面的合江镇东南面流入长江上游的金沙江。

赤水河在当地被称为“仁怀河”或者“合江小河”。它是一条比较重要的支流，是深入贵州省的交通渠道，可以航行到离河口大约 42 英里处设有城墙的永怀亭镇，河口宽约 200 码。冬季期间，急流和浅滩使航行非常困难。

赤水河下行航程主要输出木材、木炭、竹材和药材，上行航程载运食盐和纱线。

运　木　船

长江上游的运木船很有特色，船体较宽，组合式甲板居住舱室位于船艉。

这种帆船，如图 29－1 所示，船长 85 英尺，宽 15 英尺，船身实际上并没有普通船只宽。船体结构的突出特点是只设置 3 道舱壁。提供连续堆放大量木材的空间。分段锯切的厚木板，包括其他货物，成排横向规则堆放十层，每层则用纵向摆放的木材隔开。

虽然运木船结构较大，分层摆放货物很笨重，但是这些帆船还是能够很轻松地操控。它们靠划动每边的四支桨推进，船艉安放一支舵桨操纵航向。桅杆在上行航程时用于拉纤。

这些船只从赤水河河口的合江镇运送木材到重庆，绝大多数是杉木；也从合州走嘉陵江运送木材到重庆，主要是柏木。

杉 木 筏 子

杉木筏子，如图 29－2 所示，长 58 英尺，宽 15 英尺，是能从赤水镇顺赤水河下行的最大型木筏。冬季，木筏吃水约为 2 英尺，但在洪水季节时吃水可达到 7 英尺。两人可在 10 天内搭建一个木筏。

木筏单独航行，到达合江河口时成对并排连接到一起，继续顺长江航行到重庆，在那里拆散销售。

杉木筏子没有什么显著之处，它就是把许多杉木板横向捆到一起。甲板铺板也横向安放，顶部纵向绑紧两侧的加固件，内倾约 6 英寸，高 6 英寸，形成小型连续围板。

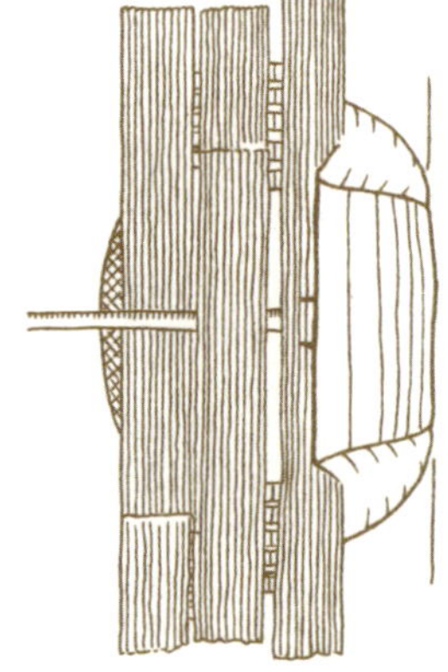

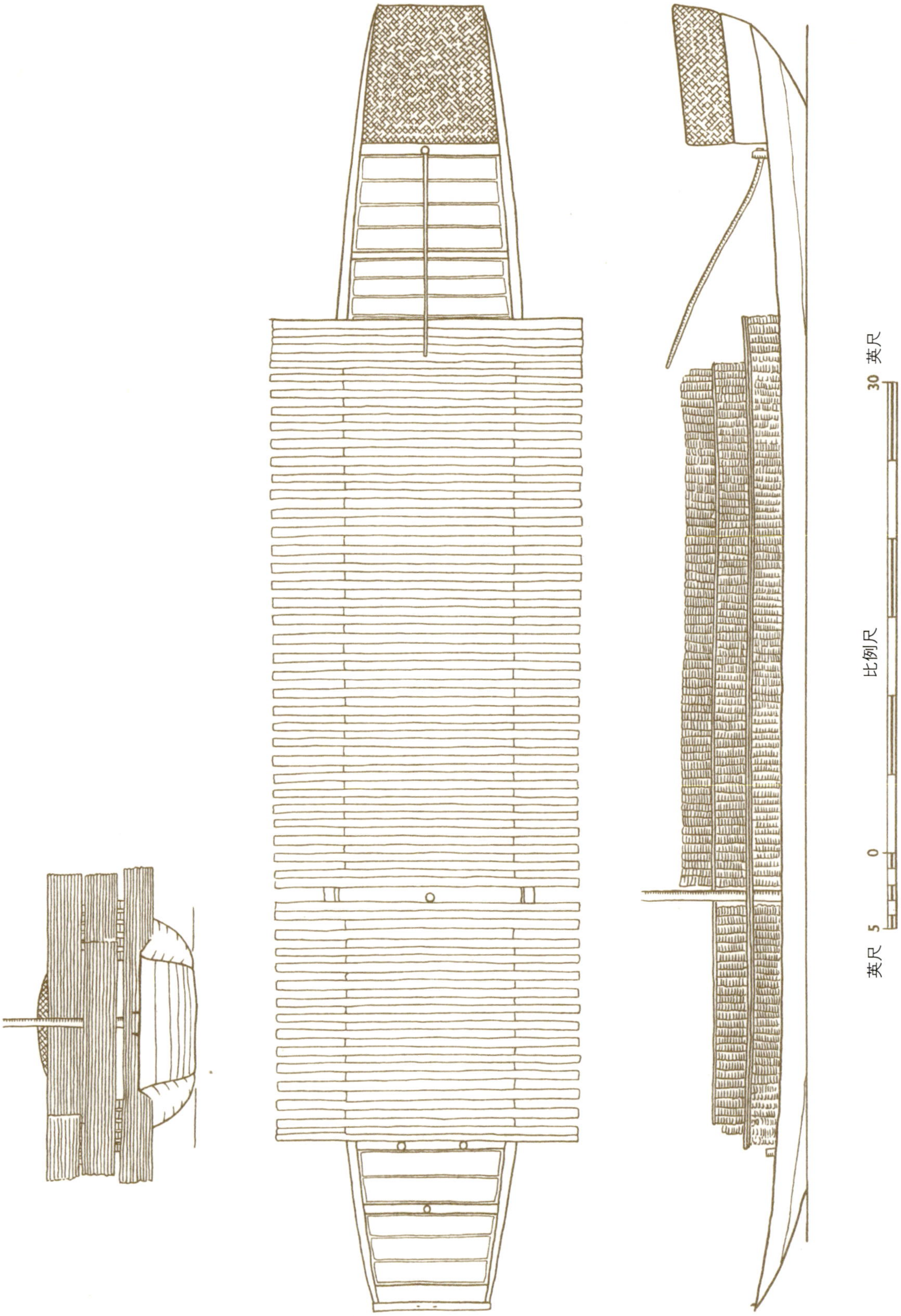

图29-1 运木船

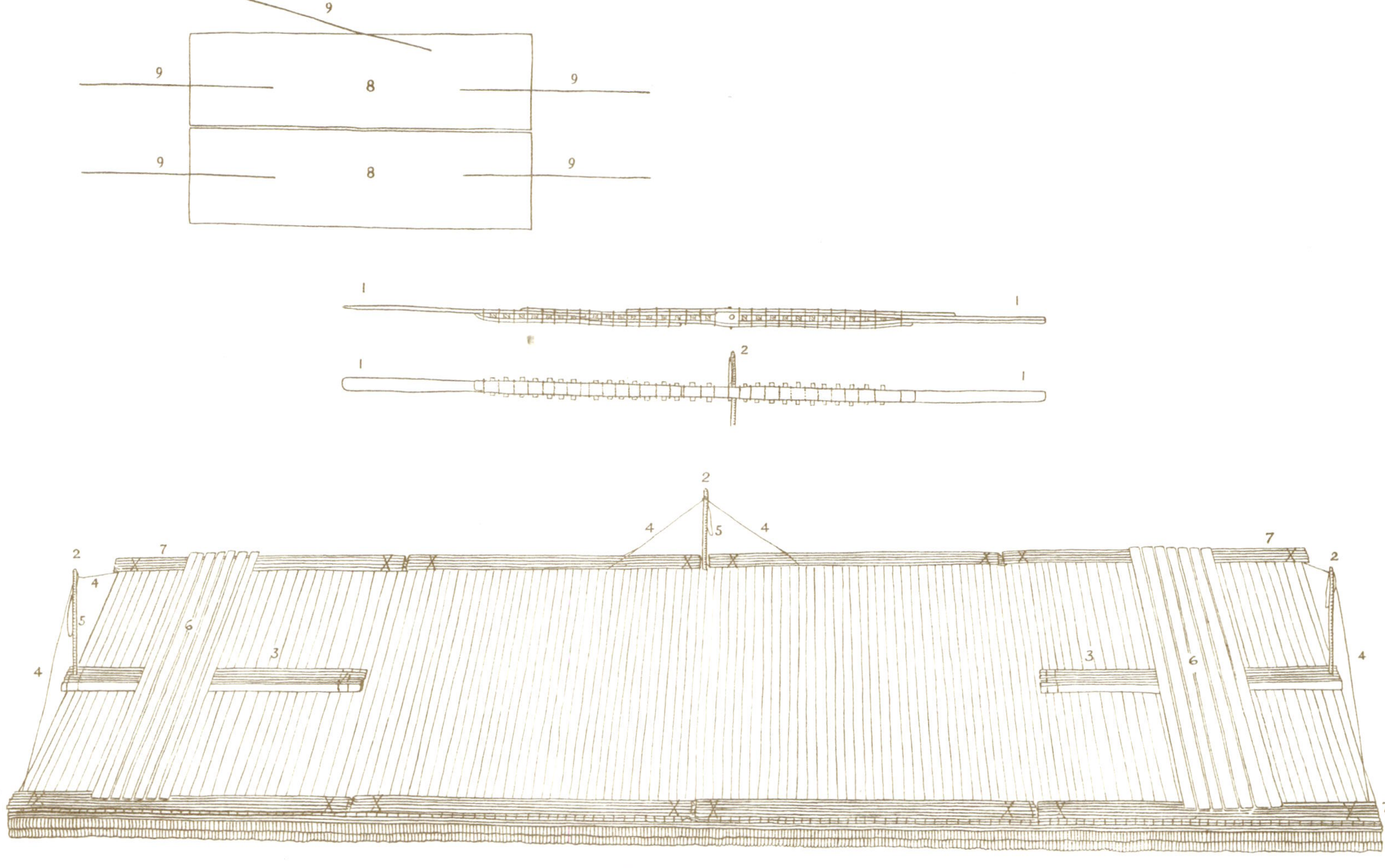

图29-2 杉木筏子

木筏结构全部使用杉木搭建，只有炉灶和简易“甲板室”内四名船员睡觉的草垫除外，甲板室为杉木单坡室顶。

杉木筏子的特点是使用长桨(1)，像筏子上的各种构件一样，临时准备的不同尺寸、厚度和长度的杉木板以较短间隔捆到一起。通过这样捆绑，以及在木板之间钉入木楔绷紧部件以保持硬度。这种看似随意的方法却形成了非常牢固的器具，虽则外观都很笨拙，却是匠心独运，从投入产出来看，是最实用、经济和简易的。

杉木筏子使用三支同样的长桨，木筏艄艉各使用一支，另一支安放在横梁处。两端桨架(2)都是插入甲板铺板的 3 英尺高木桩，它们都由固定甲板的杉木板组成的加固结构(3)保持在位。这三个桨架(2)都装有支索(4)和篾索环(5)，吊着长桨。几块铺板(6)横向安放在围板(7)上面，桨架加固结构作为船艄桨和船艉桨操作员用的升高小平台。

正如可以预料的那样，这些木筏用起来很不方便，顺流航行差不多都会失控，哪一边都可能转到最前面。

杉木筏子(8)搭建完成后，航行时共用 5 支长桨(9)，但是仍然不能保证精确投运。确实，拜船员们的高超船艺，它们完好无损地到达目的地。然而，木筏也曾发生事故，给所有者带来较大损失，因此，前面描述的运木船很受欢迎。

其他略有变化的船型因为没有图纸，故而省略。[1]

永怀亭镇上面有一个转运中心，专门建造赤水河上运营的帆船。据说，必须卸货，才能通过永怀亭镇上游 20 英里处那段很难航行的品滩急流。品滩上游约 10 英里处最难航行。

这个节点前面可能有些断断续续的可航行河段。对于长江上游所有支流而言，可能有不可航行河段的情况就像家常便饭一样。

船员们证实，小型歪屁股船(译者注：参见第 26 章“小型歪屁股”船)很像龚滩河上航行的那种船只，适合通过河流上游和源头的许多急流。如果真实，该报告就特别重要，因为江河上游源头相互之间离得很近。

[1] 尽管这条信息是从可靠渠道获得的，但是并不能保证其准确性，况且，有些船只已经过时不用了。

— 第30章 —

沱江或者泸江帆船与舢板

沱江或者泸江，也被称为富顺河和金堂河，发源于岷山，流淌约300英里到泸州汇入长江，形成输出四川自然财富的航线。像岷江一样，它可以直通成都平原。

这条江流经的峡谷物产丰富，正如其名称所表明的那样，两岸盛产甘蔗，砾石滩能够淘出少量黄金，而且，可以大量外运稻米和食盐。泸州上游大约60英里，有一条小支流通往自流井的多产盐井。

夏季，沱江可以航行大型帆船，航行大约250英里到达漩口。但是在冬季，只有小型帆船能够航行到那里。汉州（译者注：广汉）有一条运河汇入泸河上游，连接四川省会成都前面的岷江，那里只能航行舢板或者类似船只。沱江上下有许多急流险滩。

中 元 驳 船

中元驳船是一种较新的船型，只有50年的历史，它们船型完全一样，可是尺寸变化较大。它们出现之前，沱江航运同业公会控制的帆船只有柳叶船，这种船只名如其形，船艏和船艉两头尖。

这些柳叶船仍在沱江的泸州上游使用，航行到金堂镇进行贸易。金堂镇位于横过田野连接沱江与岷江的航道旁，离成都不算很远。在洪水季节，它们可以沿岷江上行到灌县。它们是小型船只，只用一根短桅杆和尾桨，而不用舵，载运量不超过5吨。因为考虑到这种不足，所以设计出中元驳船载运大型货物到沱江流域，其中许多都是转运柳叶船运来的货物。中元驳船和柳叶船都载运烟叶、蔗糖和食盐，在重庆与金堂航运同业公会保护下运营，实际到该工会注册的中元驳船多达5000艘。最大型中元驳盐船的载运量达到100多吨，而蔗糖运输船的载运量达到60吨。

中元驳船也在长江进行航运，上行远达叙府（译者注：宜宾），下行远达重庆，有时甚至到达沙市，沿嘉陵江上行至广元。这些驳船使用楠木建造，船底使用青杠木，主要建造中心是在沱江上的泸州和内江与成都附近的金堂镇。

中元驳船的典型样船，如图30－1所示，长94英尺，宽14英尺，深5英尺，是一种型线特别优美的浅吃水型船。该型船的船艉稍微上翘，逐渐变窄成狭长船艉。

中元驳船设计主要用于浅水区航行，通过附加外板的形式，把浅吃水与额外载货量结合起来，这种方法特别很受欢迎。它的突出特点是使用木制角形构件（1）连接侧板与甲板铺板。全船使用11道完整舱壁进行加固。

桅杆到第10道舱壁之间为30英尺长的甲板室。该舱壁不用完整横梁，考虑到经济性，只有两边船

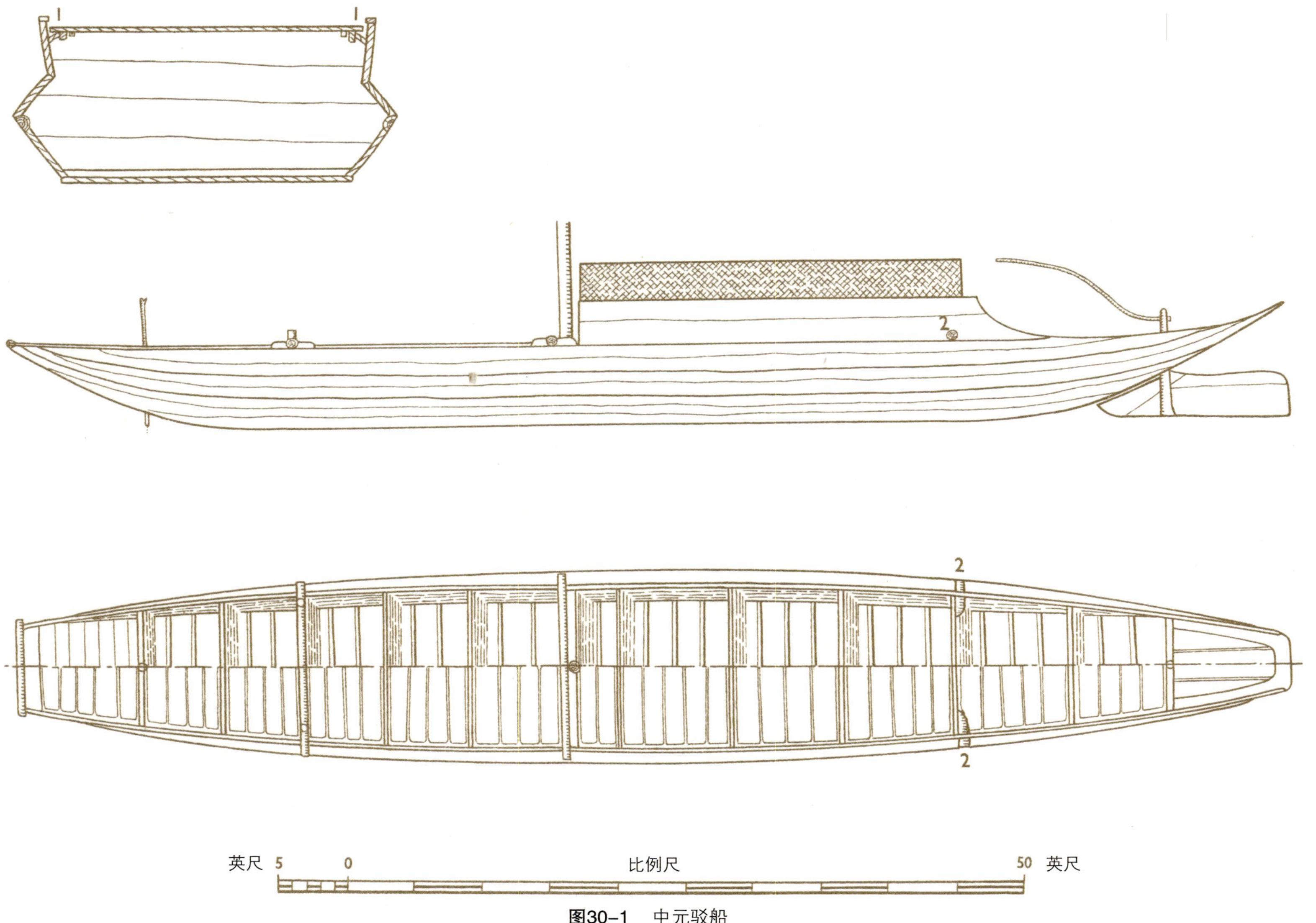

图30-1 中元驳船

艉部分(2)使用 2 英尺长横梁固定舱壁顶部。这种假横梁的突出舷外端用于绑紧缭绳和纤绳。

中元驳船通常使用在长江上游很常见的横帆,而当这些驳船冒险航行到万县下游河段时使用斜桁四角帆。通过把一角折起来并抽出水平竹撑条,保证它们因此改装成四角帆。这种方法虽然令人惊异,但是并非不可能实现,而且表现出经济灵活性。

— 第31章 —

岷江帆船与舢板

岷江得名于到松潘北部岷山山脉探险的那些不屈不挠的探险家，他们找到岷江的发源地，将其称为府江。这个名称来自三个很重要的江边"府城"，即叙府、嘉定府和成都府，后者是四川省省会。岷江又称岷河、汶江、导江和松潘河。它是长江最重要的支流之一，从商业上说，通过它可以直接到达肥沃富饶和人口稠密的地区，被中国人视为真正的长江干流延续，到叙府汇合。

岷江在成都西北约35英里的灌县流入成都平原。灌县西南部有一个100英尺深的人工峡谷，从坚固的岩石中开凿而成，通过它的一条河流40码宽，成直角转向，再次分为三条主要航道，最北部航道在新都流向成都东北方12英里的沱江或者泸江，连接两道不同的分水界。

这条人工开凿的岩石航道被灌县人民称为宝瓶口，它是战国时期著名水利工程专家李冰领导修成伟大灌溉系统的基础。李冰被秦昭王任命为蜀郡第一任太守，他在任职期间征发民工在岷江流域兴办许多水利工程，将岷江分为内江和外江，再细分为数不清的灌溉渠道。

以这种方式，使2400平方英里的成都平原得到河网灌溉，更使成都平原成为两千多年来中国最为富饶的天府之国。

这些灌溉成都平原的河流流到成都南面42英里处的江口再次汇合，流到嘉定时汇集通江和雅江，前者只能航行大约40英里，而后者只有木筏可以通航。

很多煤炭沿通江外运，犍为地区建有重要盐厂。嘉定是岷江大型帆船交通的航运终点，因此成为一个重要的贸易和转运中心。

枯水季节，帆船从叙府航行130英里只用3周或者更短时间；而在洪水季节要用25天时间，但是装载可以达到4英尺吃水深度。

嘉定上游每年五月前后至十一月为洪水季节，吃水深度3英尺的帆船空载时可以到达成都；但是在枯水季节，只有吃水深度15英寸的半装船能够航行到江口，如果航行到成都，吃水深度必须减到8英寸。

实际上，半装船在洪水季节能够从江口航行到灌县，在枯水季节能够向下游航行15英里远，不过需要双倍船员驾驶才能通过急流到达那里。

南　河　船

如图31－1所示的帆船是一种典型的南河船，南河船的尺寸变化相当大，但是在其他方面几乎都

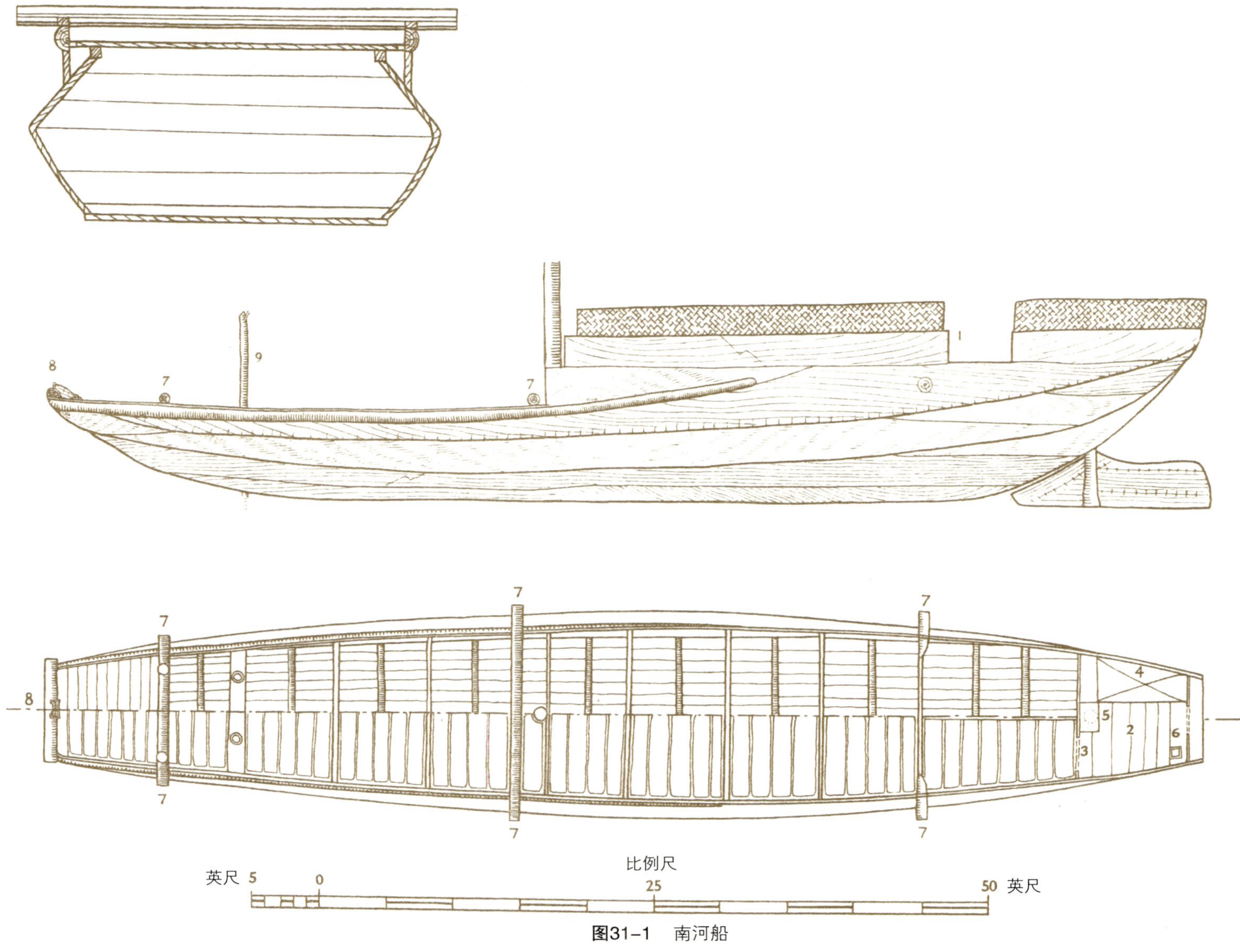

图31-1 南河船

一样。

南河船通常都在嘉定下游建造，那里是造船用楠木的生长地，楠木是一种很好的黄颜色木材。这种岷江帆船是大型帆船中的一种，船长 86 英尺，宽 12.5 英尺，深 6 英尺，使用平甲板，分为水密舱室，货物存放在第二至第七道舱壁之间。甲板用 14 英寸宽的活动木板横向铺成。

唯一的大甲板室覆盖桅杆后面整个部分，中间有一个带滑动顶的开口，使舵手能在航行时从指挥位置(1)获得开阔的视野。

该甲板室的前面部分是一个宽敞的分舱，作为船员起居室，航行时雇用的船员可能增加到 30～50 名。这里的唯一家具是 L 形系列储存柜，上面分成小格，放置船员们的饭碗和小件私人用品，下面是大箱柜，存放大米。这些储存柜固定在最前舱壁，另一边是厨房。

有些南河船的甲板室后面有一个船东舱室(2)，左边有一道门(3)分隔开，该舱壁中心有一个纸糊窗，周围有三个像鸽房一样的壁龛，里面供奉着河神或说保护神杨幺的偶像。这上面还有一个木卷轴，黑底金色写着一副对联，使用“顺风”和“幸运”等词语。船东舱室内有一张床铺(4)和一个桌子，放在上舵杆(5)上面，挂着一块黑板，画有船员工资表、记录着帆船航行情况。

南河船有一个与船艉同样宽的大尾窗，用皮纸糊着，装饰为小格，窗下面有一个带方形溜槽(6)的洗台和一个存放个人用品的锁柜。

船体结构使用 3 根大型硬木横梁(7)。中间横梁紧靠桅杆前面，两端装有小木架支撑轴承销，轴承销上放橹。前面硬木横梁两端安装有系缆柱。

南河船设计的一个全新发明是船艏桨滚柱与桨架(8)，宽度特别适合轻快地划桨。南河船使用两只“泥滩锚”(9)。

该型船的一个奇异特点是使用不规则长舷缘板，从船艏开始沿着前甲板的上边缘通到甲板室，稍微上升到连接上层建筑。

当南河船专门用作盐船时，有时被称为“桥眼船”。

小 木 船

小木船是一种比较标准的小货船，一年中的大部分时间都能航行到成都，但是必须根据水情变化选用大小不同的船只。如图 31 - 2 所示的这种小木船长 40 英尺，宽 7 英尺，空载时吃水约为 4 英寸。

这种船只的宽度表明其是名副其实的帆船，船底使用青杠木，船体使用楠木粗糙地建造，设置 6 道完整舱壁、1 道半舱壁和 2 根肋骨进行加固。

小木船具有两个突出特点：一是船艉外伸部分，外面有一个木制小眼板装轴承销；二是临时搭起一个单坡顶小凉篷，虽然很小，却能容纳 5 名船员。这种小凉篷会在帆船航行时拆除。

这种船只既不用桅杆也不用舵，推进方法包括在浅水河段航行时靠划桨、撑篙，甚至船员下水去推船。

护舷材使用 4 英寸宽木板，从船艏到第 4 道舱壁向舷外倾斜，从第 5 道舱壁到船艉变成内装式长木杆。

这些船只的唯一有趣点是能够通过成都以下的岷江上游河段，它们比任何其他船型都长，当然，雅江木筏除外。

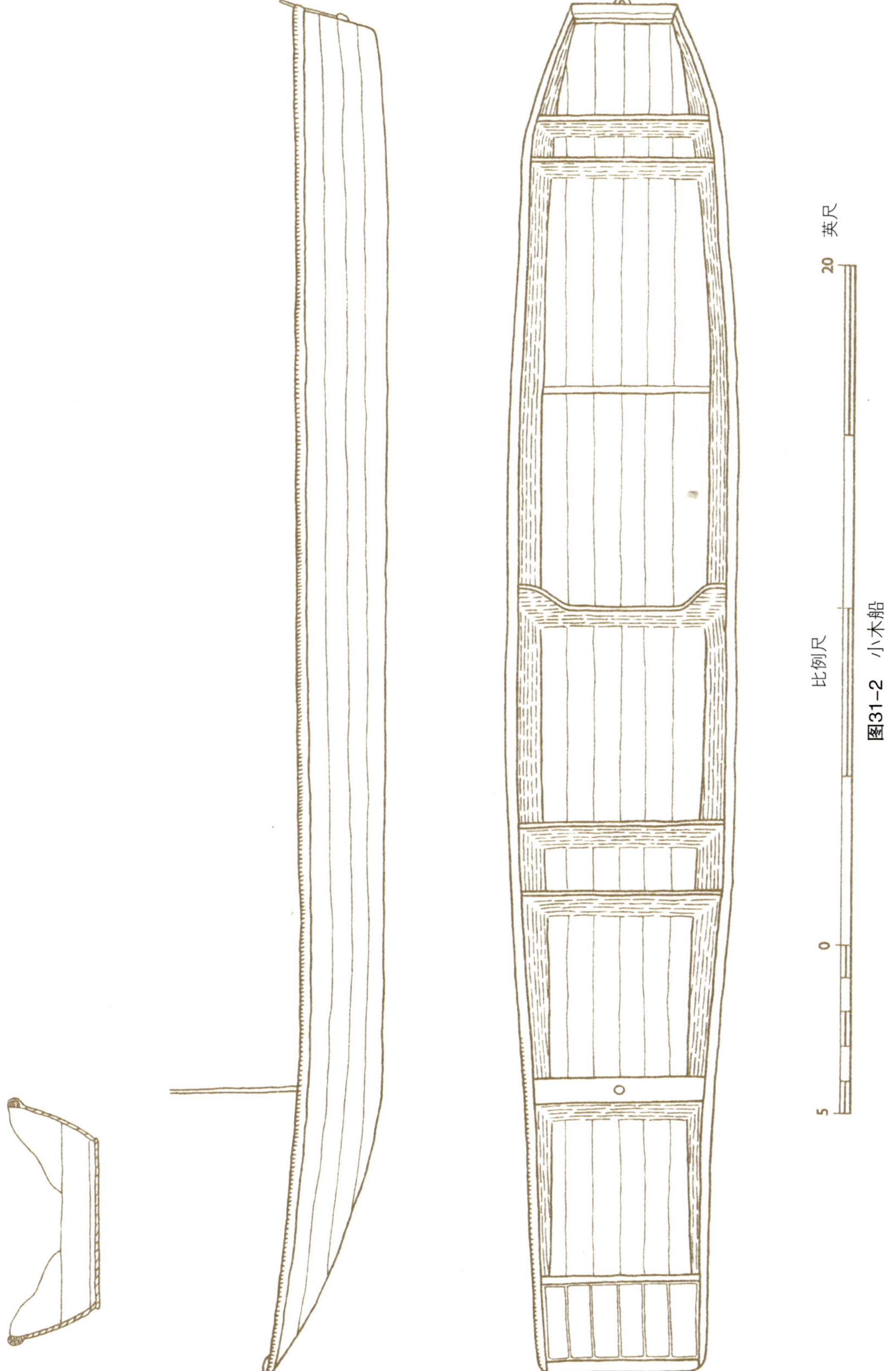

图31-2 小木船

大 木 船

大木船和小木船一样，都是能够航行到成都的主要货船。

小木船一年四季都能通过岷江航行到江口，随着水位上涨可以航行到成都。大木船航行需要更高水位，船体尺寸变化较大，如图 31－3 所示的大木船长 47.5 英尺。

该型船没有什么显著之处，只是船体狭长，微微上翘的船艏最宽 7.5 英尺，船艉最宽 10 英尺。

船体结构的主要型线采用成都地区普遍认可的式样，即，前舱和后舱内倾，中舱设置 3 根肋骨，分为一个或者多个隔离舱，用以存放货物。假若这样，大木船使用一根短拉纤桅(1)，安装在桅孔加固板(2)之间。一根系船柱(3)、一只"泥滩锚"(4)和一个舵(5)就集齐了这种有用但是乏味的帆船的全部装备。

沙 船

沙船，取名于始发港白沙。这种船只的重要性在于它是用于岷江上游河段航行的唯一船型，能够航行到帆船的航行终点——灌县上游约 30 里处。

这种帆船设计主要适合用于急流浅滩的航行，虽然结构牢固，但仍是轻型船，如图 31－4 所示，船长 55 英尺，宽 10 英尺，深 3 英尺，使用 6 道舱壁(其中 4 道以 2 个隔离舱的形式成对安排)和 6 根完整肋骨。

主要特点是船艏扁平，又长又低，悬伸长度较大。船艉微微翘起到小横梁，尾端两侧稍微突出。

短拉纤桅(1)安装在前隔离舱的桅孔加固板(2)与桅孔加固板(3)之间，纤绳(4)用短索(5)吊住，绑紧后系船柱(6)。

"泥滩锚"(7)位于第一道主舱壁后面，比一般船型要靠后许多，在低系缆桩(8)的侧边。一根劈开的长木杆以舷缘板形式向后延伸到两侧最远处急剧翘起的护舷材下面。

通常，沙船配备 11 名左右船员，其中 9 名在帆船上行时当纤夫。

沙船下行通过灌县上游的浅滩急流时，随波逐流速度很快。安排 4 名船员操纵舵桨，超过 4 名船员操纵船艏桨。桅杆前面的整个舱室都让给两名船员划桨，那里有两个桨架(10)。这两名船员站在升高小平台(11)上面，而第三名船员位于他们后面的隔离舱右边，使用一个木制方形水斗向特制排水口(12)排水。

有时，这些沙船会航行至嘉定，运送货物通常都是煤炭。

汽 车 渡 船

中国内地广泛建造公路，已经带来汽车如何跨越无数江河和水路的接驳问题。由于时间、人力和费用等原因，公路尚未建造过河桥梁的情况下，就靠使用一种新型木制汽车过河渡船来解决。这些过河渡船主要分为两种：第一种是载运汽车渡过很窄和较浅水区的渡船，第二种是载运汽车渡过更宽和更深江河的蛮实渡船。第一种汽车渡船的一个范例是在内江附近的椑木镇汽车搭乘渡船通过沱江浅而平静的水域，继续驶入重庆至成都的公路。这种渡船的吃水深度只有几英寸，据说能够同时载运 2 辆满载货物的大卡车。汽车通过船艏或者船艉搭接的两块特制厚木板上下船，它们首先转向渡船停靠的大横梁，然后以迂回的方式降到渡船船底高度。这些厚木板通过易于移动的部分包围横梁的铁箍固定住。汽车渡

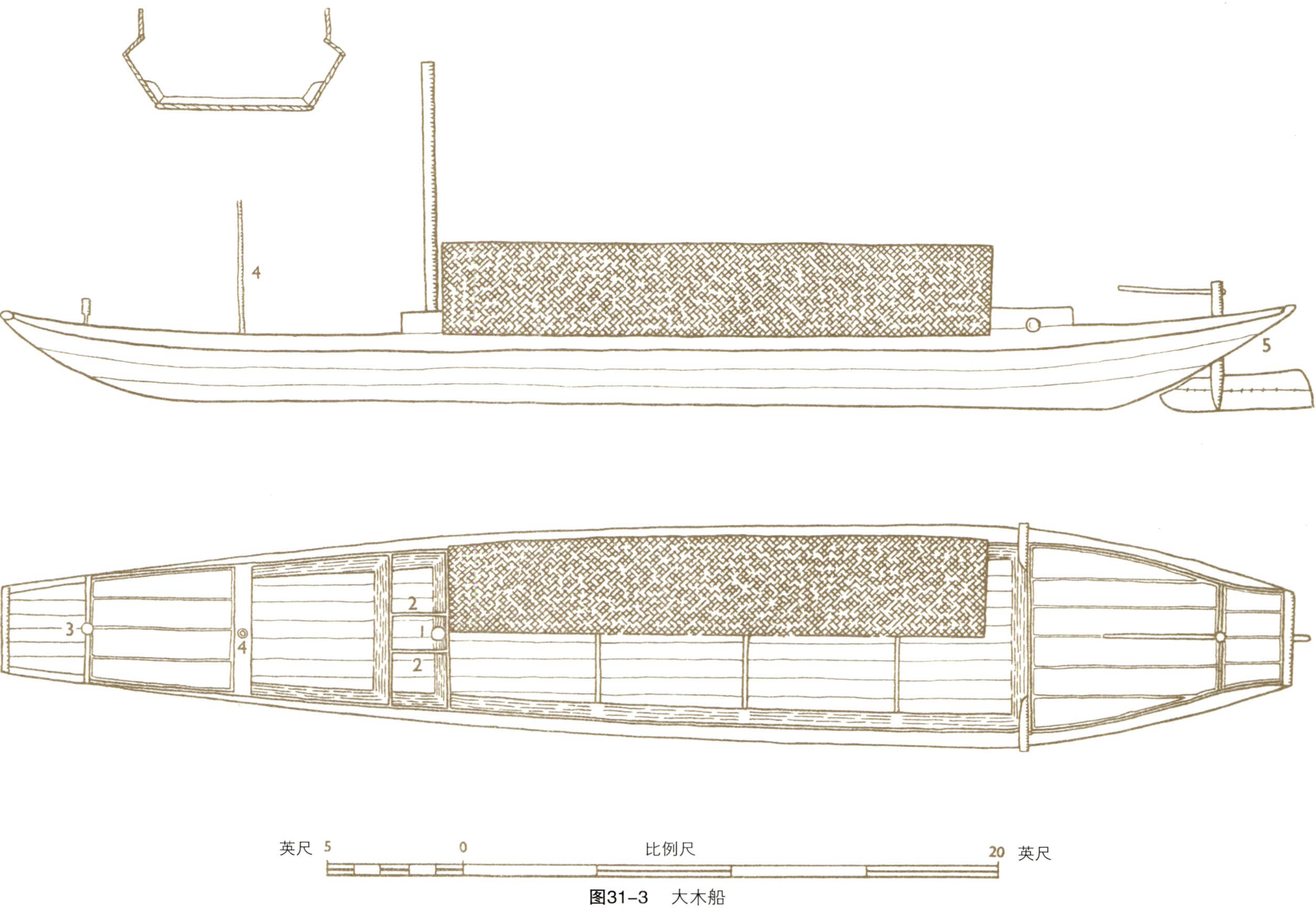

图31-3 大木船

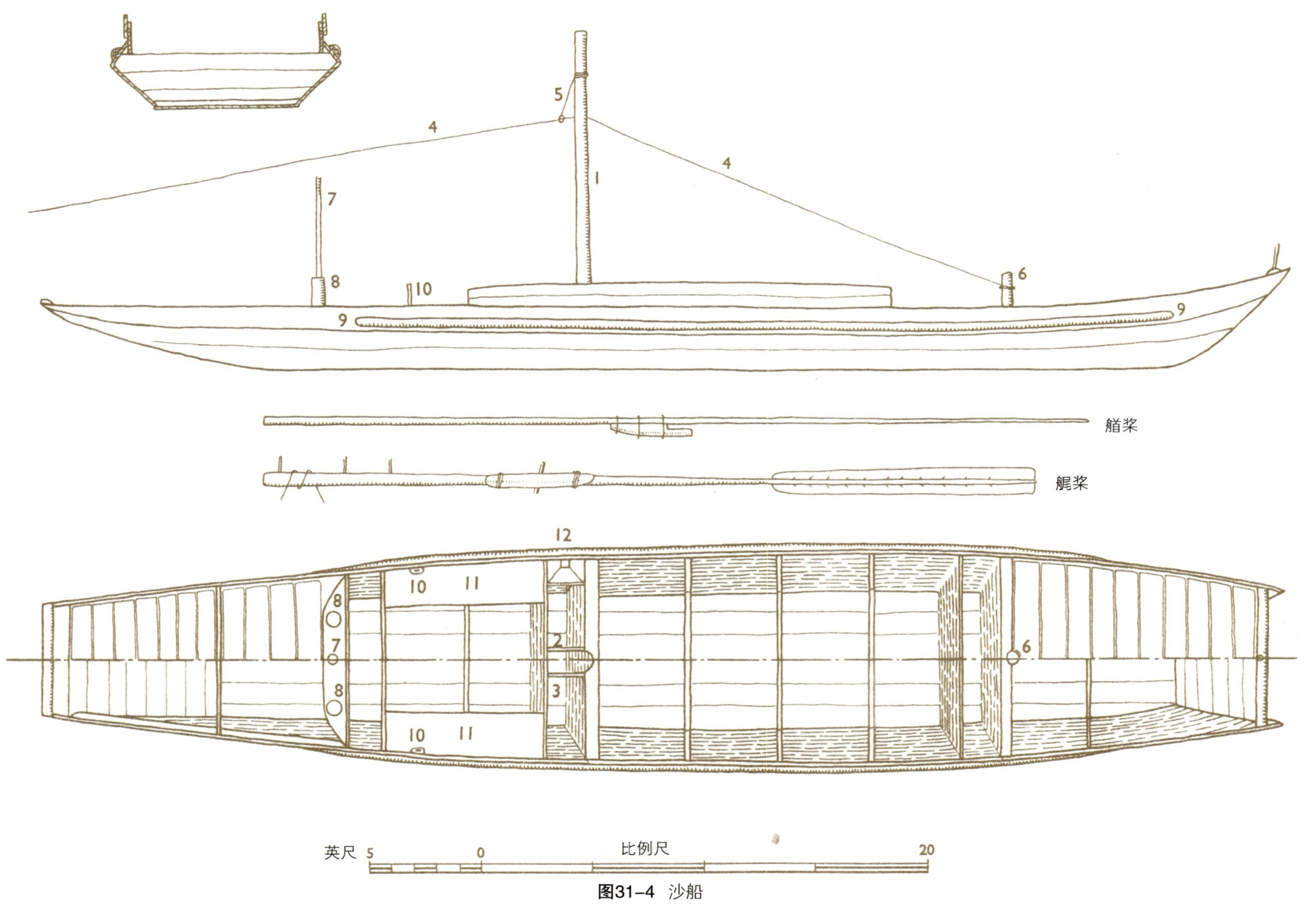

图31-4 沙船

船通过划动船艏桨和舵桨渡过河流。

第二种岷江渡船，如图 31－5 所示，载运汽车渡过灌县下游大约 5 英里处的岷江外江，驶入通向青城山的公路。这种结构牢固和外形笨拙的大型汽车渡船，长 59 英尺，宽 15 英尺，深 4 英尺。它们使用比普通肋骨更结实的 31 根肋骨，因为它们离船底 13 英寸高(1)，离两侧船体 4.5 英寸(2)远。

汽车通过水中叉架支撑的木过道开上船，即通过船艄侧面的厚木板(3)上船，厚木板横向安放在护舷材(4)上面，但是两侧突出较多。

汽车渡船的过河方法既简单又巧妙，充分利用水流便能完成。

河流上游约 200 码处，在浅水河床上面堆放许多竹笼装大石头，形成一个凹凸不平的码头。

这种索具固定器系住篾缆(5)一端，在甲板高度绑紧高大结实的活动系缆桩(6)。篾缆保持离开水面，任何来往的船只，通过穿过与其成直角吊挂的另外 3 根篾缆上的 3 个索环，每隔一定时间在渡船码头与索具固定器之间过河。这些交叉缆提高到 6 个竹架上面，以便其他船只从它们和主缆下面通过。

为了渡过河流，船艄桨手举起松弛的篾缆(5)，搭在大横梁(8)靠岸边一端的销钉(7)上面。船老大操纵架在铁轴承销(10)上面的舵桨(9)，使舵桨与渡船形成一个斜面，使其与河轴形成一定角度，利用水流冲击船艄的力量使渡船快速横流到对面的渡船码头。

成都鸬鹚捉鱼船

成都鸬鹚捉鱼船设计用于成都周围的河网捕鱼。如图 31－6 所示它是一种平底两头船，长 16 英尺，宽 2 英尺，深 8 英寸。当配备 2 名船员、1 个大渔篮和 1 个袋网时，捉鱼船的吃水深度很少超过 3 英寸。

成都鸬鹚捉鱼船是一种楠木结构的轻型船，它使用 7 根半肋骨进行加固，安装 2 根或者 3 根栖木供鸬鹚站立。各种瘦长浅底型鸬鹚捉鱼船竟然能搭乘 2 名船员。

这种船只的推进方法是靠撑篙，竹篙也用作各种鸬鹚的跳板与主吊杆。竹篙倾斜成一定角度，以便鸬鹚从水中爬上来，然后把它翘上船。温驯的鸬鹚立即放下捉到的鱼，接着又被推入水中潜水去捉更多的鱼。

鸬鹚下水捉鱼前，船东会在它们的喉管处套一个紧紧的藤条圈，防止它们吞咽捉到的鱼。船东夸说，受训过的两只鸬鹚协同合作，能够捉到长达 1.5 英尺的大鱼。

这些长期辛苦受累、徒劳无功的鸬鹚不计报酬，非常敬业，从早到晚非常机敏地连续为其主人捉鱼，主人只喂它们一点鱼吃。一天工作结束后，鸬鹚们安逸地站在舢板的栖木或者护舷材上面，舒展翅膀，在空中慢慢扇动，甩干羽毛中的水分。

可以说，鸬鹚捉鱼即便不是最有效的方法，与中国人的其他各种捕鱼方法比起来也是不太逊色的。据说，经过全面培训的鸬鹚售价高达每只 50 美元，但这也许只是渔夫的说法。

游览船(小花船)

小花船或小型游览船，是成都居民给这种另类船只取的名称。这样取名似乎是因为它们的船艏(1)别具一格(见图 31－7)。

小花船设计尖船艏的主要目的是使它们能够更轻松地劈波斩浪，快速航行。该型船的船艏尖端比

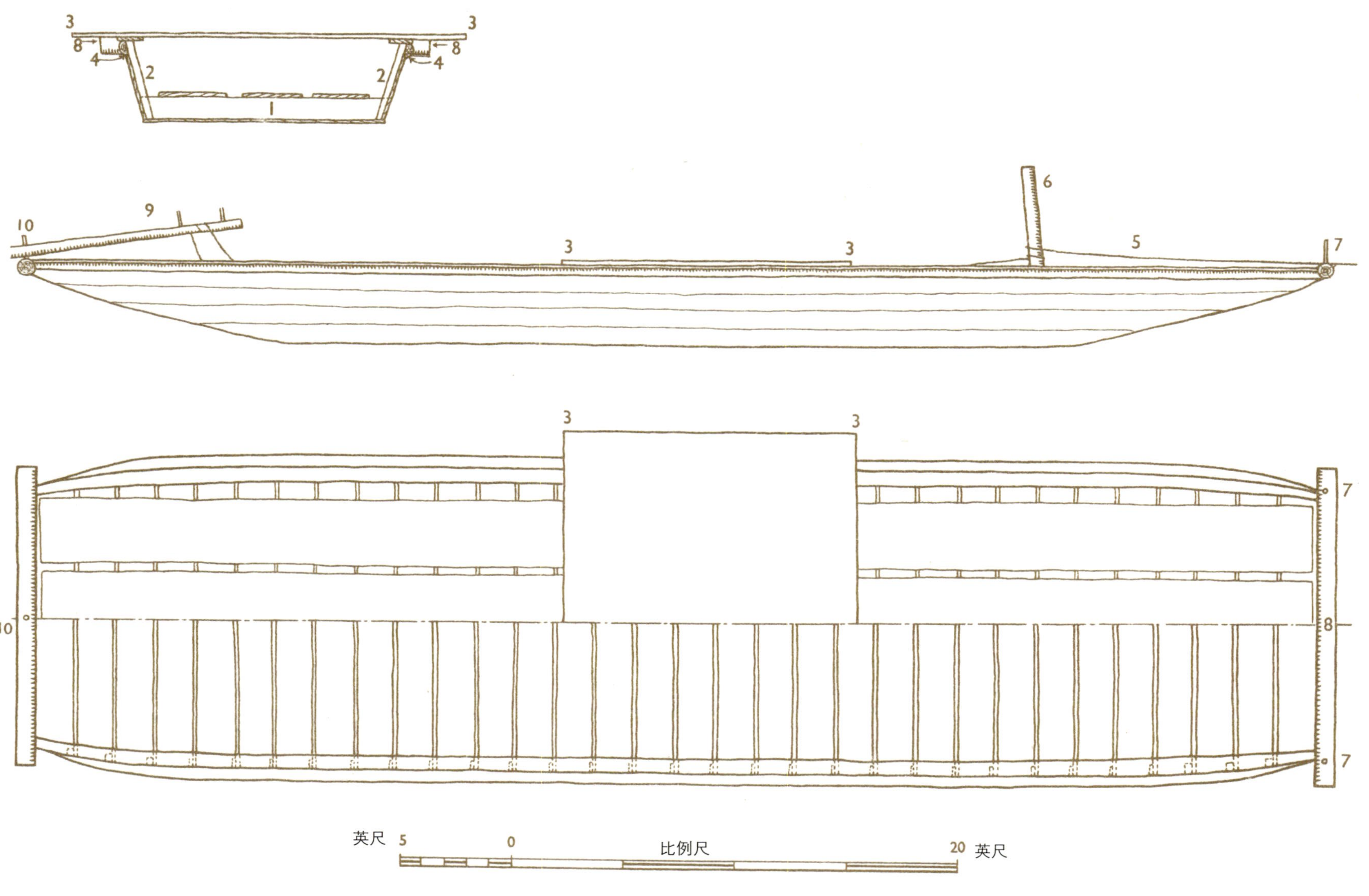

图31-5 汽车渡船

图31-6 成都鸬鹚捉鱼船

水线高出很多，直到第一道舱壁(2)下面的方形部分。

如图 31 - 7 所示，这种船只长 19.5 英尺，宽 4.5 英尺，在成都的府河很常见。虽然名为游览船，却经常看到它们忙于运煤。

花 船

花船是当地的叫法，该船设计用于在成都周围的众多水网进行运营。成都的夏季，天气闷热难耐，居民们纷纷离开城镇，每人花 25 分钱买一张船票乘船到水上享受傍晚凉爽的河风。

这种船只，如图 31 - 8 所示，长 37 英尺，宽 9 英尺，使用 6 道舱壁和 4 根肋骨加固，每侧能够容纳 9 名乘客。他们坐在竹椅上，面向船内，因为放下竹帘而视野受阻，看不到什么风景。整艘船都铺设了甲板，只有甲板室的中心部位除外，室顶使用竹席，两侧都有栏杆。这些栏杆外面有 1 英尺宽的突出护舷材，到船艏和船艉按正常比例变窄。它为船员提供不间断过道，船员包括 2 名桨手和 1 名船老大，负责收票。船上设有一个组合式小舱室，据说专供女乘客使用。

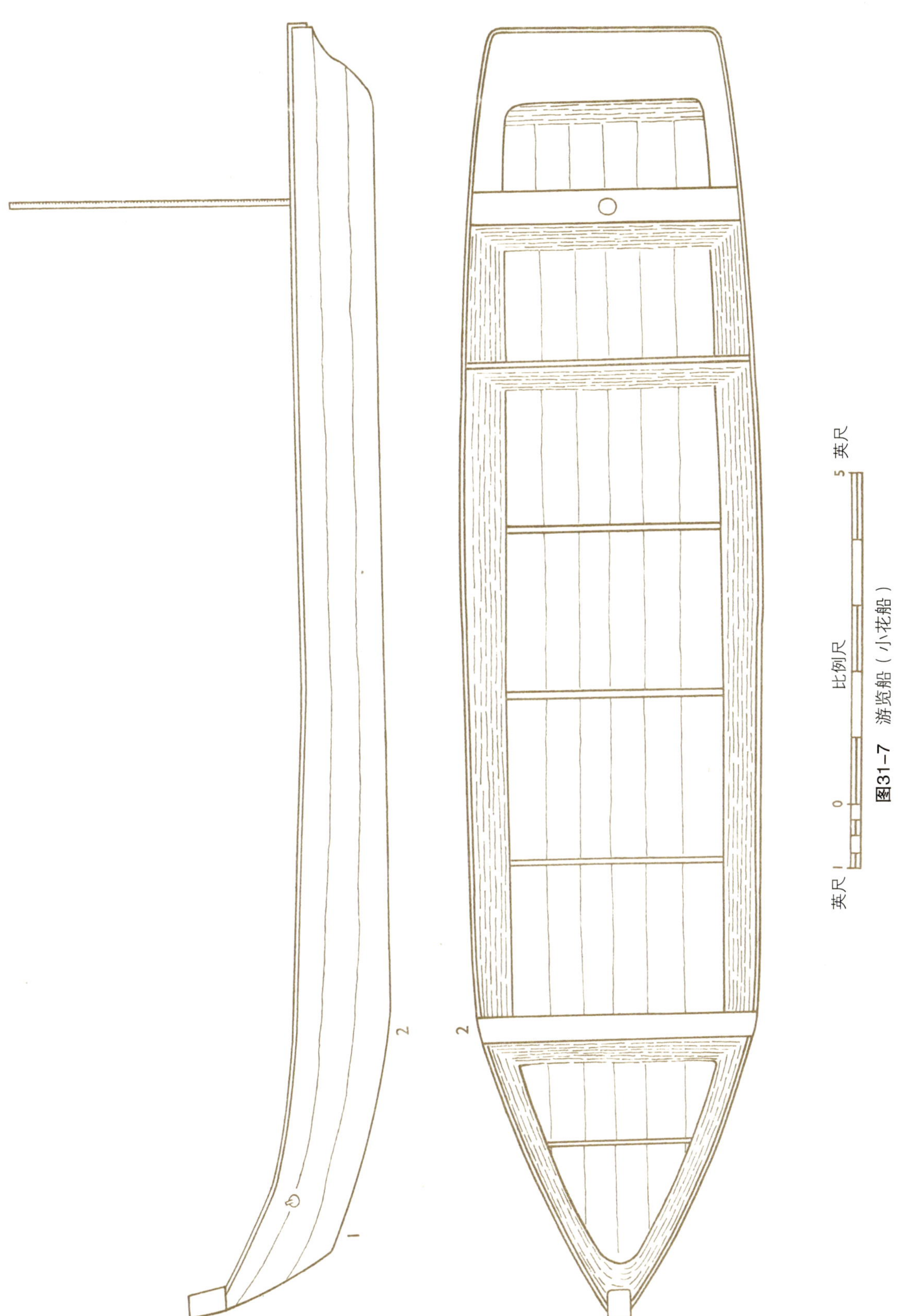

图31-7 游览船（小花船）

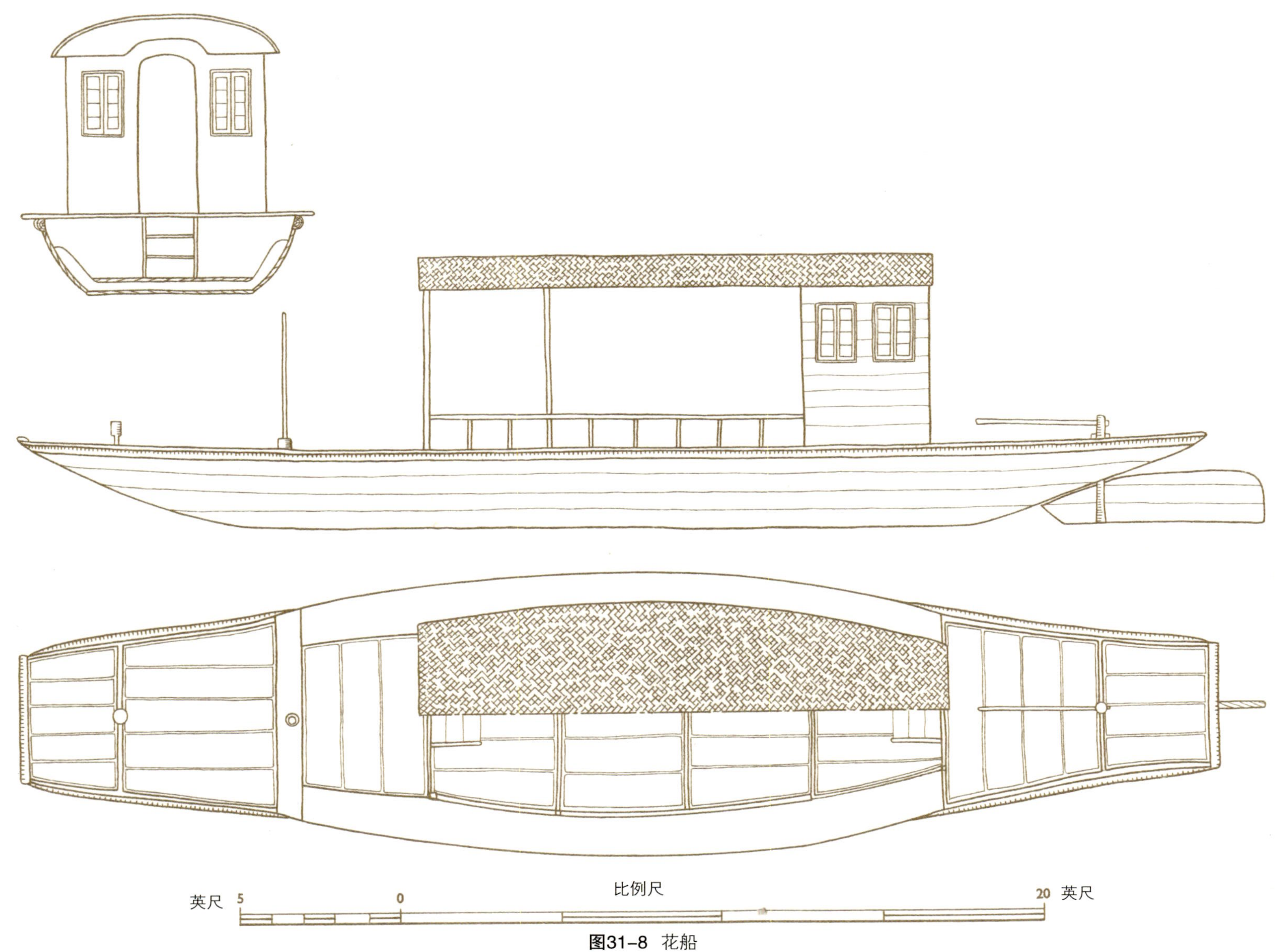

图31-8 花船

— 第32章 —

雅江的货运竹筏

雅江在嘉定上游约3英里的“西方之珠”或说嘉定府西大门外约1英里的地方与通江汇合，流入岷江。

雅江是一条遍布大卵石、鹅卵石和沙洲的湍急河流。它发源于雅州北部多山的洪山镇，冬季水浅，夏季水流湍急，总是充满危险，只能在洪水季节通航，最多30英里，从嘉定府上游到洪雅县。

西藏贸易很重要，然而必须通过难以航行的100英里水路到海拔比嘉定高800英尺的雅州。看到这么大的落差足以想象河流的湍急程度，如此短的航程就有33段急流，使雅江与其说是河流，不如说是山洪。

虽然各渡船点都有船只，但是雅江很不适合正常航行，所以货物只能使用竹筏运输，定期从雅州和长白沙到嘉定，上行到成都，偶尔下行到叙府。在枯水季节，它们从成都到嘉定要用5天时间，而在夏季只需3天时间。

雅州竹筏虽然简单，但是自古代以来使用至今，可以说是长江流域乃至全世界河流的最浅吃水杂货船。它们的满载吃水深度通常只有3英寸，从不超过6英寸，这主要是因为中空水密竹筒能够提供额外浮力。

竹筏不会沉没，是一个极具强度和挠性的狭长平台，包括许多非常精巧实用的装置，用于克服必须应对的困难。竹筏最突出的特征是上翘的船艏，这样设计是为了使竹筏能够滑过暗礁，哪怕暗礁几乎要冒出水面。

竹筏的长度随行就市没有定数，最大竹筏长达10丈，最小竹筏长约2丈——前端只微微翘起。它们都在嘉定或者雅州搭建，只需大约2周，费用约为600美元。如图32-1所示，这种竹筏是最大型竹筏，长达10丈或者110英尺，最大宽度12.5英尺，首尾稍微变窄。整体使用被称为南竹的龙竹，这是四川西部最大的一种竹子，能长到60～80英尺高，最大直径达到10英寸或者12英寸。这种竹子中空、质轻，最适合搭建竹筏。搭建竹筏用的竹筒似乎要经过精心选择，因为它们要直径统一为5英寸，但是长度不等，以便使不规则间隔端对端衔接。竹筒的硅质表皮要刨除，竹节要放在烈火上烤干。用作竹筏首端的竹筒也要放在烈火上烤软，接着在一端吊一块石头，使其弯曲成所需的形状。

由于烟熏过程，竹筒变成黑色，然后刷上桐油进行加固。每年都选在枯水季节拆散竹筏进行修理，再搭建成完整的竹筏。这种颜色变化与刨除表皮一起，使得竹筏外观很像木筏。

竹筒并排安放，使用藤条绑紧横梁或者肋骨，整个竹筏连一个钉子都不用；这些肋骨使用直径更小的自然绿色竹竿，无须任何处理。如前所述，搭建竹筏用的竹筒长度不规则，确保竹筏不会有两个接头并列，不按一般认为的那样将两个分开的部分拼凑到一起。这样，就获得了最大挠性，竹筏通过半潜障碍时随时可变为横向和侧向航行。

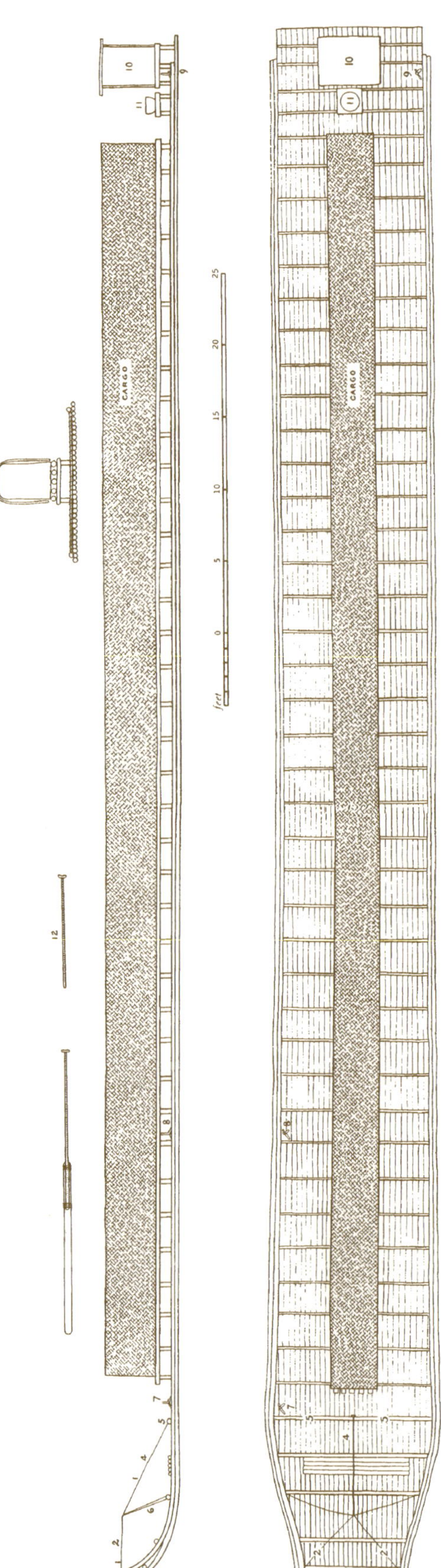

图32-1 雅江竹筏（1）

图 32－2 雅江竹筏(2)

竹筏靠艏艉相连的两侧护舷材提供保护和附加强度。这种护舷材为两根竹筒宽,第三根放在内侧。不像竹筏护板,这些接头用竹篾绑紧,接头两边延伸 1 英尺。护舷材总宽为 10 英寸。

卷起的竹筏艏部靠纤维支索(1)支撑,使用藤条索(2)加固,藤条索一头绑住首部(3)突出楠木横梁的一端,另一头通过竹筏中间的铁柱(4),钩住用系索绑紧的第 5 根肋骨(5)。

为了确保引导更为顺畅,支索绑住甲板上 4 英尺高的弓形架(6)。它下面是一个用 5 根竹筒横放的低矮小平台,船老大站在上面驾驶竹筏。

位于第 5 根肋骨(5)的右边有一个桨架(7)。使用一根约 2.5 英尺高的赤杨木桩有效解决系紧问题,两根自然支柱绑住底板竹筒,而第三根人工支柱是以木楔形式榫接木杆,使用一个木钉锁住。竹筏右后面使用 8 根肋骨,第二根很像木杆(8),第三根(9)在艉部,倒数第二根在左边。为何使用三支桨、为何在那里设置桨架,没有令人信服的解释,但是肯定有极好的理由。

雅江竹筏有一个狭长的升高平台,从第 6 根肋骨开始到倒数第 5 根肋骨。该平台离甲板 1 英尺高,搭在短而结实的竖立部分竹筒上面。它包括 5 根竹筒纵向安放在支撑上面。这样,该平台是竹筏上唯一较干的地方,航行时经常被浪打,载运 7 吨货物堆放约 4 英尺高,用竹席覆盖。

竹筏艉部是稍微变窄的平面(见图 32－2),搭有一个单坡顶小风雨棚(10),供通常配备的七名或者八名船员使用。还在倒数第 3 根肋骨上搭建一个厨房,里面放一个炭火盆(11)。竹筏上行靠拉纤前行,通过浅水区时安排几名船员下水推进,使用很像拐杖的 8 英尺长竹竿(12)推动。竹筏通常结队航行,以便船员们相互帮助,通过航行艰难的急流。

竹筏靠拉纤上行到雅州的平均航速为每天 5～10 英里，整个航程 2～4 周时间，而这不过 100 英里的下行航程可能只需连续航行 20 个小时。

雅江竹筏的一个奇怪而值得注意的特点是，航行时发出噼噼啪啪的很大噪声，那是竹筏通过河底满是鹅卵石的浅水区时发出的连续伴奏声。这种噪声是空竹筒作为共振板发出的反响。

雅江竹筏一贯保护良好。任何被损坏的竹筒都会立即被同样长的新竹筒轻易替换、修复。很明显，船员们以自己的竹筏为骄傲，这些竹筏能够连续使用数年，因为它们都是及时使用新竹筒搭建而成。

雅江竹筏也许是长江流域现存的最古老的有趣船型，但是不像更现代型的竹筏，它们很可能还会继续定期航行，因为至今没有找到充要的替代货船。

— 第 33 章 —

自流井河的歪头盐船

船如其名，橹船的特点是橹很长，甚至比船本身还要长，但是最特别之处是船艏的歪斜结构，这样设计的船只很适合通过盐井河[1]的急流。

威远河和荣县河在自流井上游几英里的地方汇合，继续向下流，被称为盐井河，流向沱江或者泸江。这个河段很短，只有大约 120 里或 40 英里长，[2]中间有 4 段可怕的急流：第一段位于重滩的低坝；第二段位于仙滩，包括一段急流和低坝；第三段位于沿滩，是四段中最大的急流；第四段位于老鸦滩，包括水坝和急流。

涪州歪屁股船在当地很有名气，已经吸引到该镇旅行者们的注意力，但是自流井的歪头船似乎正在争取生存空间，没有引起人们好奇或者很大注意，甚至在它们的船籍港。旅行记中有两三处对这些船只进行了随意记录，全都错误地称其为"歪屁股"船。确实，奇怪、高大的圆形船艉舷部的左边稍微上翘，形成艉橹部位的构件并不延伸到最后，完全倾斜而非垂直的方形船艉列板形成令人不快的错觉，但是这些船只的基本歪斜位于船艏，歪斜船艏使这种船只看上去很独特。

四川船只的异常结构十分普遍，对其形状进行毁也好誉也罢都是超自然的干预。至于橹船，其设计之功都归属木匠祖师鲁班。

关于橹船的描述很少，所以在后面几页仍被称为"歪头船"，这种颇费猜测的船只也许是这类船只中现存唯一的船型。

歪头船都在盐井河河边建造，主要是在自流井建造，1941 年每艘造价为 2400 美元。据说，这种歪头船仅 1926 年就建造了 3000 艘，用于保持出口盐的高价格。

歪头船为瘦型船，型线悦目，渐渐变成肥型船艏和圆形船艉。可是，它们外观优美，重要的是结构也特别牢固，这样才能通过危险的急流。船的长度应该为标准船的长度，也就是说，船的长度 57 英尺，但是有些船只更长一些。歪头船一般以 5 艘为单位结队航行，每队为 1 载。每队的首船或者旗船被称为座船，总是比其他四艘稍微大一些。它们空载时吃水深度只有几英寸，满载时达到 1 英尺。

值得注意的是，为了适合在较深急流中航行，中国人全面设计这种船只水下线型几乎为圆形，这种吃水深度破浪航行更稳定。盐井河的急流在枯水季节非常浅，所以设计通过它们的船只结构必须吃水最浅，因此歪头船也许是世界上除木筏以外的最轻型货船。它们是平底船，而且表现得比长江上游的任

〔1〕 盐井河也称自流井河，或者简称井河。

〔2〕 福建宁德人氏林振翰先生所著《川盐纪要》中记述的距离为 180 里或者 60 英里。

何其他船只都更为明显，船只是最简单形式，也就是说，长方四边形箱子。这种造船方法表明，它是古老和原始的构造方式，它们是数百年来都没有改变过的船型，至少可以追溯到盐井最早从水上出口盐的时代。船员们这一说法颇有道理。

因此，这种最简单的造船方法具有特别意义。最初做法是在地面上将6块厚木板并排在一起，作为船底外板，通常使用松木或者柏木，有时也用青杠木或者橡木代替。这些外板的尺寸大小不统一，通常长约20英尺，厚1.5英寸，宽约1英尺，必要时可以拼接长度，以便达到船只的总长度。

前两块木板一块放在另一块上面，借助角尺在两块木板边缘划直线，沿着木板长度间隔约3英尺，确定钉钉子的位置。第二块木板压住第三块，对准瞄准线，以便确保钉孔对齐。第三块木板现在作为第四块的样板，以此类推，直到在第六块木板上标明位置和打孔。现在将船底外板相互"钉"到一起，也就是说，把3英寸长、两头尖的熟铁钉子钉入孔内，所有外板钉到一起形成一个牢固的整体(图33-1)。

图33-1 木板结合方式

最前和最后舱壁使用楠木，一种从樟科常绿大乔木得到的细纹黄色硬木材，在离两端几英寸的位置"钉"到船底外板。方法是按图中说明的那样把L形熟铁长钉或者锔钉钉入船底外板上的钻孔。L形部分钉入舱壁，而另一端拐弯180度钉入木板底面。结果是不可能离开原位。

最前和最后舱壁与船底外板并不是成直角，而是垂直倾斜大约5度，分别向前和向后倾斜，其原因将在后面说明。所有中间舱壁，有时使用单块木板，都在船内竖放，每块都以相同方式钉牢，与第一和最后一道舱壁一样。

这时，将船翻倒过来，准备安装船体侧板。每边使用4块大楠木板，采用与船底外板相同方式钉到一起。侧板根据可用宽度使用3～5块，但多数情况下使用4块。最上面那一块在船体中部微微弯曲，以便船体中心呈波浪形。组装船体时，两边升高到位，钉紧舱壁，从船体中部开始，逐渐向外至船艏和船艉。

如前所述，最前和最后舱壁并不是完全直立的，因为船艏和船艉到第一和最后一道舱壁突然开始变窄，侧板升高，通过绞拉绳法自然使两道舱壁占据钉住侧板的竖立位置。

甲板横梁搭在所有舱壁上面，端部嵌入最上面侧板，保持外板都搭接在短纵梁架上，使帆船结构很牢固。

盐井河造船木工的工作很值得欣赏，虽然构思巧妙、技艺精细，产品却很粗糙。所以，这肯定给捻缝工增加了很大工作量。木板有洞，木材缺陷、钉钉粗心以及其他制造误差，不仅需要浪费很多油灰和竹刨花，而且经常要用木块填实更大的洞孔。

如图 33－2 所示，使用 10 道完整舱壁和 2 道半舱壁，一道在第二舱壁，另一道在第十舱室。最前面半舱壁使用 2 英寸肋骨(1)增强。完整小舱壁(2)使用更自然的加固件，位于船艏在最前舱室上翘的中间。通过桅孔加固板的第四舱室增加额外强度。纵向活动甲板宽(3)也是这样，安装在前 2 个、第 4 个和后面 4 个舱室之间舱壁。这些甲板横梁中唯一值得注意的是最前舱室的 3 英尺小横梁(4)，安装倾斜歪船艄，也许不是为了对称，而是为了避开最前面的单带缆桩(19)。而且，在四川传统中，只有一种进门的方式和途径。

第 6 道舱壁后面是一个间隔舱(5)。单间隔舱设在这个位置很少见，它在帆船中通常都在前部。这种间隔舱，更大型帆船上通常都有，是一种不存放货物的小舱室，有两个小孔或者污水孔，通向两边相邻的主货舱。它们的功能是方便排除可能进入货舱的渗透水。

以前，货币交易都以现金形式进行，也就是说，使用低值小铜钱，这种铜钱中间有方孔，以便用线串起来，一串称为“一贯钱”。为了装运尽可能多的日用品和食物，以及支付给纤夫等工资，制作一个放钱的货架，安放在间隔舱的一面。现在不再携带现金，这种放钱的货架早就停止使用，但是建造帆船仍然很守旧，使用支撑条板(6)支撑货架，不用门闩或者挂锁这些个传统国粹。

高大拱顶席棚甲板室(7)从第四道舱壁开始，一直向后延伸到第六道舱壁。船上膳食和住宿都没什么舒适可言，因为只有一张粗糙的床铺(8)和一个小厨灶(9)，同长江上游有关传统相反，厨灶放在右边。

甲板室内的两个舱室(10)从不铺设甲板。第五道或者中心舱壁的船中部部分高 2 英尺，宽 2.5 英尺，跨甲板室整个长度的纵向跳板(11)中间下降 1 英尺。这使甲板室中心部分具有足够的净空高度。舱壁的断开部分装有凸缘，以便在需要关上大门时滑回舱壁，但事实上从来没有关过大门，齐膝高的活动门总是保持吊在甲板室席顶下面。造船者因循守旧的另一个证据是，他们严格遵守公认船型，从来不按自己的设想造船。

除第三舱室外，其他所有舱室都铺设甲板，使用杉木横向铺板。敞式第三舱室在甲板高度有一条纵向中心窄过道(12)和四根活动杉木杆，每侧两根，上面放置甲板货物。木杆整形防止转动。

满负荷包括 90 筐软化盐(每筐重 290 磅)和 120 筐粗晶盐(每筐重 210 磅)。所有舱室都装有衬板，安装 6 根纵向杉木杆，上面码放盐筐。装载时不仅满载，而且在前甲板堆放大量货筐，利用一切可以利用的空间，甚至连甲板室都几乎装到室顶。但是，从船艏通过整个甲板室，留出一条直通过道，不仅可以走人，而且能让船老大站在船艉操纵大舵桨，视野可能受限，但是也够用了。

拉纤桅(13)使用杉木，安装在两块平行纵向楔形物上面，其功能是将重量分布在第三道(14)与第四道(15)舱壁之间。它通过桅套(见图 33－3)直立到甲板高度，上面使用桅孔加固板加固。安装 4 英尺纵向厚木板(16)，正好安装在第三与第四道舱壁之间，以此保证刚性整固。这样安装桅杆是一种常用方法，即将厚木板安在半肋骨上面，但因这种船只实际安装在完整舱壁上面，也就是在甲板高度，因此是有些异常的安装方式。后支索绕过桅顶，系住甲板室后端两边的带环销钉。这些后支索也用于固定单铁饼滑车，该滑车用于在需要时提升拖缆。图 33－3 是这些装具的详图。

第二道舱壁上装有两根小的前带缆桩(17)，第九道舱壁(18)上也装有两根类似带缆桩，比普通位置靠后很多。全都使用坚硬柏木，都以相同方式安装在最前面更大的单带缆桩(19)上面。这种坚固的带缆柱按照设计拉得很紧，后面也将提及。它位于第一道舱壁中心的正前方，两边放置两只长江上游帆船

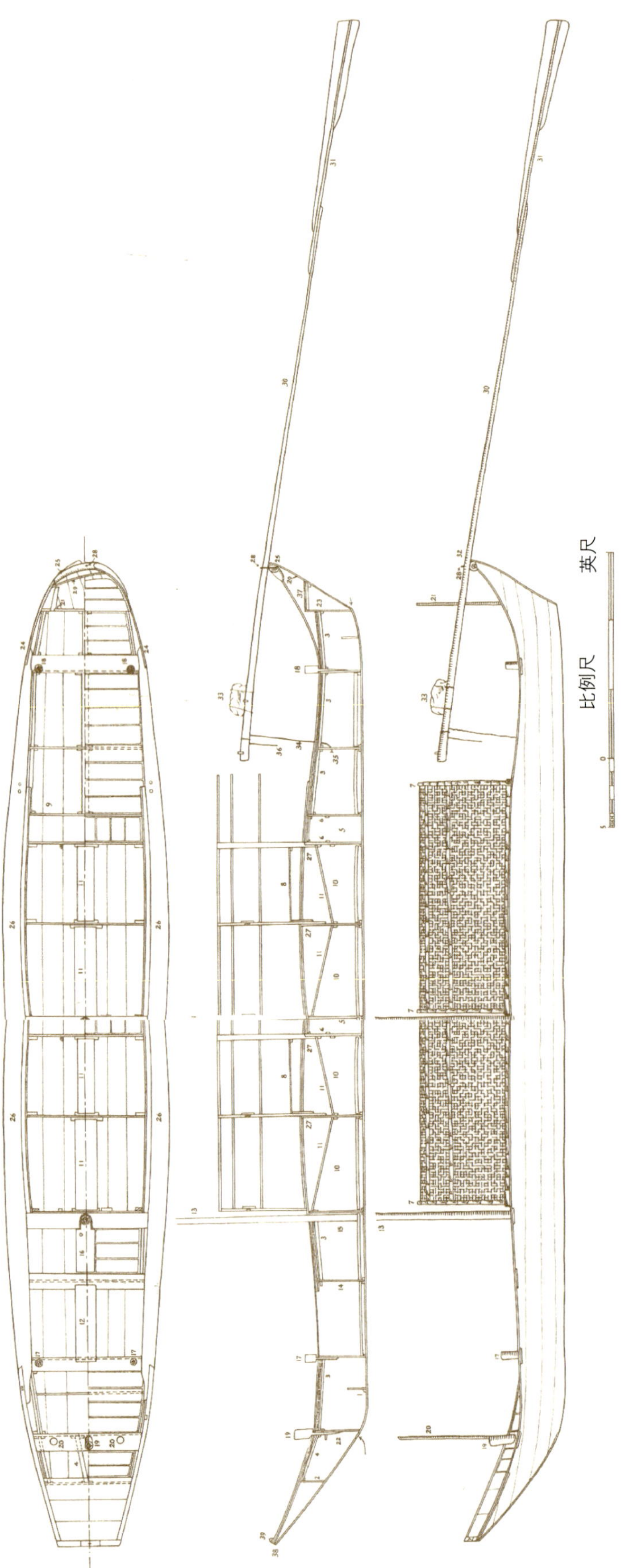

图33-2 歪头船

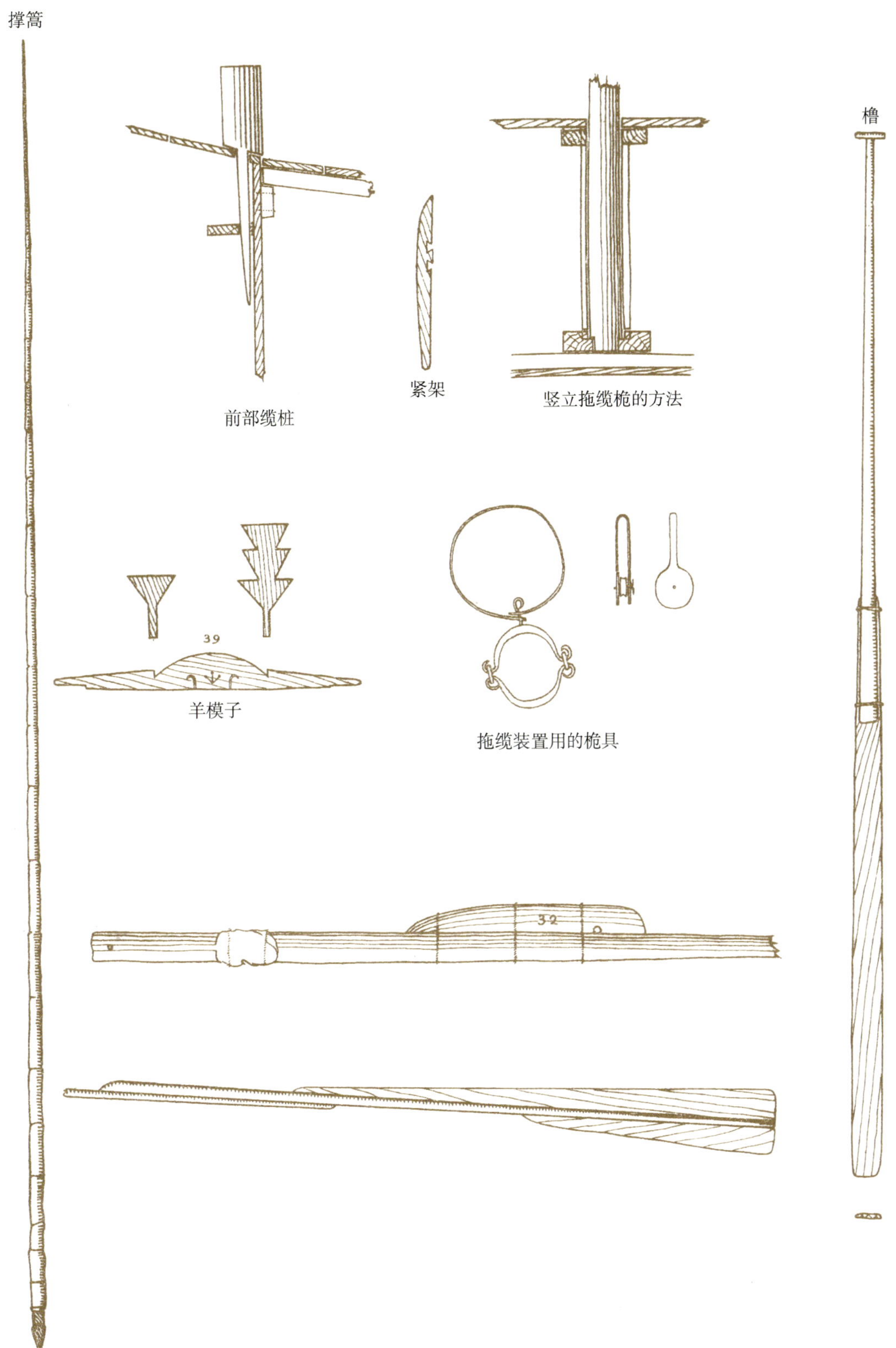

图 33－3 帆船部件

用得很多的那种“泥滩锚”(20)。后者通常包括一根方形或者圆形的箱式套管，一根竹竿通过它插入河床软泥，以便船只停泊，竹竿横柄上经常吊一块石头增加额外重量。然而，歪头船一个很奇异有趣的特点是洞孔并非箱形，而是在第一个水密舱室(见图 33－4)船艏上卷的第二块船艏外板上挖两个马蹄铁形洞孔。

而且，一个更新奇的特征是第三只“泥滩锚”(译者注：就作者所知，这不仅是长江上游那种船艏和船艉使用“泥滩锚”的船只的唯一例证，而且是使用多达 3 只锚的唯一情况)锚孔(2)位于后舱室右边，因此共用 3 只锚。这些设计都可能使水流在最前舱室(22)和后舱室(23)之间流动，据称这样可将水的阻力减小到最低限度。从而减少对船艄底的冲击。

乍一看，可能很难理解为什么采用这种自由进水的形式，仔细研究便能明白，在急流中任意增加或者减少水压载的能力，必然产生重要而稳定的影响以减少振动。这种简单的自动装置的优势是，能在最需要减少振动时开始运转，因为这样交替排空和填满最前舱室或者后舱室的压载水，能够保持船只平衡。[译者注：最前舱室自由进水的做法也用于一些远洋帆船，特别是香港一种捕鱼船(参见《香港渔业研究所杂志》第 1 卷第 100 页脚注)。]

船舷上缘从船艏开始变宽，到第一与第二道舱壁之间变得更宽，到船舯由 1 英尺增加到 1.5 英尺宽。从第九道舱壁(24)开始再变窄，直到横梁上面不再弯曲。这样不对称变窄到橹担或舵桨(25)位置为止。舷缘(26)的更宽部分在甲板室外形成一条方便的过道，用于撑篙。它使用短纵梁架(27)和甲板下面间隔舱壁竖梁肘材支撑。所有这些帆船的一个特别有趣的特点是舷缘明显呈波浪形，因为船舯高出约 1 英尺，使帆船呈现舯拱形外观。这种很难看的特征被最严格地坚持下来。也许这样设计是为了给撑篙者提供附加平衡，并且，像舯拱那样，在大风大浪中船只通过急流时保护货物。

橹担(25)包括一节弯曲成形的楠木杆，但只延伸到横梁的三分之二处。这里固定住铁轴承销(28)。它下面是一块木头(29)斜横在船艉外板内面，作为承梁架和加固。船艉外板倾斜安放。右舷翼板到船底外板连接处很窄，从这里开始变宽，到弯曲的外缘又变窄，但是最怪异的地方也许是这种翼板通到横梁，明显高于其他船艉外板，因此增加了外面的歪斜度(见图 33－4)。这被称为“燕子板”。船员们说，它只起装饰作用，除美观外没有其他作用。

杉木舵桨(30)由一根长木杆和头上绑接两根(有时只用一根)更短部分(31)组成，全长 57 英尺，约与帆船本身一样长，极少数还会更长一点。连接颈部的桨柄使用加工成形的颊板(32)，供轴承销(28)插入(见图 33－3)。通过在桨柄上面绑住一个很大的石块(33)保持舵桨完美平衡。用一根绳索(34)一头通过甲板铺板绑紧舱壁(35)和另一头绑紧舵桨。这根绳索(36)的动端由船老大操控，其作用是帮助他把舵桨摇到所需位置。帆船通过恶浪急流时，舵桨要由六名船员齐心协力共同操纵。他们用肩膀撑住它保持平衡，还要安排其他船员站在后平台(37)上面，他们把身体的全部重量压在舵桨上面，防止它离开轴承销。奇怪的是除了依靠人力，并没有设计和使用其他装置去达到这个目的。

帆船通过急流所需的高船艏使用较短的厚木板建造，用一根横梁压在装配好的甲板铺板、最上面侧板、向上船艏外板和嵌入船舷上缘端部，这样使船艏(38)总厚度达到 5 层。船艏不用长江上游及其支流帆船常用的杆型船艏横梁，而是使用一块异形硬木嵌入舷缘(39)(见图 33－3)。这被称为“羊模子”，是用以尊崇之物。类似的艏柱形式也用于长江中游帆船，被称为“灵牌”，船员们将其视为神像，向其供奉祭品。

歪头船上“羊模子”的内面装饰有一个粗工凿成的装置，类似两边有挂钩的中心宽箭头，这种挂钩叫做“眉毛钉”。偶尔，“羊模子”也有变化，因为锯齿层可以增加到五个。

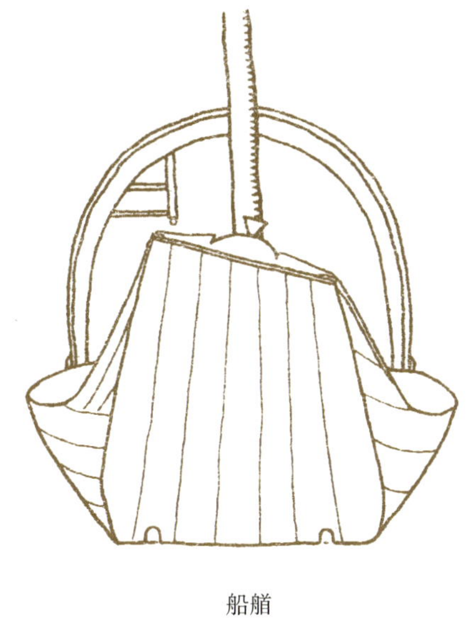
船艏

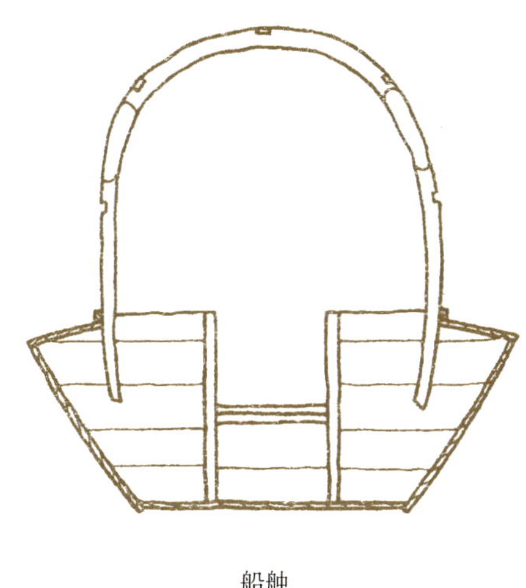
船舯

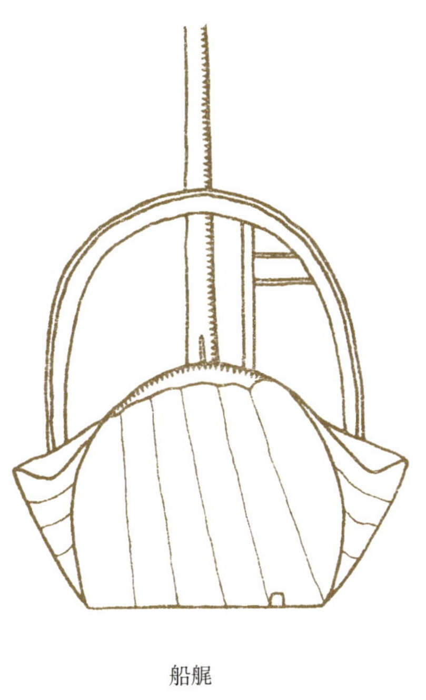
船艉

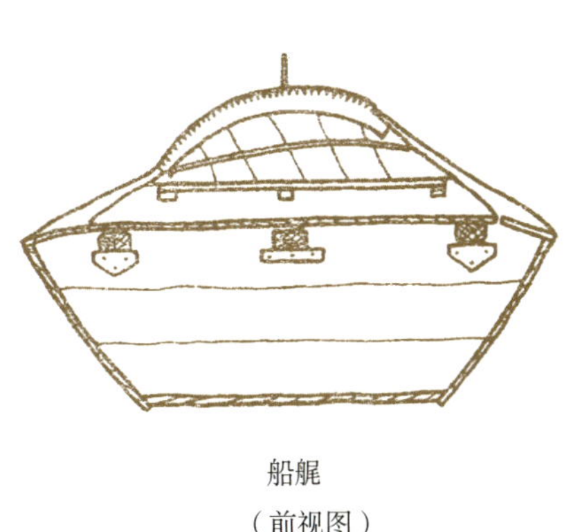
船艉
（前视图）

比例尺

图 33－4 船艏、船舯与船艉图

当然,这些船只的最突出特点是船艏歪斜,从水线开始向上倾斜。左舷高度从水线至艏柱头为 4 英尺 8 英寸,而右舷是 5 英尺 11 英寸。外板上升角度也明显不同,垂直上升至艏柱头,从那里开始倾斜,只是比船艉外板的倾斜程度小一些。从船艏或者船艉看,船只的外观很奇怪,好像左舷比右舷高出很多(见图 33 - 4)。

船员和纤夫们关于这种全新船体结构的最大关切和质疑基本上都是无解的,因为他们中绝大多数都根本不懂这种帆船。有些人直陈,有些地方的航道很窄,仅够帆船通过,两边都是很险峻的岩石,所以只有歪头船能够防止碰撞;而似乎很了解这种船只的另一拨人声称,船艏形状改变帆船的平衡,以便分开水流,下行时能顺利通过急流,上行时方便拉纤和通过急转弯。自由进水装置在这里无疑也发挥了应有的作用。

帆船通过急流的整体平衡受到非对称型线的影响,引发了一个有趣和难以解决的问题。然而,在轻松解决这种问题之前,必须记住,古代中国人的反复试错方法虽然令西方人感觉奇怪,但总是推陈出新,能够达到目的。而且,根据平衡理论,不应忘记中国人民比世界上任何其他国家人民更懂得平衡艺术,在这样一个国度,各种形式的产品、货物主要靠人力运输,所以,他们凭直觉就知道和领会了平衡原理,全面利用了知识。

从船上观察歪屁股船通过急流和静水,感觉中国人的说法似乎都有一些合理性。毫无疑问,在静水河段下行时,船艏右舷高于左舷使撑篙者能将竹篙抓得更紧。

盐井河的急流自然形成,帆船顺河而下时必须从靠近左岸转到靠近右岸航行,上行时必须从靠近右岸转到靠近左岸航行。特型船艏设计似乎主要是为了符合上行要求,因为上行时通过急流的航道方向总是从右岸转到左岸,歪斜的左舷船艏适合保持船体平衡,确保拖缆绝不会缠绕船艏。这通常通过把拖缆升至桅顶来实现,但是,这样通过急流就算不会导致灾难性后果,也是十分冒险的。

通常使用细纤绳,系住升降索上的断续铁环和索箍。升降索通过桅顶的单铁饼滑车,以便根据航程情况和纤夫身高,使铁环调整到桅杆上的任意高度,超过另一艘船时则把拉索"升到桅顶"。

每"载"或说是 5 艘帆船队配备 7 名长期船员,也就是说,每艘帆船配备 1 名舵手、每队配备 1 名船老大和 1 名厨师。必要时,可以雇用临时船员,雇用时间短则一个小时,长则几周或者整个上行航程。帆船下行通过重滩时,通常雇用 2 名或者 3 名船员;通过仙滩时,雇用 4 名或者 5 名;通过可怕的沿滩时,雇用 6 名或者 8 名;通过老鸦滩时,雇用 3 名或者 4 名船员。帆船上行时,每艘需要 50～70 名纤夫。

每段急流都筑有水坝,以便在枯水季节保有足够的河水。这些水坝在盐政司、急流控制局和帆船同业公会代表联合会议选定适当日期后开闸放水。枯水季节,老鸦滩的最后一道水坝不能开闸放水,帆船到这里需要先卸货,再装上水坝下面的其他帆船。洪水季节不适合帆船航行,每年 7～8 月完全断航。

当水情有利时,盐船停泊到自流井镇对面,直接装载货物。而在枯水季节,盐船必须向自流井镇下游转大约 1 英里,盐要从盐厂搬运到被称为盐船的露天甲板船上面,盐船长 43 英尺,宽 8 英尺,深 2.5 英尺(见图 33 - 5)。

这些盐船非常有趣,因为,虽然从未要求它们通过急流,只运盐 1 英里多一点,但是按照当地传统都叫歪头船。确实,它们在大多数方面都是更大型盐船的缩小船型。它们也是瘦长型船,以某些形式体现着歪头船的大多数特点。船艏本身没有那么歪斜,两边舷缘材之间的歪斜比例只有 4 英寸。船艉外板也按一定角度倾斜,船中部呈波形,但是没有那么明显。船体中部的护舷材以相同方式变宽。盐船设置 9 个水密舱室,像帆船那样,通过最前和最后舱室两头的"泥滩锚"锚孔自由进水。整条盐船只有船艏设置甲板,船艉设置小平台,用于撑篙。关于这些盐船为什么坚持使用歪头船型的问题,没有得到船员们

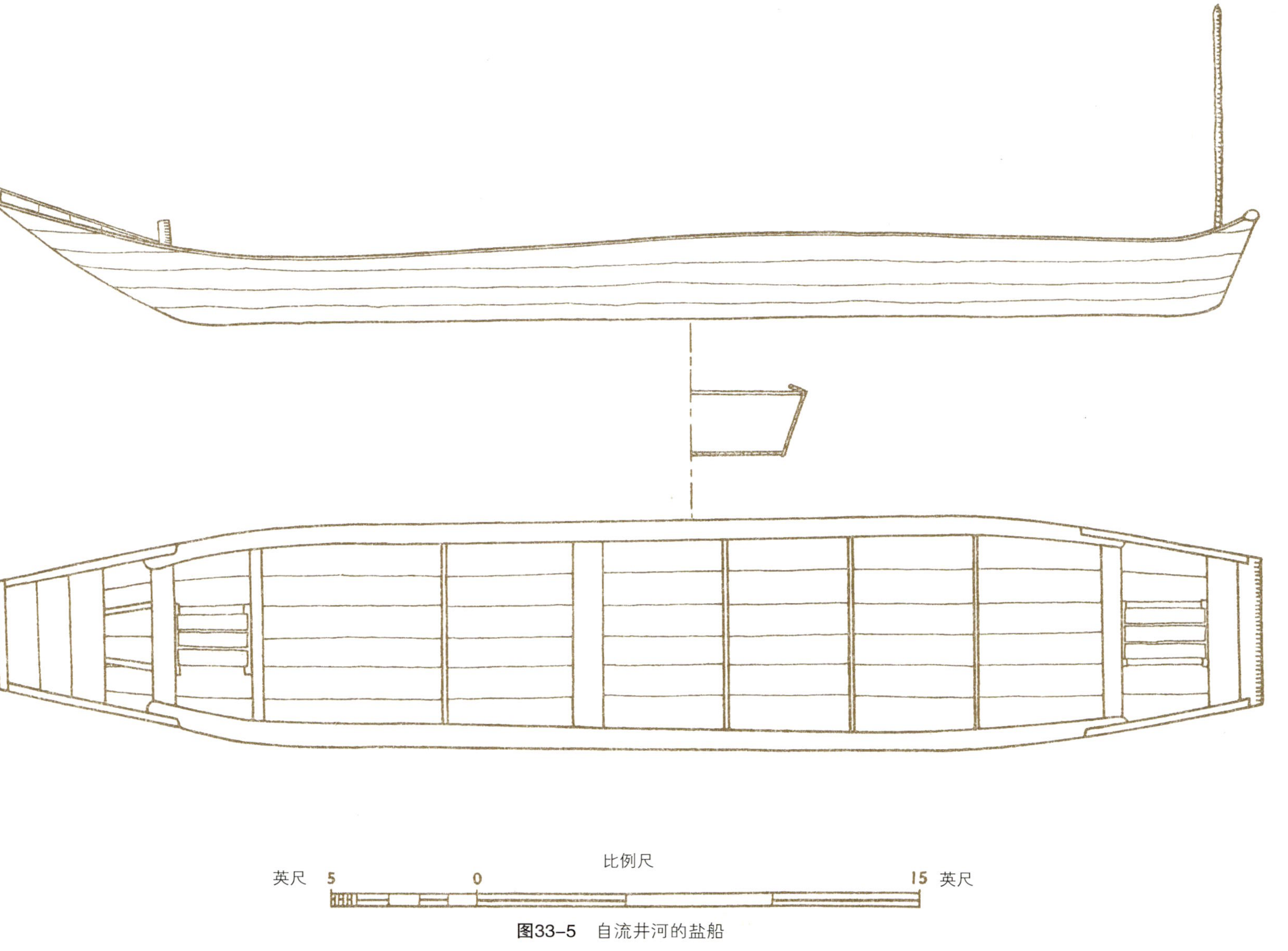

图33-5 自流井河的盐船

解释。

当大型歪头船直接装盐或者通过渡船转装时，装盐的竹筐堆满船上每个可用的角落。然后，盐船晚上离开自流井，400 艘结队航行，每艘盐船之间相距半链。

次日清晨，领头船到达重滩。枯水季节，石架露出水面，在石头之间插入木板形成水坝，留出一个比盐船稍宽的航道口。通过水坝虽然不是特别危险，但是必须格外用心，保持每艘盐船接近拦河坝时位于水流的中轴线，拦河坝水位在枯水季节降低 3 英尺。通过拦河坝之前，船上有 2 名或者 3 名船员帮助掌舵。

进入拦河坝航道口后，盐船航行加速，全部船员必须齐心协力操纵大舵桨。通过拦河坝后，临时船员们涉水上岸，继续到下一艘船上帮忙。

接着，长长的盐船队慢慢地顺流漂到仙滩。到达仙滩时，盐船倾斜转弯，等待轮到自己通过。确实，这里在枯水季节形成可怕的急流，因此通过仙滩是最扣人心弦的经历，会使人产生一种全然无助的感觉，因为盐船一旦冲入急流后再也不能返回。

每艘盐船再上两三名船员，慢慢顺河漂流，前后船只相距 200 英尺，从左岸通过插旗标志的 A 点航道到河心（见图 33－6）。拦河坝延伸到盐井河的三分之二宽，基本与重滩相同，同样只留下每次仅够一艘盐船通过的航道口。动量逐渐加码，盐船好像要直接驶向拦河坝，但部分因为水力，部分因为大舵桨，接近水流中轴线时在 B 点突然转向，绕过水坝端，转向 C 点。到这里再次排队，等待通过大仙滩。

盐船保持完美队形，依次离开它们停泊的 C 点。航行到这里，每艘盐船有 4 名船员操纵舵桨，1 名头桨手撑篙。盐船以大约 6 节的航速到达 D 点，这里可以看到船员们排着长队涉水登上航行到航道中心的盐船。

随着每艘盐船疾驶而过，都有 3 名引航员漫不经心地爬上船。爬上船后，1 名引航员立即把住前带缆桩，其他 2 名引航员跳到舵桨位置帮助已在那里的船员。他们 3 人都是当地引航员，总共有 96 名，他们为每艘盐船领航，收取 1 美元。他们的职业都是从父辈那里承袭的，从 12 岁起就开始他们的领航职业。

从 C 点到 D 点和从 D 点到 G 点为直线航线，盐船高速航行。河面就是浅滩，礁石遍布，似乎要拦住航道，但是，随着盐船接近，就可以看到两大堆礁石之间有一条航道。然而，搞不明白的是，盐船到达 G 点时如何得以几乎直角转弯，航道只比帆船本身宽几英尺，这段河流最危险。

操纵舵桨的船员们集中全部注意力保持安全航行通过各种漩涡和急流。舵桨保持在水中用作船舵。盐船像直达特快列车一样高速航行，直接撞向突出汹涌急流水面 2 英尺的礁石的一刹那，船员们会出现片刻的紧张。

河流下行，出现了一个力度很大的拐弯，两三英尺之外的礁石似乎像相反方向擦肩而过。巅峰时刻，头桨手振作精神，发挥重要作用。随着盐船急速通过 F 点，站在礁石上的人员很利索地将篾缆的一端递给头桨手，另一端系住岩石。只几秒钟时间，头桨手快速在前带缆桩上绕三圈，开始在短促的激烈运动中急放绳索，也就是说，使绳索快速松弛。头桨手非常熟练地进行这些动作，以使 50 英尺长的绳索平稳地滑出，快速绕过带缆桩，直到最后全部放出，落在旁边。当被问到，如果头桨手抓不住绳索会发生什么时，船员们回答说，站在礁石上的人以这种方式传递绳索已有 20 年，从来没有失过手，对他们来说没有理由失手。这种绳索用过 5 艘船只后就要更换新的。上面过程仅用大约 15 秒钟，这短短的时间就足够改变船只航线，以免船艏向前碰撞参差不齐、周围水花四溅的难看礁石。

确实，盐船依然没有摆脱急流，似乎还要直接驶向另一块礁石完全撞毁。此刻，盐船的安全完全决

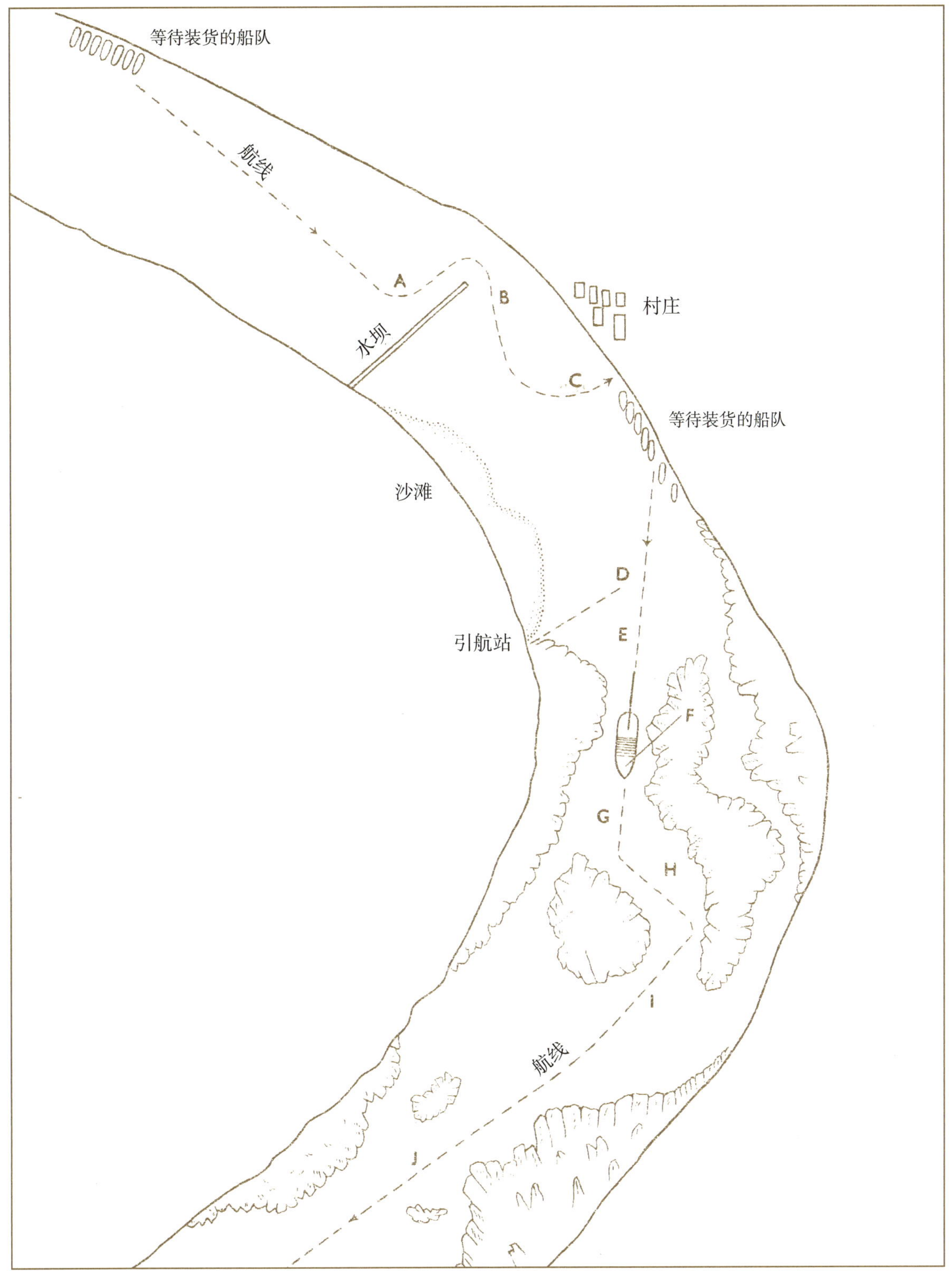

图 33－6　仙滩低水位示意图(不按比例)

定于操纵舵桨的船员，舵桨不仅用作舵，而且能够用作强有力的操纵杆。这里有5名船员都用肩膀顶住大桨柄，在似乎不可避免地会发生碰撞的关键时刻进行单向运动，使船只绕过礁石。为此，必须在船只离礁石几英尺远时，准确地将舵桨再次推向那边。就像做绕轴运动被甩出去了一样，船只相对安全地通过狭窄的沟槽，危险才会快速消失。

水流到I点开始减缓，船只进入开阔的河流。但是，随着航道变窄，船只再次开始飞奔而过急流的下段，直到最后进入长而平静的河段，通过J点后变成平缓流动的水面。

枯水季节，引航员不等船只靠岸，到距离合适时便勇敢地跳入冰冷的河水中，就像登船那样不引人注目。

船只结队靠近岸边或者拉上岸进行修理，自流井的歪头船证明它们是古代设计的奇异而匀称的船型，这也许可以追溯到起源于约1700年前的盐井本身，基本没有变化，特别适合在小河急流中航行。

船员们认为，没有几种船型在利好和美观方面超过该型船，用起来得心应手的歪头船最适合在枯水季节下行通过盐井河的急流。

自流井河的渡船

自流井河的渡船是一种肥型船，船艏和船艉稍微上翘。它们通常能在盐井河的全部静水河段航行，主要是在自流井河，用作客货两用船，过河或者沿河上下短途运输。

这些船只虽然在细节上有些细微的地区差异，但是作为一种船型没有什么变化。如图33－7所示，该型船长22英尺6英寸，宽5英尺6英寸，深1英尺8英寸。船体结构全部使用楠木建造，设置两道完整舱壁，第三道舱壁位于船中部，可以称为四分之三舱壁。

该型船设计明显是为了用于静水水域，不用橹，靠一名船员在后舱以站立姿势划桨推进。

需要说明的是，离开自流井后到访的第一个港口是沱江上的邓井关，位于泸州上游约100里处。在这里将盐转给长江上游船只，通常是“中元驳”或“柳叶船”，它们都是根据船体形状得名的，船艏和船艉上翘。

渡船离开邓井关后将货物直接运到重庆，到重庆下游约25里处的唐家沱将盐就地销售或者转上更大帆船。

往龚滩河上的港口运盐，要在涪州转装著名的歪屁股船（见图33－8）。

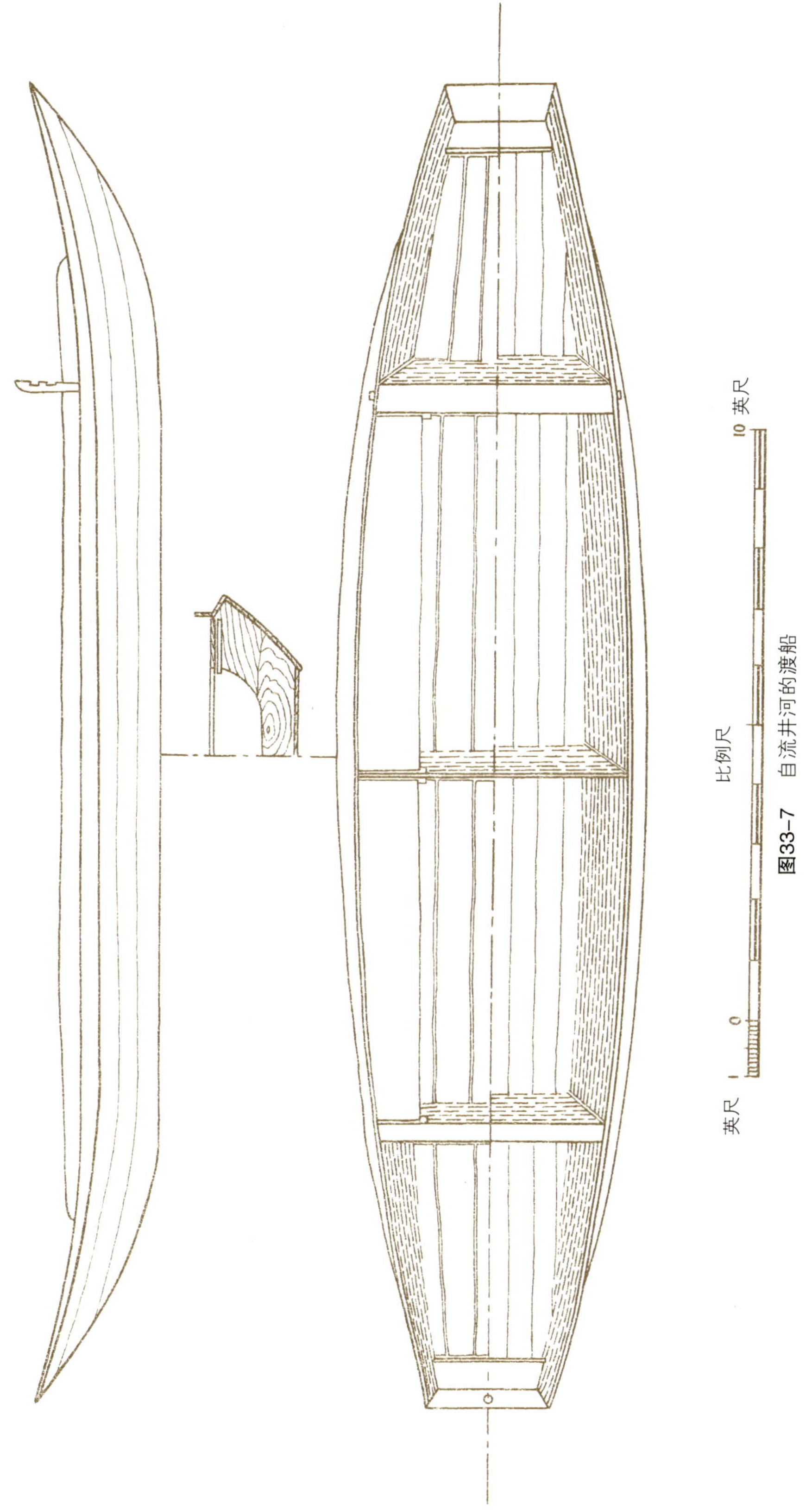

图33-7 自流井河的渡船

图 33－8　歪屁股船

— 第34章 —

涪州歪屁股盐船

涪州歪屁股盐船(见图 34－1)不是中国仅见的歪屁股船,长江其他支流还有另外三种歪屁股船,但是它们根据涪州镇得名,在龚滩河很特殊,其因最大和最有趣而极其重要,最显著特点是倾斜船艉。

涪州有很多贸易,内河蒸汽轮船因为难以靠驳涪州,所以不能进行正常的港口访问。帆船不太出名,近处很少见到,因为它们很少冒险离开自己的河流,但是它们设计古怪,名声已经开始溢出长江上游地区。这些船只值得深究,不仅是因为它们外观奇特,而且因为它们屡屡通过帆船试图航行的最湍急和最危险的河流。可是,尽管航行困难和危险,龚滩河曾经成为广州与中国西部之间通商的重要纽带,直到轮船 1861 年驶入长江后龚滩河航路才被废弃不用。

龚滩河在当地被称为“小河”、长江上游支流中一个普通的名称。这条清水河发源于贵州省西北部,流到重庆下游约 65 英里的涪州汇入长江,是重庆与洞庭湖之间最重要的支流,重庆与洞庭湖相距约 600 英里。

据说,龚滩河可航行距离约有 360 英里,但是必须分为五个可航行河段完成,各河段之间需要转运货物。涪州歪屁股船航行约 200 英里到达龚滩,这里是连续航行的第一道障碍。

这些帆船被涪州居民称为歪屁股船,而船员们和木匠们称其为“厚板船”或者简称“厚板”。

这些船只全部或者部分使用红椿木建造,这种木材具有英国榆木的某些特点,颜色像桃花心木;也用枫香木建造,但是舱壁总是使用柏木建造。

建造歪屁股船的第一步是放置长度不等的 5 块或者更多外板,但是很少超过 30 英尺长,边对边排在地面。这些都是船底外板,边上嵌接其他外板,以便从船艉尽量延伸到第一道舱壁,给帆船提供更大纵向强度。它们使用方形长弯钉相互倾斜钉到一起,弯钉钉入事先用原始木螺钻钻头钻好的钉眼。船底就这样建造,一端抬高离地面约 5 英尺支撑住,底面糊一层厚泥,上面浸水。在抬高端下面生一堆大火,调整高度,以便使船底外板的 AB 斜线(见图 34－2)最大受热,然后:

在 CD 端放置大量石头,使整个 ABCD 区在大约 2 小时内沿着 AB 线弯曲。木板经常开裂,但这是可以接受的,只要它不到进水的地步,这样烘烤出现的疤痕在船上一直能够看到。

船底外板凉透时整体弯曲,舱壁或者半舱壁多达 13 道,包括在边缘水平安放柏木外板,逐渐安放直至建成。这些提供主要的横向强度。建造的惯例是船底外板不用“卡”钉或者“锔”钉,只有舭部外板使用。第一和第二道舱壁(1)与紧靠甲板室后面的舱壁一起,使用比较次的两根垂向桁材或者肘材加固,从舷墙向下延伸到舱底弯曲处,用钉子钉牢。

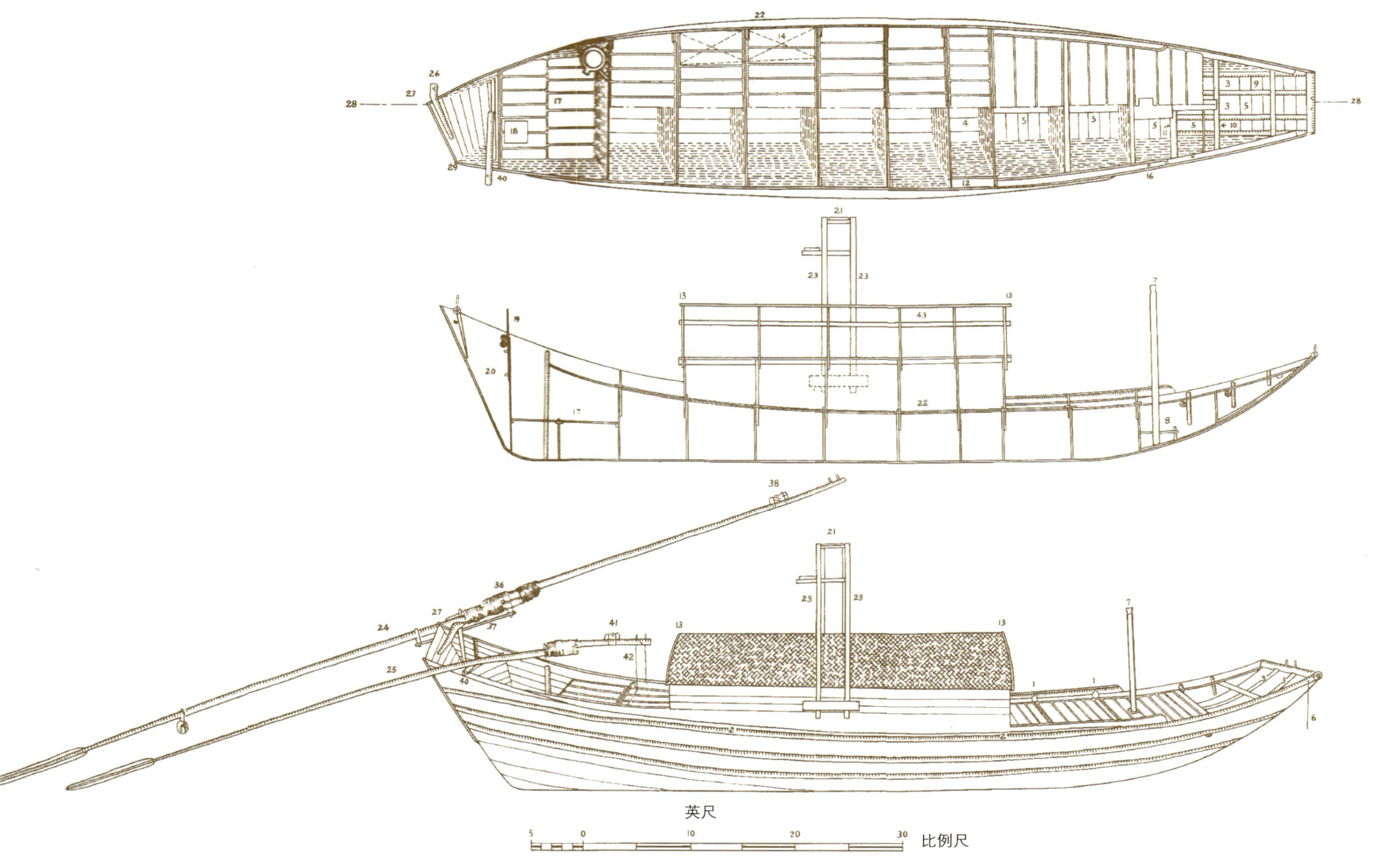

图34-1　歪屁股盐船

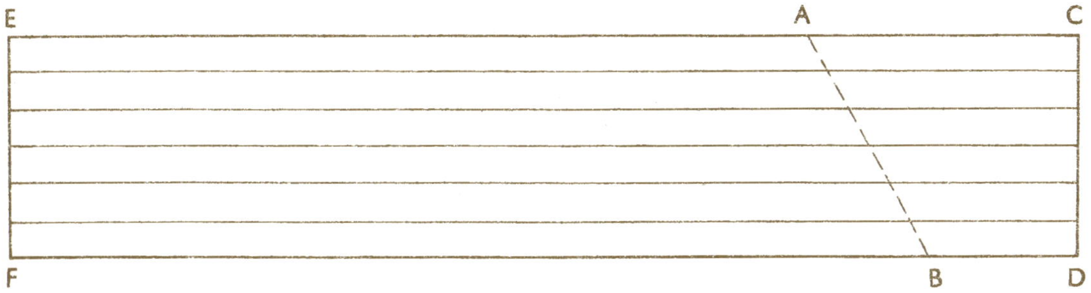

图 34－2　板材加工方式Ⅰ

图 34－2 中 AB 线与 EA 线形成的角度决定歪屁股的角度，因为形成船艉上面部分的外板水平平行安放，CD 线的边缘和 C 点比船艉边缘更高。

接着在下面安放舱底外板，与船底外板重叠，沿着船底外面形成一条宽约 4 英尺的长通道。

外板连接外板平铺，每块都用钉子在中间钉住，这些成形外板的两端用绞拉绳法向下猛拉到位。细心地从各个方向把大量铁钉钉入船体，直到整体都布满突出的铁钉，随后钉牢，用油灰填平大量钉孔。这时安装三根榭木，最上面那根最结实，像侧板(2)那样嵌入里面。

将两块外板或者榭木连接到一起，以便它们连成相同尺寸的整体，连接方法如图 34－3 所示。图 A 显示嵌接大块厚木板的方法，而图 B 显示处理外板和类似构件的通用方法。

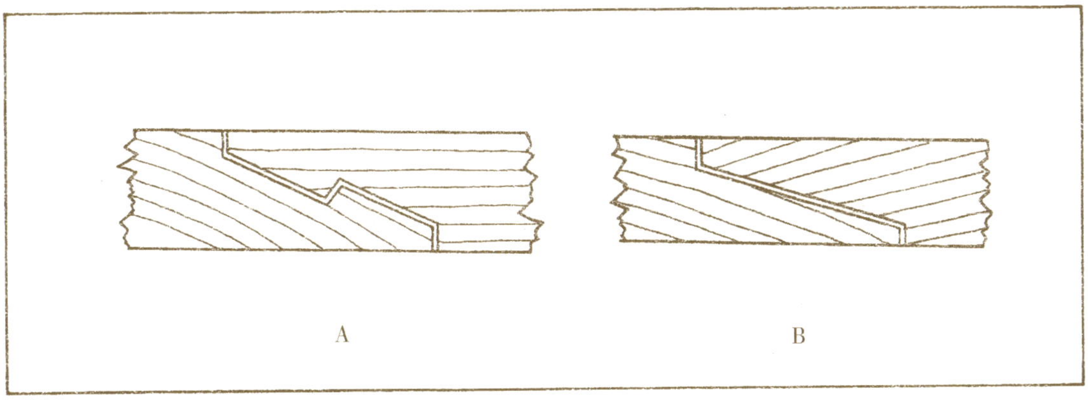

图 34－3　板材加工方式Ⅱ

接头很少进行细微调整，近半英寸宽的空隙相当普遍，都要使用油灰填满抹平。

连接外板与木材的普通方法是用“卡钉”或者“锔钉”和长钉，如图 34－4 所示。使用图中 A 形锔钉把榭木嵌入侧板之间。细长端首先从榭木下面的侧板里面尽可能深地钉入腰部，向下钉牢，而尖端分叉向上钉牢内面，弯过来钉透榭木，如图 34－5 所示。

图中 C 形锔钉同样使用，但是成直角连接木材，就像侧板连接舱壁，而 B 形钉和 E 形钉是普通连接卡钉。D 形钉代表标准型方钉。为了方便起见，这些铁钉头对头成对制作，连接它们的部分很细，以至用手都能拧断。

方形船艏，从水线开始急剧上翘，比普通船艏高得多，使用两三根有时多达五根平行纵向加固件加固，被称为龙骨(3)。还沿着船底安装护板或者加强板，从离船艏 29 英尺向后延伸到间隔舱(4)，提供附

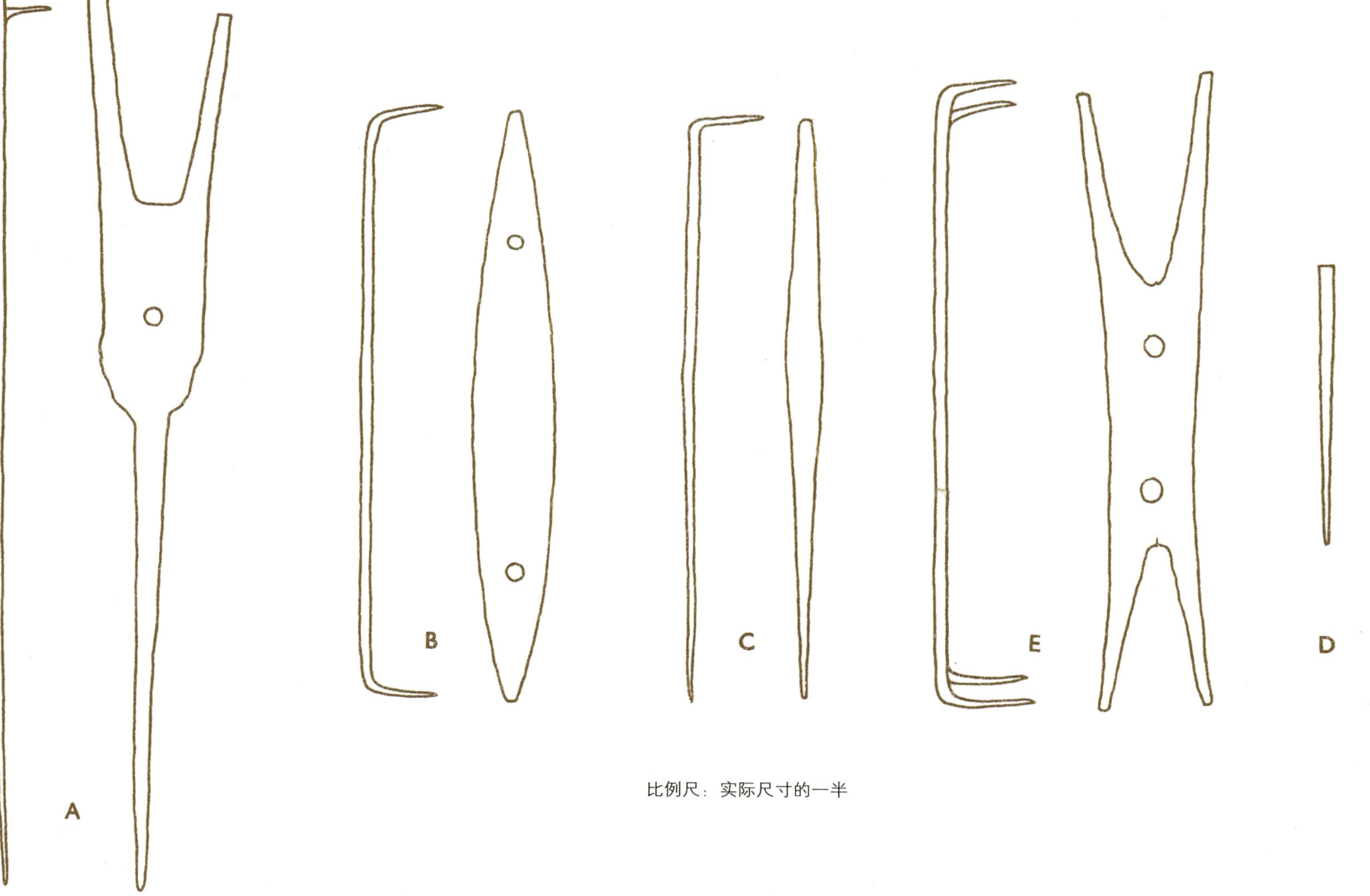

比例尺：实际尺寸的一半

图34–4 歪屁股船使用的卡钉和锔钉

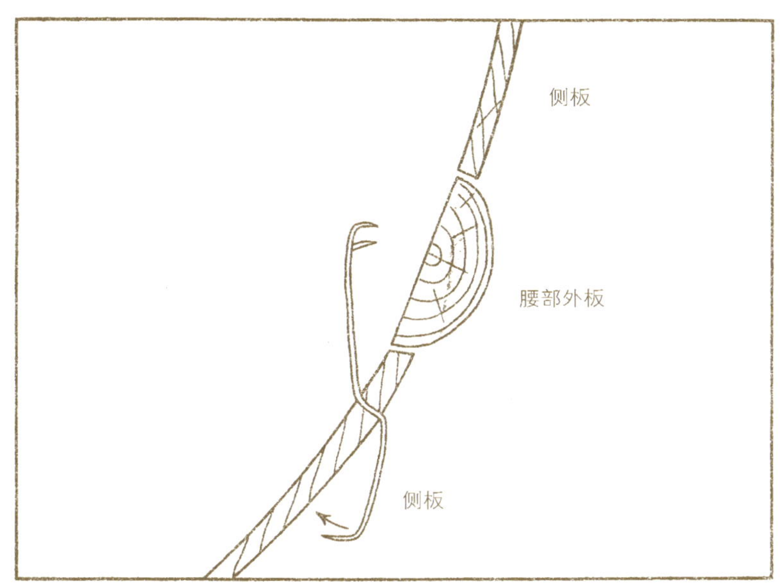

图 34－5 板材连接

加厚度和强度。这种双层外板(5)使“歪头船”能够经受住和礁石的频繁触碰,总是留下这种撞击导致的裂痕。两边吊着两根短索(6),用于连接钩篙,帮助紧急制动。

前甲板上有一根高大、坚硬的活动木材(7),离甲板 8 英尺高。它安装在船底承座(8)上面,抵住舱壁和半舱壁。甲板高度倚住类似的包板。这种装置有多种用途,可以用作带缆桩,也可用于拉纤时帮助纤夫。然而,主要功能是用作绞拉绳法或者绞盘,用于绞拉船只通过急流时特别有效。不用时,放在甲板室天花板横梁上面。

最前面舱室(9)被称为“尖子”,与普通帆船做法相反,从不铺设甲板。这样的设置是为了随时松开系紧 3 根篾缆的最前面拖缆承梁(10)。第二个舱室被称为“前夹夹”,船只航行时就去掉甲板铺板,以便露出第二根拖缆承梁(11),也系住 3 根篾缆,这样共用 6 根篾缆纤绳,通过难以航行的急流。

这种船只有 7 个舱室堆放货物,使用篾屑当衬料。排污水孔,也就是让舱底水自由流到间隔舱的洞孔,通过每一道舱壁。间隔舱的右边装有一个排水槽(12),里面有一只方形木水斗,明显设计用来对付大量渗水。这个水斗通常位于舱底水中,随着船只摇晃荡来荡去。

甲板室(13)比其他船型的更大更高,内设两张或者四张床铺(14),有些船上设置为一个舱室。这些简单的床铺只有软木架,顶到天花板横梁,立柱中间绑着横木,搭上木板,就是床铺。床铺上面使用一块木板钉入船侧,作为木架,存放个人物品。有时,这些床铺使用竹竿简易搭成。

甲板室顶设计为非标准型,有时是单块席顶,多数使用两块席顶,很少使用更多小席块拼接而成。它包括两层竹席,中间夹一层干草,另一块中间夹一层竹叶。不能使用时或者在夜间堆起来。前甲板有席顶,不用时堆在甲板室的前面和后面。舷墙上有插销(16),但是室顶支柱几乎总是使用临时准备的圆材或者钩篙。

整个后舱室(17)都用作厨房。厨房里有一个炉灶(18),还有许多放食物的钵盆和竹篮,以及烹饪所需的大量器具,都被烟熏火燎成黑色。通常,即使在航行途中,该舱室也盖着席顶。后舱壁立柱(19)上的横杆一直延伸到甲板室后面,搭在天花板横梁上面。这根横杆用到别处或者劈成木柴时,就用桨、钩篙或者任何可用的木杆或者圆材充当横杆。最后面的小舱室(20)根本没用,只是船只的组成部分或者航行用设备。自然，垃圾遍地、经常积水。

有一处结构最好叫做露天驾驶台(21)，在甲板室上方几英尺的地方横跨船舯。该露天驾驶台通常离水面20英尺(也许更高)。它几乎总是摇摇欲坠，很不安全。立柱连接通常都较为粗糙，有时在最危险处，避免对面支柱根部两边篾索完全断裂。就连在理想工况下也会轻轻摇摆。到达这个指挥位置很不方便，除了可以从甲板室外面的舷缘步道走到驾驶台架的立柱(或支柱)那里以外，不过如果设置了舷梯的话，就可以从梯阶上爬上去。

歪屁股船不仅船艉是歪斜的，舱壁也常常不成一条直线，那里的外板很少平行。许多船只的船艏也有些歪。这可能源于各种原因，例如制造工艺不够完美或者有缺陷，甚至可能是设计有误。

当然，这些船只的主要特征以及为它们赢得"歪屁股"船名称的特点是船只后半部分歪斜。这部分非常有趣，很难理解，悬疑很多。

歪屁股船设计成这种船体结构形状，具有很多理由，但是多数都站不住脚。据说，歪艉可使船只通过河流的急转弯，但是对此也有争议，即使可以，舱货也会偏向一个方向。另一种解释说，该型船形状怪异是因为造船师使用了变形木材，为了"不失颜面"，所以后来的造船师们都依例建造"歪屁股"船。

实际上，这种特殊的船体结构遵循了认真考虑的设计图，也许是几个世纪来反复容错试错的结果。研究图34－6的设计图可使原因清晰可见，证明设计有效，因为只有这种设计能够满足需求。

歪屁股船没有舵，靠操纵巨大舵桨(24)掌握航行方向。因此，将船艉舷部设计成歪斜不平形状，主要目的是利用这种大舵桨和小一些的右后方舷边桨(25)。

这两支桨虽然用于不同位面，但是活动半径基本相同，即：大舵桨的活动半径为28英尺，小舷边桨的活动半径为36英尺，需要时可以同时使用。它们相互平行，能在紧凑的区域内同时使用，但是绝不会发生相互缠绕，须知，在急流中航行时发生这种情况十分危险。

大舵桨(24)位于船舯附近，设计好在最短时间内发挥最大作用，倾斜结构上巨大橹担(26)的最后位置给粗大舵桨(24)提供较大的附加强度和平衡，长达90多英尺。似乎相互矛盾的是，船艉产生额外强度，因为船只后面部分的结构较为薄弱，而其他部分较为牢固；不过情况就是这样。

正如前面强调的那样，重要的是舵桨沿船只中心线运动，以便桨叶在艏艉线两边的控制区域相等。因此，驾驶台(21)的高度和位置与大舵桨本身的长度必须符合这种需要。为此，船艉是方形舷部，左舷(27)升高，以便舵桨的橹担(26)及其橹支钮位于外端或者拐角处，几乎精确到船只的中心首尾线(2)。(8)使用"精确"这个词是审慎的，因为船员在上面操控舵桨的驾驶台宽度都考虑在内。船艉右舷角(29)相对较低，给人的印象是船只的后面部分严重向右舷倾斜。

关于歪屁股船，有许多很严格的惯例规定。船体结构如前所述，船艉上面部分的外板水平安放，而下面部分垂直安放。一根横木(30)，也许是加固装置，通到船艉，但在任何情况下都不会像设想的那样通过交叉点(31)。另一个奇怪的惯例是，上面部分(32)从不捻缝。如果外板不合适，相互之间就会出现大裂缝。也不为别的，涪州木匠这样做是为了实现到船艉上面部分的额外歪斜或者波浪形。

歪屁股船有两种明显不同的船型，一种被称为"厚板"，另一种被称为"黄鳝"，图34－7显示了两种"歪屁股"的形状。厚板"歪屁股"船总是跟往常一样，而且有很严格的惯例，船艉外面应该帮贴两块明显垂直的狭板(33)。造船匠这样造船没有什么特殊理由，仅仅是遵循惯例。"黄鳝歪屁股"船的特点是船艉左舷使用第四根㭎木(34)或者部分㭎木，向前一段距离后衔接下面的㭎木(35)。该型船的㭎木具有很大歪斜度和长度。

歪屁股船的后梢或者舵桨(24)使用两根硬木树干，大型歪屁股船使用三根，重叠部分按照习惯方式

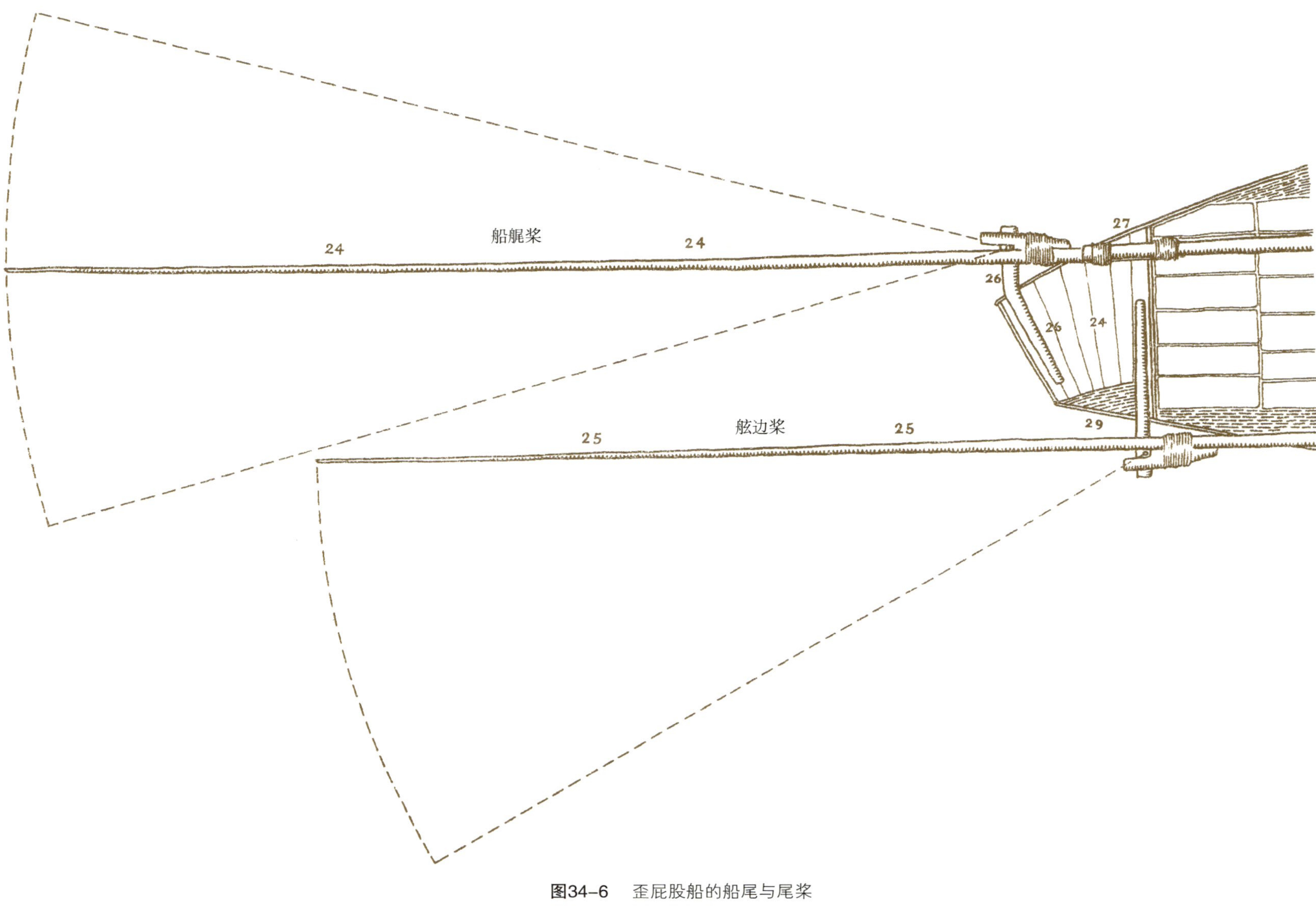

图34-6 歪屁股船的船尾与尾桨

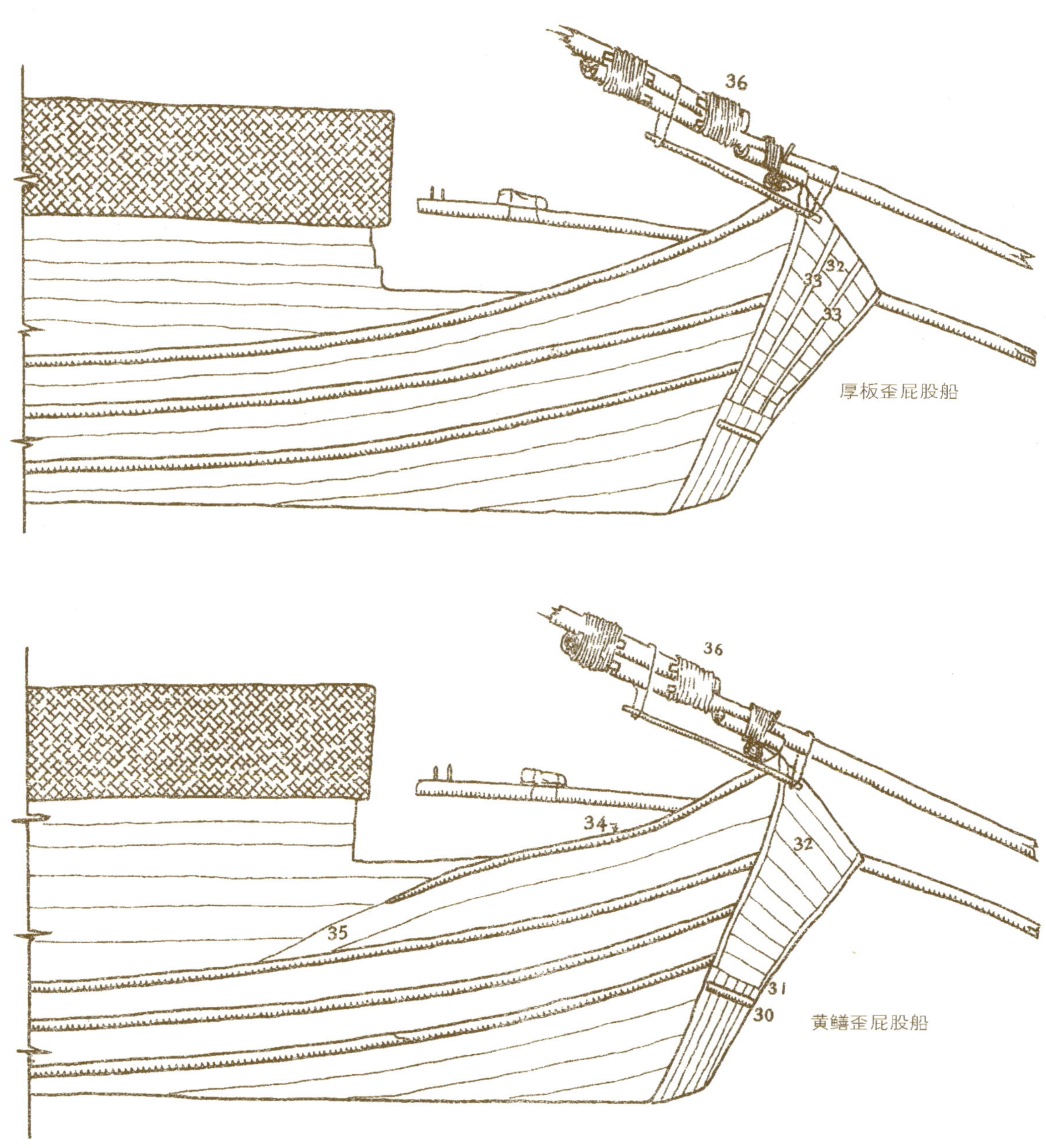

图 34－7　歪屁股船型

使用篾索(36)绑紧,但是使用形状和尺寸各异的木楔加固,木楔钉入第一圈绳索与最后一圈系索之间,可以任意使用更多的木楔进一步绷紧。这种很有效的装置更有名。舵桨的重心是把颊板插入突出边 1.5 英尺深的开槽,大橹担上装有橹支钮发挥最大作用,保持舵桨在适当位置。侧加强筋使用普通木楔和绳索绑紧。

这种舵桨的长短好像没有成规,几乎与船只本身一样长,或长或短几英尺。舵桨依靠的橹担(26)包括一根成形硬木杆,突出升高船艉舷部顶点的外面,为了在船只通过急流时方便解下来,使用贴紧安装在橹担下面的宽板条(37)锁紧。滑键槽上的大石块(38)绑紧舵桨,以便保持重心位于适当位置。处理舵桨桨叶部分时在石块上钻一个孔,用短皮带(39)吊住。尽管尺寸和重量很大,但是舵桨还需靠用心用技能保持平衡,以便运用自如,方便船老大操控,船老大通常站在驾驶台(21)的顶横板上面,通过抓紧舵桨保持双脚站稳和平衡。因为舵桨总是头重型,船老大通过压低桨柄很容易将桨叶翘离水面约 1 英尺高,他必须弯腰操纵舵桨,直至弯到离驾驶台甲板几英寸。

舷边桨被称为“小梢”(25),用于辅助驾驶“歪屁股”船。使用两根或者更多树干绑紧,以相同方式使用木楔绷紧,舷边桨约为大舵桨的一半长。它也装有大颊板,像大舵桨一样,放在由一截粗树干做的大橹担(40)上面。舷边桨也用大石块(41)调整平衡,由一名船员很精确地调控。因为舷边桨位于船上厨房附近,厨师兼带负责操控,他还负责操纵各种通到船艉,系紧这个或者那个舵桨橹担的绳索。绳索(42)绕过舷墙打一个结,从船只一侧到另一侧,用于将舵桨维持在需要的位置。可以想象得出,这两支桨协调使用时可以提供任何其他船型都无法比拟的推进力量。

“歪屁股”船顺河下行时依靠急流带动,但是偶尔在静水中航行或者短途航行时,船只靠使用两支原始的木桨推进。这两支粗糙的木桨都用树干制成,粗略地安装桨叶,两支木桨由 8 名船员操纵,他们分两组面对面站立,4 人往前推桨,4 人往后拉桨。两种桨的唯一不同在于连接方法。一种功能是在两个桨耳之间使用防擦垫板给支钮提供保护,而另一种是以普通模式使用颊板,只与一个桨耳啮合。除前面提到的两种桨之外,艏桨在船只下行时也用于帮助保持船艏航向正确。按照龚滩河传统,艏桨有时只用一根树干,但是通常使用两根树干绑到一起制成。艏桨的长度似乎变化相当大,因船而异。艏桨根据需要向下弯曲较多。船只沿江上行时很少使用艏桨,除了需要转向,以便避开礁石和小陡岬,以及需要保持船只与河岸的距离时,舵手才不得不用。

“歪屁股”船的船员包括前面提到的船老大或说是船东,他还担任引航员、负责操控大舵桨。位列第二的是瞭望手,被称为“太公”,负责艏楼。他指导操纵艏桨的船员,后者在艏桨不用时手持钩篙站在船艏横梁上面,经常使用钩篙测量并向船老大报告水深,优秀的瞭望手最重要。接下来是两名船员,被称为“闲缺”,自由翻译为“杂差”和“爬梁架”的船员,是名副其实的全面帮手,当伙夫或者厨师。

被雇用的纤夫都生活在主甲板室下方的舱室里,在盘卷拖缆(纤绳)下面的甲板上面睡觉,盘卷拖缆挂在甲板室横梁(43)立柱上面。拖缆为长约 10000 英尺的篾缆,这样放置便于随时拉到河岸或者收回。盘卷和放开像船员的手腕一样粗的长篾缆需要很高技能。这样放出和收回是一项无休无止的工作,整个航程用到的拖缆有时候长有时候短。

随着使用年限增多,“歪屁股”船使用许多加固横梁,很早就使用船艏和船艉系索增加更大强度。两个橹担之间还有另一根很普通的“老龄”系索,绳索变旧和松弛时在中间插入一根绞棒,绞紧,能增加其韧性。

“歪屁股”船使用三种绳索,全都使用竹篾编成。用于锚泊,代替通常使用的大麻绳;细绳用于系住舵桨和舷边桨的结合点,“老龄系索”用在船艏和船艉。

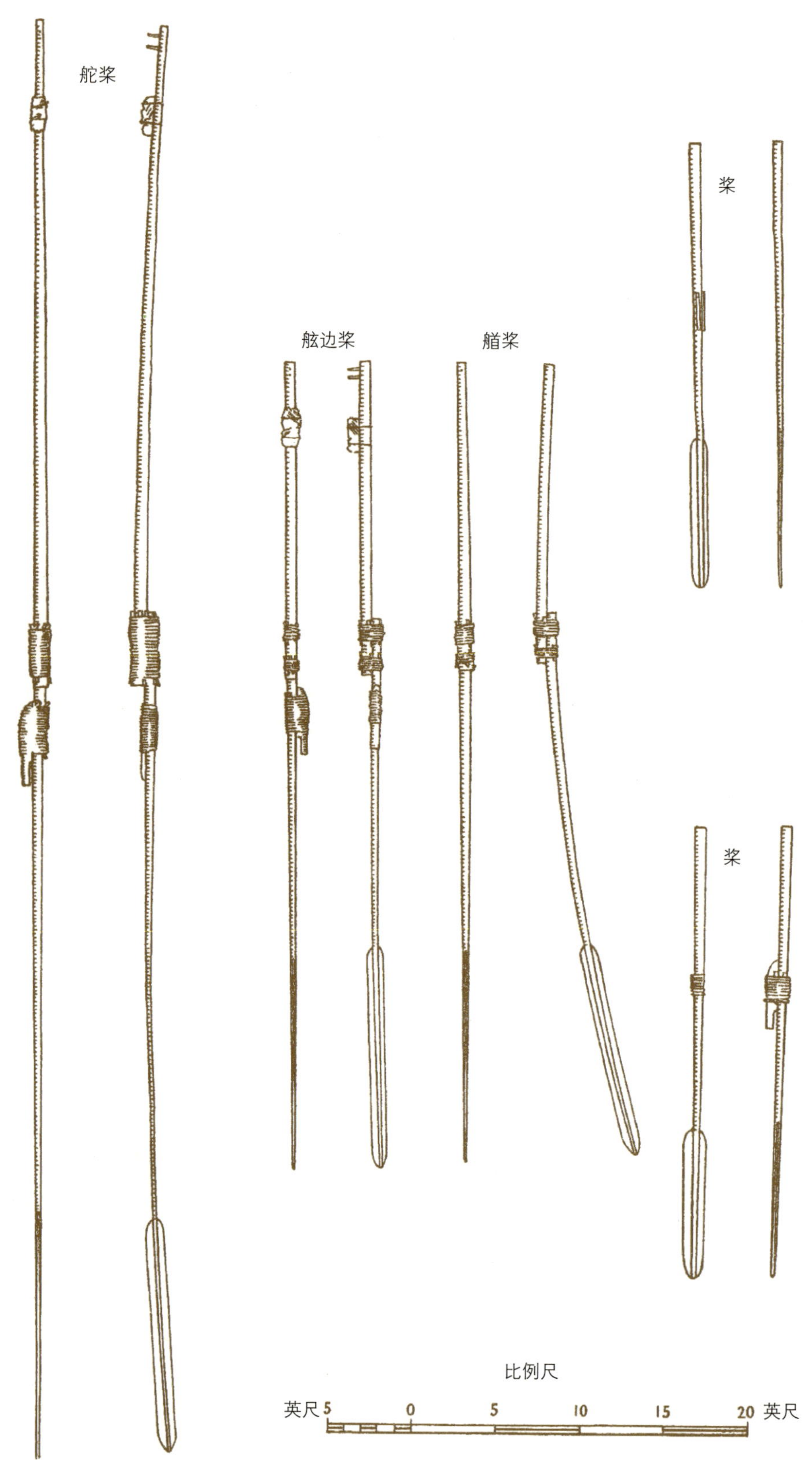

图 34－8　歪屁股船使用的各种桨

拖缆使用 8 股双芯编成。歪屁股船有时使用 6 根拖缆，每根拖缆承梁绑住 3 根拖缆；但是，更多的是使用 3 根拖缆绑住最前面的拖缆用弓形架。

“歪屁股”船沿江上行时总是七八艘结队而行，以便在通过特别难以航行的急流时集中调用更多的纤夫。必要时，每艘帆船由 16 名纤夫集中拉动，船只不会从一个船队变到另一个船队，总是待在原始编队不变。在这时我们才富于关联性地注意到，“厚板”船是“候伴”（等待结伴）的同音异义名称。

“歪屁股”船严格轮流装载货物，但是缺乏经过训练的船员和纤夫。“歪屁股”船同业公会总部设在涪州，估计只有 250 艘船在龚滩河上运营。如果 20 名木匠共同建造一艘船，每 3 周就能建成一艘 80 英尺长的“歪屁股”船，1940 年的单艘营造成本为 7000 美元。

龚滩河的船员，像绝大多数老船员一样，都是迷信的乡民。因此，每次船只起航之前都要举行一个名为“杀公鸡”的仪式，总是由造船匠进行。船艏和甲板室部分被洒上鸡血，趁鸡血未干时，将几片羽毛粘在木制品上面。

龚滩河上的船员没有几个识文断字，但是他们都会在自己的船上贴对子或者对联。几乎看不到没贴对联的船只，至少在甲板室前面贴有对联。

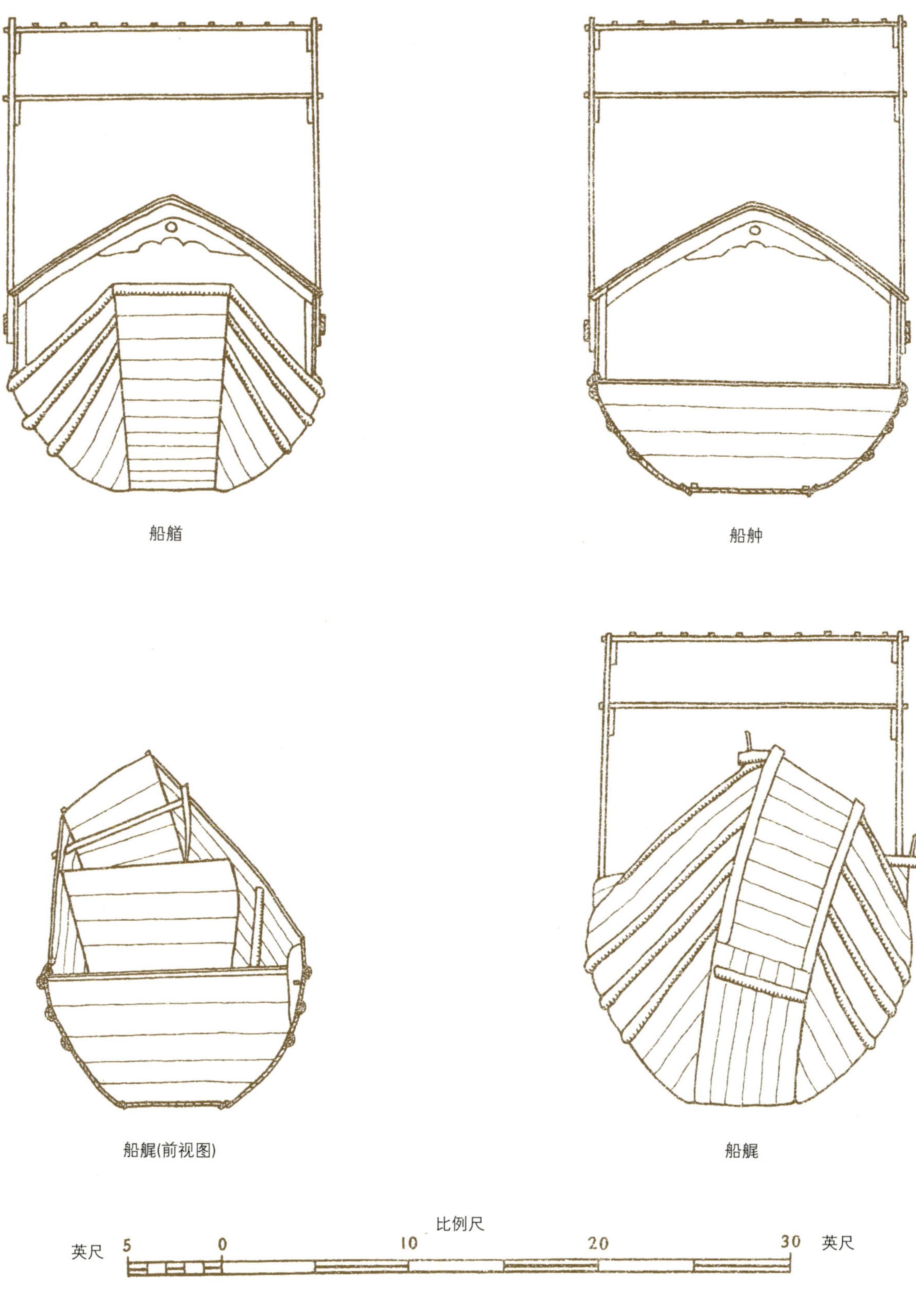

图 34－9　船艏、船舯和船艉图

术语汇编

本书的航海术语汇编是为那些对帆船很感兴趣但却对专业术语不熟悉或者很生疏的船员们而准备的。这些西方术语用于在无人帮助的情况下了解中式帆船的详细构造和装具，它们可能并非总是完全符合西方的原型样品船。

英　文	汉　译	释　　义
Artifact，Artefact	（人工）制品	很久以前的废料堆——人工制造的简单产品，特别适用于土著艺术，尤指有考古价值的简单工具
Batten	撑帆条，帆骨	使用细木杆（通常用竹竿）撑开帆缘的加固条
Bawley	渔帆船	英国泰晤士河口的一种浅吃水、带船首尾支索的宽型渔船，其特点之一是不用主张帆杆
Beam	船宽	船只最宽处的宽度
Bearding	交合线；嵌接线	交合线是指船体外板与首柱、尾柱、龙骨、呆木等交点的联线；嵌接线是指船首柱或尾柱榫条的内边线
Becket	环索，带环短绳；索环，环扣	将一段细绳索的一端固定在滑车上或者其他部件上所用的绳环或者环扣
Bilge	底舱；舭部	底舱是指船艇的底舱；舭部是指船底弯曲部
Bitt	带缆桩，双系柱	船艇上用于系绳索的短木桩或短铁柱
Bollard	带缆桩，双系柱	船艇上用于系绳索的短木桩或短铁柱
Bonnet	辅助帆，副底帆	系住主帆帆脚的附加部分，用于帆船在晴天航行时增大船帆的面积
Boom	张帆杆	铰在桅杆上向前方水平伸出的圆材，离甲板数英尺高，用于系住并撑开纵帆的底边。需要移动或者提升帆时，张帆杆可以用作升降装置或者吊杆。货船上常见的吊货杆就是由它发展而来
Boomkin（Bumkin，Bumpkin）	伸出张帆杆，滑车伸出架	指帆船上从船艏、船舷或船艉伸出用于挂帆耳或者挂帆身的部分
Bridle	拖索，系船索，短绳索	两端固定的纤维绳、钢丝绳或者链条，用途很多，但主要是利用其中部受力来拖带船只
bulkhead	舱壁，隔舱	船艇内部的隔墙或隔壁，一般指加强或水密结构作用的舱壁，轻型隔壁有时又被称作轻舱壁
Carline（Carling）	短纵梁，舱口纵梁	在甲板下面起加强作用的短纵向木梁或纵桁，如在带缆桩、绞车、桅杆等设备下面对的纵梁

续 表

英 文	汉 译	释 义
Carvel-built	外板平接(的)	以平铺法拼接船体外板的造船方法
Centre-board	中心披水板;中插板	帆船中可以穿过龙骨上的槽而上升或者放下的活动船板,用以防止船只向下风方向漂流
Check	适当带紧,溜住	使缆索保持一定的张力,但要放松一点,使其不致断裂
Cleat	系索耳,(带缆)羊角,导缆钳	甲板上供带缆用的铁砧形器具,任何船员都不能将缭绳(帆脚索)系绑在上面,因为突然出现暴风时不能很快解开
Clinch	敲弯;钉牢	横着锤击船板上突出在外的钉头以使钉子牢固;将钉头敲弯或者敲平以使钉子牢固
Coaming	(舱口)围板,围栏,缘材	甲板舱口或其他开口周围防止水流入的凸起边缘
Cofferdam	空隔舱;防水墙	空隔舱是指船上两个舱室之间的空闲间;防水墙是指在船壳破损处设置的防水墙
Cottar (Cotter)	销,栓;结合榫;定缝钉	使用木销钉或铁销钉将帆船结构的不同部分紧紧地钉到一起
Dog	螺旋把手	用来关闭舷窗和舱口盖的金属螺旋把手
Dolphin	系柱	帆船上一组或者几个系泊用的桩柱,码头上一根桩柱或带缆桩有时也叫一根系柱
Dunnage	垫货材,货垫,垫料	船艇上用于垫在补给品下面以免受潮的材料,包括板材和索带等
Eufroe (Euphroe)	眼板;紧绳器;天幕吊板	船帆的绳索收紧器;长圆柱形滑车上钻有许多小孔,以便系住组成天幕吊板的绳索
Fake	盘索	将一根绳索盘成许多并排平伸的圆筒形或者圆盘形绳环,盘好之后绳环的长度应该大于宽度。这种形式便于在需要时放出绳索而不致扭结或纠缠
Fish	圆材补强板	捆绑在圆材上,增强其强度的锥形坚硬木板条;使用这种方法加固圆材
Flare	船体外倾,外飘	船艇水线以上的舷侧从中心线向外倾斜的曲线,与内倾相反。外倾使舷侧呈凹形,从而在船艇颠簸时能够排开河水,同时也能大大增加船首的排水量,降低船艇埋首的深度
Frame	肋骨	船体的横向加固材,从船首至船尾依次编号,并作为安装各种配件的基准点
Frap	缠扎,捆绑	用绳捆牢所用的绳索即为缠扎用绳
Freeboard	干舷	船艇上从露天甲板到水线的舷边距离
Futtock	复肋材,肘材	制造肋材的弯木材
Gin block	单饼铁滑车	带有一个或者多个滑轮,提供吊钩或吊环调运货物
Graving piece	填补木块	使用小木块替换填补修理木板上有缺陷的地方
Grommet (Grummet)	(金属)孔眼,衬圈	风帆或天篷上的加强孔眼,亦称“索眼”或“索环”
Gunwale	舷缘,护舷材	船缘的上缘
Handspike	绞盘棒	用作手柄或杠杆的木棒
Hogging (Hogged)	中拱	船体龙骨的前后两端向下垂的弯曲状态
Hold	绕够缆绳	【口令】向缆绳作业人员下达的口令,要求在系缆羊角上绕上足够的圈数,不致剩下多余的缆绳

续 表

英 文	汉 译	释 义
Junk	帆船	按照《海关条例与程序》第133页所辖的定义，是指东方建造与帆装的帆船。《牛津词典》给出的定义是"中式平底帆船"
Knee-piece	肋材	把船艇上肋骨与横梁连接起来的成角度的强力角材，过去是用自然形成角度的肘材
Lanyard	滑车索，绞收索	指串联两个无轮三眼滑车的较短绳索，用于拉紧横向支桅索并使其保持适当拉力的一种索具
Laodah	船老大	字面意思是"老大"，这里是指船主，船主即船长
Limber	通水孔，污水道	位于船底龙骨两侧的位置，这些洞孔连通各个舱室，用于排水
Loom	桨柄，橹柄	船员划桨或者摇橹时手握的部位
Lumber iron	圆木铁架	船艇上放置那些不用的桨、橹、帆桁或帆的直立叉形支柱
Parrel	滑环，索箍	钢丝绳环或者篾绳环，通常用于把横桁固定到桅杆的中部，用于支撑横帆
Partner	桅孔加固板	甲板穿孔处的加强结构
Puff-puff	扑扑船	日本渔民介绍到中国的一种动力机动艇，由日本帆船和舢板演进而成
Quant	撑篙	使用船篙推动船只航行。船篙通常采用竹竿或者木杆制成
Quarter	船艇尾部；尾斜方向	尾斜方向，是指船尾两侧离正后方成45°角方向
Rake	倾斜度	船首柱、船尾柱、桅杆或烟囱与垂线构成的角度
Rib	肋骨	船艇的弯曲肋骨角材，从龙骨到舷顶，肋材连接侧板形成船体
Roach	（帆的）曲拱	使横帆边出现凹弧，以防擦损
Rudder	舵	垂直装在船尾，用于操纵帆船的一块平板
Sagging (Sagged)	中垂	船体龙骨的中部向下垂的变形现象
Sampan	舢板	字面意思是三块板，三块板制作的船只是一种敞舱式半甲板船只，典型船长为30～40英尺，广泛用于中国沿海和内河
Scarf	斜接口	参见"斜口接合"
Scarfing	斜口接合	用粘合或者机械方法把两块有较大斜面接缝的横梁或圆材接在一起，形成强度不受影响的长材料
Scupper	（甲板）排水孔	沿露天甲板的排水沟设置的排水孔，排水孔通到甲板下面，能够把水排到舷外。它们类似于垂直于流水沟的落水槽，穿过船舷的排水管也在甲板下面起着同样的排水作用
Seize	捆扎，缠扎	用细索绑扎绳索
Sennet (Sennit)	编索，手编绳	用手工把编条或细麻绳编织起来的绳索。手编绳的式样很多，有圆形、方形、扁平形、法国形等，可以用作止索、扶索，并有一定的装饰作用
Snub	适当收紧，迅速掣住	挽桩掣住跑动的绳索而刹住船。将动索的松动部分收紧，但又收得不十分紧，使其保持足够的活动余量以免出现断裂
Stanchion	支柱	直立的柱子，用于支撑船艇上的甲板、舱壁、天篷等
Stopper	制缆索，止索；掣动器	制缆索是指绑在一条绳索上的短索，用以防止绳索滑动，例如吊艇索的止索。掣动器是指一端牢固地固定在甲板上，另一端装有一个重型速脱钩或夹具的一段链条
Strake	列板	船艇上从船首到船尾的外板板材逐块纵向相接而成的连续长板条，板条样式有七种或者更多，都按其所在位置进行编号

参 考 书 目

编号 出版年份

1.《关税表》第 1 期 …… 1868

2.《十年统计表》…… 1873

3.《维也纳博览会目录》…… 1873

4.《费城博览会目录》…… 1876

5.《巴黎 1878 年博览会目录》…… 1878

6.《中国灯塔等清单》总第 69 期 …… 1941

7.《中国灯塔等清单》总第 69 期(中文版) …… 1944

8.《普通税率表》…… 1879

9.《柏林渔业博览会目录》…… 1880

10.《中国沿海和长江地名录》第 2 期 …… 1904

11.《伦敦渔业博览会目录》…… 1883

12.《海关官员公正行为准则与抗议形式》总第 2 期 …… 1883

13.《伦敦保健博览会目录》…… 1884

14.《新奥尔良博览会目录》…… 1884

15.《中国船员须知专业词句和术语表》第 3 期 …… 1934

16.《海关出版物目录及价格表》总第 6 期 …… 1936

17.《中药目录》…… 1889

18.《1885 年关税表》第 2 期 …… 1889

19.《朝鲜与其他强国签订的条约和条例等,1876—1889 年》…… 1891

20.《避台风锚地》…… 1893

21.《厦门内港航海图》…… 1893

22.《吴淞内沙洲》…… 1894

23.《中国灯塔图表》…… 1895

24.《巴黎 1900 年博览会目录》…… 1900

25.《海关和港口等通用与地方法规》总第 2 期

第 1 卷:哈尔滨至镇江地区 …… 1921

第 2 卷:上海至腾越地区及附录 …… 1925

26.《河内博览会目录》 …… 1903

27.《皇帝在位年表》 …… 1904

28.《路易斯安那采购博览会目录》 …… 1904

29.《比利时列日博览会目录》 …… 1905

30.《中国与外国条约和公约等》总第 2 版 …… 1917

31.《长江口鞍形潮预测表》第 6 期 …… 1926

32.《中国 100 总吨及其以上蒸汽机船和摩托艇表》总第 11 期 …… 1931

33.《海上避碰条例》 …… 1923

34.《腾越:邻国旅行路线图、旅行提示、集市日期和云南发音注释等》 …… 1927

35.《等重测量、木材体积及其他可用信息:修订与增补版,包括适用公制的该系列第 42 号(木材测量:1933 年)》 …… 1934

36.《1937 年海洋部门报告》 …… 1938

37.《联合条例(1930 年发布的通用联合条例)》总第 2 期 …… 1933

38.《进口关税和利润分类指南》修订版,1940 年 7 月 …… 1940

39.《出口关税与利润分类指南》 …… 1939

40.《中国沿海灯标》 …… 1933

41.《海关条例和程序法规》第 3 版 …… 1937

42.《特权工厂产品关税》 …… 1934

43.《中国沿海灯标》(中文版) …… 1934

44.《海关条例和程序法规》第 3 版(中文版) …… 1939

45.《海关预防法和海关询问与上诉处罚局规则》 …… 1935

46.《上海注册货船验船备忘录》 …… 1937

47.《进出口关税与利润分类指南》(中文版) …… 1937

48.《长江上游的帆船和舢板》 …… 1940

49.《四川歪头船和歪屁股船注解》 …… 1941

– CHAPTER 24 –

THE JUNKS OF THE UPPER YANGTZE

THE MA-YANG-TZǓ（麻秧子）

Of the types that ply below Chungking, the *ma-yang-tzǔ* has pride of place. Although it is usually large, it can be built to any size desired by the owner, some of these junks being as small as 36 feet and others as much as 110 feet long. The size chosen for illustration on Fig. 24-1 is therefore one of the largest now in use, though many years ago, before the coming of steamers, the *ma-yang-tzǔ* was reported to be 150 feet or more in length.

This junk, which is 102 feet long, 19 feet beam, and with a depth of 8½ feet, is made throughout of the tough cypress of Wanhsien, and gives the appearance of tremendous strength, which is primarily supplied by 14 bulkheads. This heaviness of construction necessarily detracts from grace, but this lack is counterbalanced by a certain sturdy symmetry.

The solid hull is turret-built with a comparatively narrow deck superimposed upon it. Additional strength is provided by long and heavy wales[1] running the whole length of the vessel, The square bow ends in a heavy projecting cross-beam[2]; indeed, these massive cross-beams are a marked feature throughout its length, as there are seven in all. A low 4-inch wide coaming[3] extends from the bow to the house.

On the whale-back the planking runs fore and aft, as also does that below the rubbing strake. The bow planking runs athwartships to a point well below the water-line, where it meets the bottom planks, which lie longitudinally. In lieu of frames, 28 half-frames, that is to say, thick balks of timber, occur at intervals, laterally across the bottom only, between the traverse bulkheads, which are built up to the shape of the hull. The flat-surfaced high stern widens as it rises in a gentle curve from the water. The planking of the stern facing, which ascends vertically from the bottom, is laid horizontally on the top portion. A small square port with a sliding door looks out over the stern.

The flush-deck removable planking is laid athwartships and follows the sheer of the hull continuously. The second[4] and third[5] large foremost cross-beams are lashed to the transoms[6] and serve for the working of the yulohs.

A solid truncated capstan of hardwood, iron-bound at the base, can be fitted into a transom on the fifth

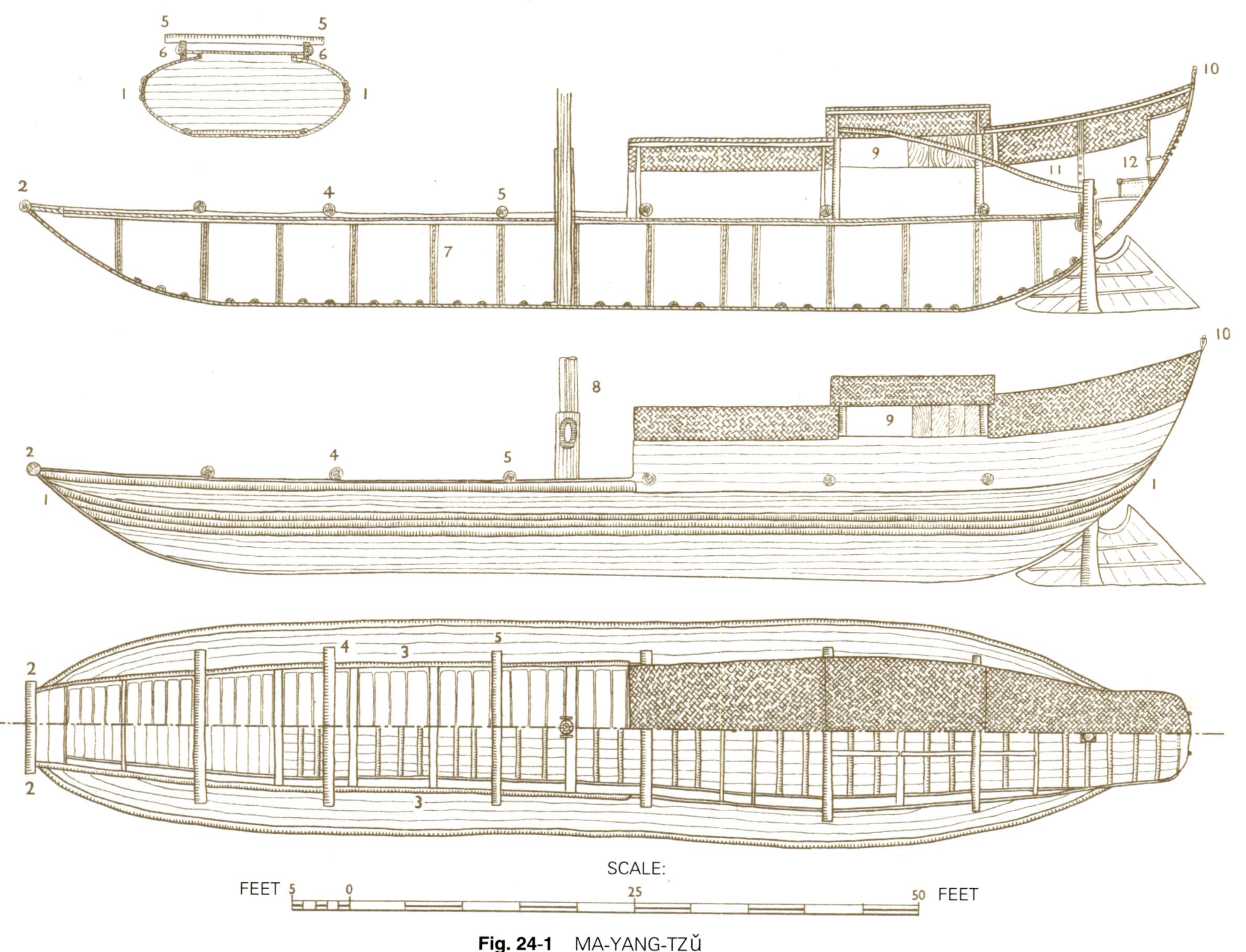

Fig. 24-1 MA-YANG-TZŬ

bulkhead[7] on the fore-deck. The *sha-mu* mast of over 80 feet in height is stepped in tall tabernacles[8] which terminate[6] feet above deck-level. Each tabernacle near its summit has a deep cleat carved out to take the halyards for the lug-sail.

The short, low deck-house starts about 5 feet abaft the mast, and a charcoal galley-stove is on the port side in this open space. An overhead shelf under the arched beam of the deck-house and a few lockers provide space for stowing cooking gear.

The hold at its deepest is about 8 feet or more, and this permits a carrying capacity of 100 tons down river and 80 tons up river. A portable bamboo pump is used to empty the bilges.

The tiller-room,[9] abaft the deck-house, is decked-in and has a higher roof level than the rest of the junk, though the roof of the after-house rises gently to its apex at the stern, where it terminates in two tall pins[10] on which the spare bamboo rope is coiled.

The 25-foot tiller[11] curves gently up to the conning position over the eleventh bulkhead and requires three men to handle it in a difficult rapid.

The after-house may be divided into one or two cabins, the last one being approached by a steep step.[12] The niche above the plain cabin door is prolonged on either side into a small gallery, which contains mirrors, pictures, and ornaments.

The crew varies with the size, but a junk of about 90 feet in length with a permanent crew of eight men engages for the trip up a total of 60 men and 50 for the trip down. Twelve men are required at each of the four yulohs and 13 on the bow-sweep on the downward trip, though 16 are required to work the latter on the way up as well as 50 on the tracking-line.

At the rapids extra trackers are engaged, and at the Hsint'an as many as 300 or 400 coolies may be required on the tow-rope to haul her over the rapid. This operation costs on an average $30 irrespective of the number of trackers employed.

THE SHAO-MA-YANG

This junk, as illustrated in Fig. 24-2, is very rarely seen at Chungking; indeed, it can hardly be called an Upper Yangtze junk, as its normal trade is between Ichang and Shasi and other Middle Yangtze ports. The type usually measures about 85 feet by 16 feet with a depth of 8 feet, and, like her opposite number the *ma-yang-tzŭ*, is a turret-built, heavy-draught vessel. Nearly identical in size with the *nan-ho-ch'uan* (南河船), she also follows very much the same lines, except for the whale-back,[1] the top surface of which acts as a clear gangway from bow to stern when poling in shoal water.

This method of progress is entirely alien to normal Upper Yangtze junk practice and rather marks the *shao-ma-yang* as a "down-river" craft (下游船). Moreover, the gangway for poling gives her an unfamiliar appearance.

This poling is carried out by one or more men, each with a long iron-shod bamboo. Standing in turns at the bow, each poler allows his bamboo to slip through his two hands into the shallow water until securely lodged on the bed of the river. Tucking the end of the pole in the fleshy front part of his shoulder, he then

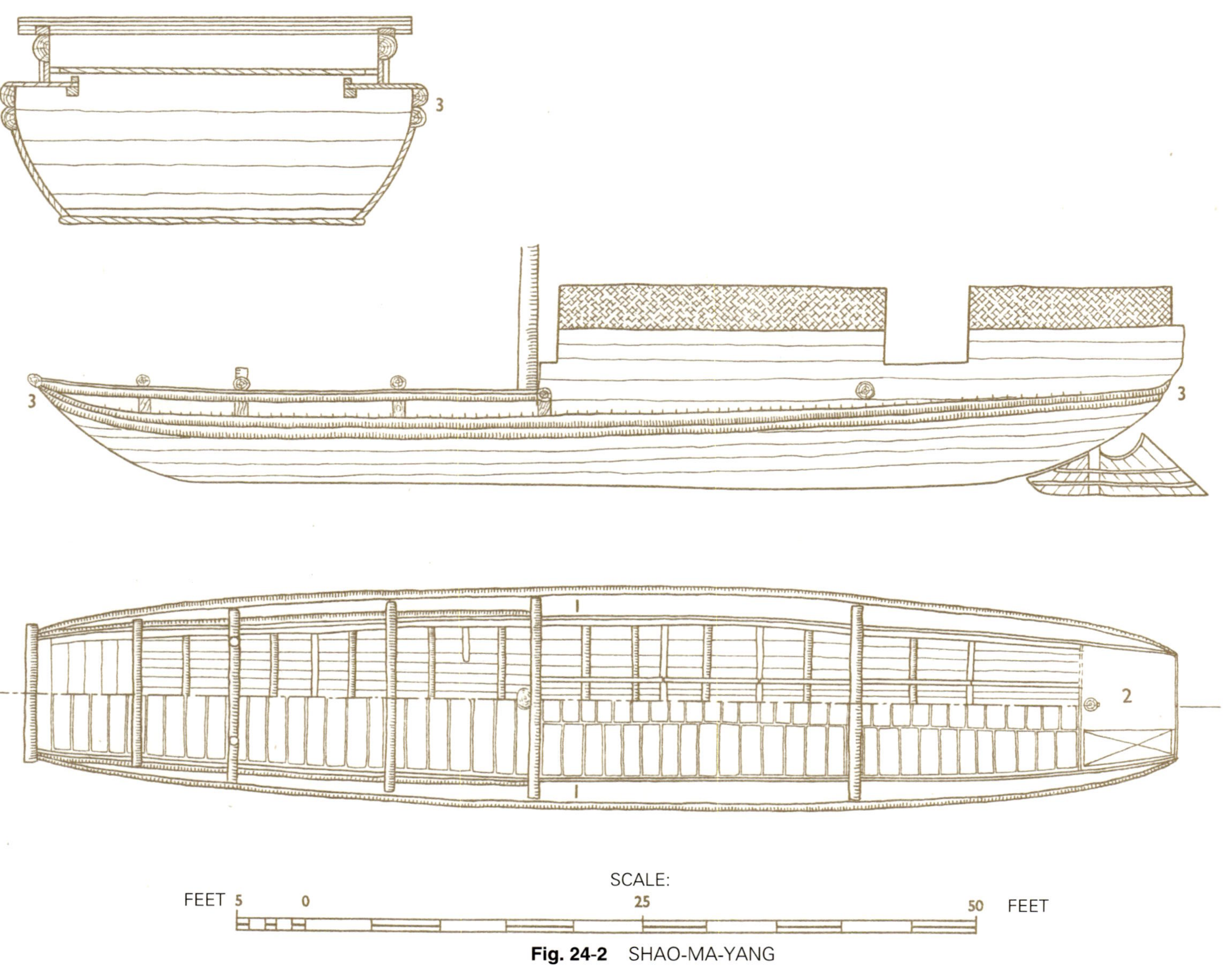

Fig. 24-2 SHAO-MA-YANG

bends to his task, sometimes at such an angle as to be almost prone, and walks thus down the gangway. Having traversed the whole length of the junk, he returns to the bow and repeats the process.

The square bow tapers hardly at all, and the heavy stern is bluntly rounded and contains the owner's cabin.[2] Sturdy wales[3] run the whole length of the hull, just beneath the poling gangway.

THE FOWCHOW PADDLE-WHEEL MILL JUNK

A record of Upper Yangtze craft would be incomplete without a description of the Fowchow paddlers, the river steamer captain's delight, for they cannot resist telling their inquisitive passengers that these are a new species of junk paddling their way to Chungking. This illusion is heightened when smoke is seen passing out of the high galley funnel.

No craft on the Upper Yangtze owes more to Yang Yao, the Patron Saint, or God, of the junkmen, than these, for he is credited with the invention of paddle-wheels in the twelfth century.

Actually these floating mills consist of an old junk, on which is superimposed a large house of the traditional, haphazard, patchwork design with a matting roof. The two pairs of paddles, which can be raised at will, are, once the junk is moored, lowered so that they can be revolved by the swift current.

The whole arrangement, though it would greatly appeal to Mr. Heath Robinson, is nevertheless extremely efficient, cannot get out of order, and the running costs are reduced to a minimum. Any junk can be used for the purpose, but the *to-lung-tzŭ* is the type most favoured.

The junk, Fig. 24-3, is usually divided into three compartments, the foremost[1] one on the forecastle being used as a storeroom and galley. The midship compartment has the deck removed and is given up to the milling machinery, which is housed on the bottom of the junk. The after compartment[2] is also used as a storeroom for the finished product and as living quarters for the ship's company, comprising two millers and two sampanmen, whose pay varies from $10 to $16 per month according to length of service and ability.

The milling gear consists of a grindstone,[6] worked by the action of the water on the paddles,[4] and a sieve,[16] which is worked by foot.

The grinding gear comprises a wooden shaft[3] carrying a paddle[4] at each extremity, and, between, a wooden cog-wheel,[5] not unlike a ship's steering wheel and fitted with 18 large wooden teeth which engage in 16 wooden teeth driven into a grindstone[6] below. These grinding arrangements are exactly duplicated for the second pair of paddles. Occasionally three sets of paddles may be found. The ponderous machinery revolves with a jerky, hesitating action and the maximum amount of backlash.

The shafting[3] rests on two pairs of strong uprights[7] on either hand, close to the ship's side, and secured to the bottom and roof of the junk. Additional strength is provided by two cross-pieces between the uprights, one against the roof and the other[9] 2½ feet from the bottom.

When the machinery is not in use, the shafting[3] is lifted bodily, with paddle-wheels and cog-wheel attached, and rests on a heavy wooden fid[8] thrust through the uprights, 4 feet above the bottom of the junk. When the fid is removed the shafting[3] is eased down with a light whip, and, travelling between the uprights,[7] comes to rest on the lower cross-piece,[9] which is curved to reduce friction. The paddles in this posi-

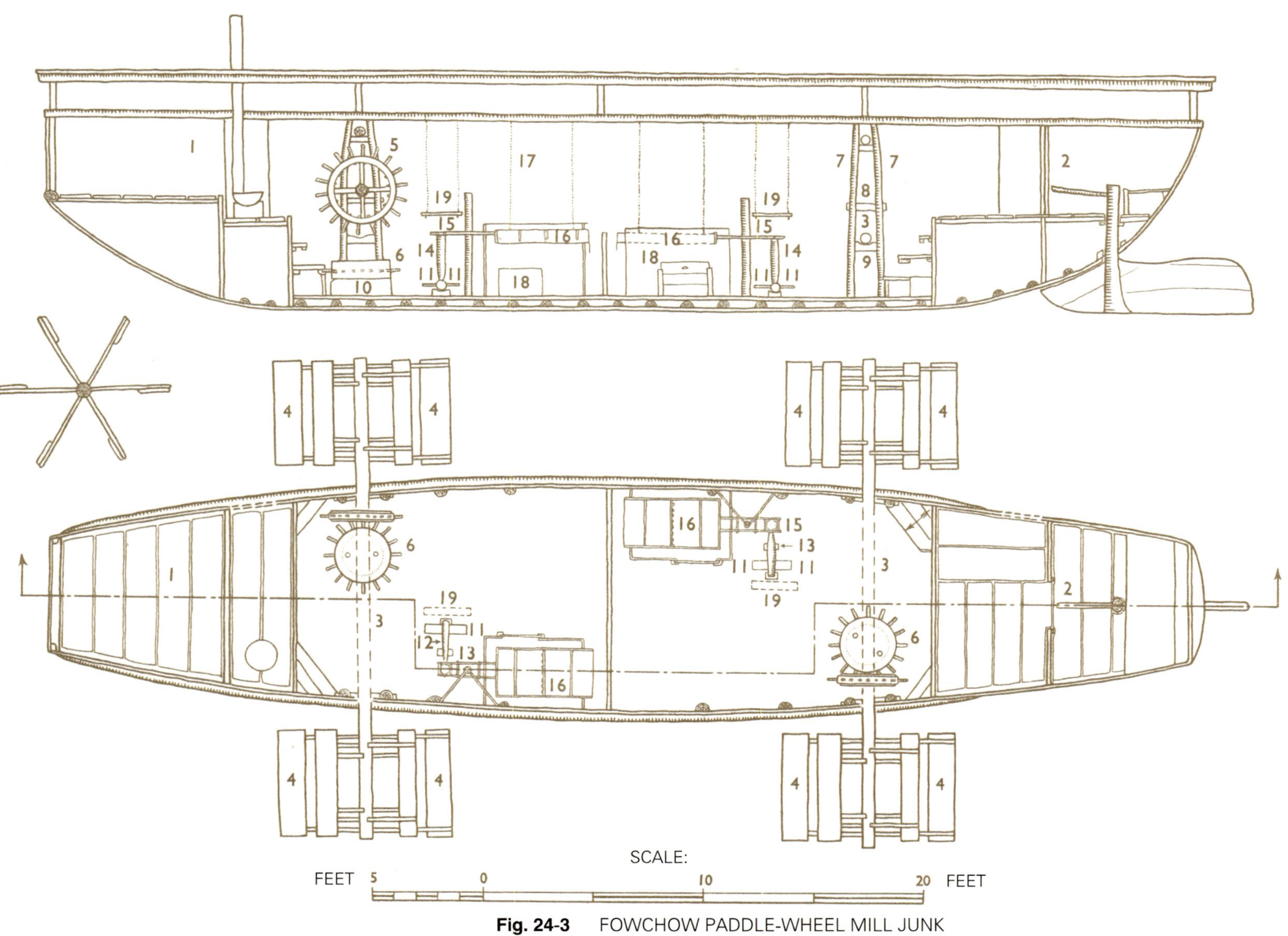

Fig. 24-3 FOWCHOW PADDLE-WHEEL MILL JUNK

tion are in the water, and the machinery starts working.

The grindstone[6] is nailed to the bottom of the junk and is in two parts, the lower[10] being the standing part, while the upper, which carries the teeth, revolves. A saucer-like top to the upper grindstone contains the wheat, which feeds through two holes, when the current is swift, to the grinding face. When the current is not so strong one hole is plugged. The flour is forced out at the junction of the two stones.

The sieving gear consists of four parts. The foot pedals[11] are secured at right angles to the connecting piece,[12] which rests on two blocks of wood[13] and carries an upright,[14] to which it is attached by a rocking-bar. This is in turn attached by another rocking-bar to the framework[15] leading to the sieve,[16] which is slung from the roof by means of a thin rope[17] secured to each of the corners. Below is a large bin[18] against the ship's side into which the sieved flour falls.

The operator stands on the pedals,[11] facing inboard, and rests his elbows on a wooden support[19]-not unlike the handle-bars of a bicycle-slung from the roof. The action of pedalling cants the connecting piece from one side to the other, and this alternately pulls and pushes the framework, and thereby the sieve, backwards and forwards at right angles to him.

The men work in shifts so that the mill may be kept going for long continuous periods. The machinery as illustrated is capable of dealing with 840 catties of wheat in a 24-hour period. The wheat passes through the mill and the sieve five times and produces 720 catties of flour. It seems curious that the sieving gear should not be connected up to the water-power so as to obviate man-power altogether.

It has been pointed out earlier in this chapter that the number of teeth on the driving gear is not the same as those on the grindstone. This system of gearing is therefore in keeping with modern engineering practice, for an unequal number of teeth in the meshing arrangements ensures even wear. This principle of marine engineering is comparatively new, in that it did not come into regular use before the introduction of geared turbines.

It may reasonably be assumed that the practice has been in use in China-not only in the Fowchow paddlers but in all machinery requiring the meshing of cogs-for centuries, and the question arises whether the Western nations owe the discovery of the principle to China.

THE HUNG-CH'UAN, OR LIFE-BOAT

Perhaps one of the most interesting types of craft was that comparatively modern invention the red boat. Interesting, not on account of its design, which was simple, but for its purpose, which was humane, for it was a life-boat. All must regret the passing of this great service, which has been instrumental in saving so many lives.

The red boat as shown measures 30 feet in length, with a maximum beam of 7 feet (Fig. 24-4), and is a well built and seaworthy little craft, rather smaller than the Chungking sampan and on much the same lines, though considerably easier to handle. On its side it bears the typical seven characters "龙门下浩救生船", meaning "The Lungmenhao Lower Section Life-boat", each character being enclosed in a white circle. The boat flies the life-boat flag on the port quarter, adorned with an upright line of characters in black

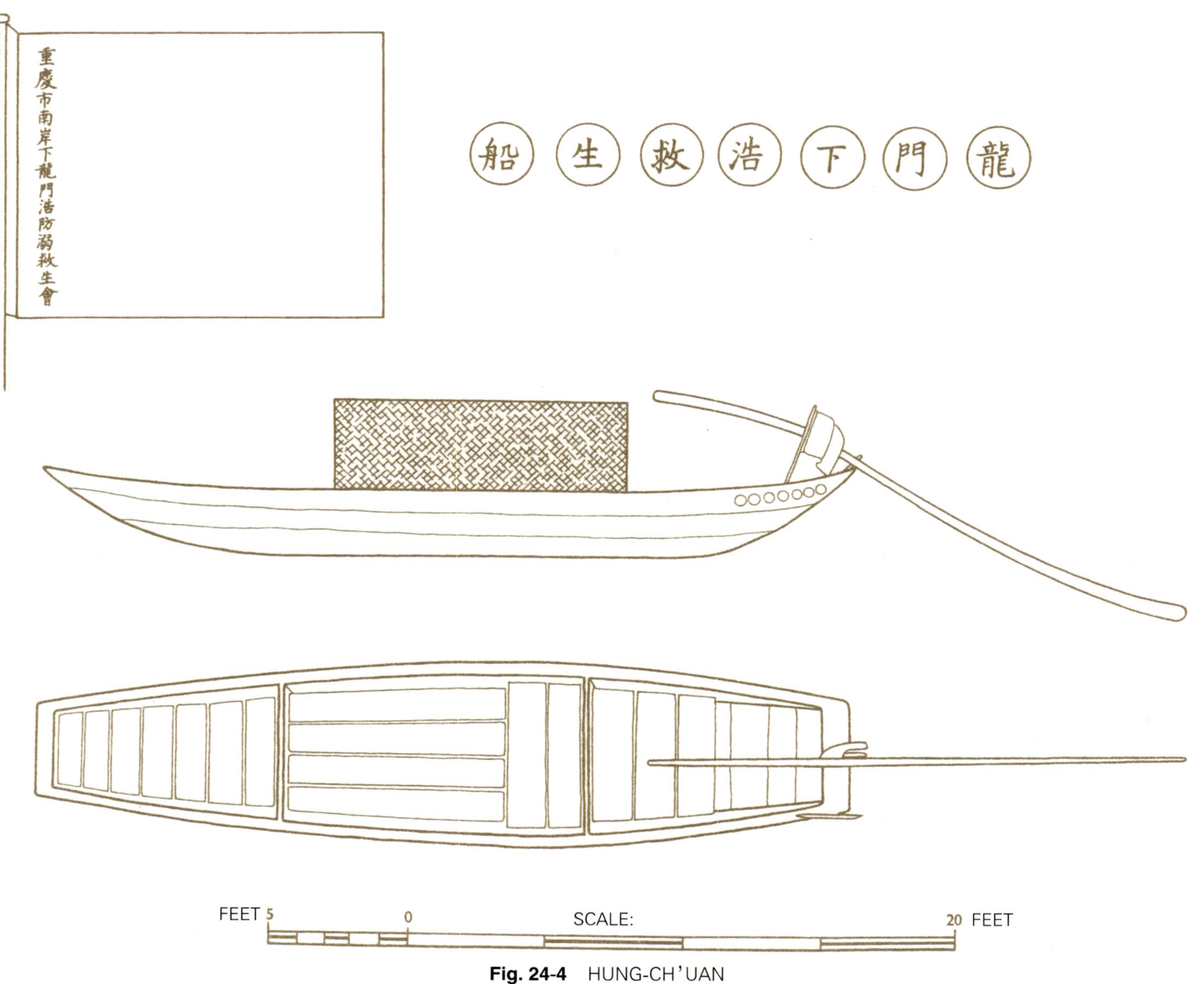

Fig. 24-4 HUNG-CH'UAN

on a red ground "重庆市南岸下龙门浩防溺救生会", meaning "The Society for Rescuing Drowning People, Lower Section, Lungmenhao, South Bank, Chungking."

THE NEW-TYPE, OR ALL-PURPOSE, JUNK

This serviceable junk, which is to be found in three classes, of a carrying capacity of 20, 40, and 60 tons, is probably the first really new design to be made for a very long time; indeed, one might surmise, for centuries.

It would seem to seek to combine the best features of many existing types with some modern innovations, so as to produce a more or less standardised craft adapted for all inland waterways. The design is by no means original, and would seem to owe much to the wood-oil lighter.

First introduced in 1939 under Government auspices, these junks are apparently coming into service in considerable numbers. Further modifications and alterations may yet be made as a result of practical expefience before the type is finally settled. The conservative junkmen consider that the junks in their present form are too heavy.

Like all other junks, they vary considerably in unessentials. The illustration in Fig. 24-5 shows a characteristic junk of this type, measuring 66½ feet long, with a beam of 13 feet and a depth of 5 feet.

The solidly built hull of cypress, or *pai -mu*, is strengthened by a kelson[1] and two side kelsons[2] at the turn of the bilge, and on to these the bottom planks of *ch'ing-kang* are secured. There are numerous traverse bulkheads and usually three "coffer-dams",[3] each fitted with a manhole door.[4] These coffer-dams, which are occasionally to be found in the larger type of junk, are very small compartments which are always kept free of cargo, and have two small apertures leading into the neighbouring main cargo-holds on either side. Their function is to drain off any seepage or water which may have found its way into the holds, so that it may be conveniently bailed out.

The high spoon-bow terminates in a heavy traverse stem beam,[5] fitted with thole pin fair-leads. This cross-beam projects 6 inches on either bow and provides one of the main characteristics of the vessel. Two heavy hardwood bitts[6] are firmly secured to the structure by being cut away at deck-level into a deep wedge and, after passing through the deck planks, are slotted through a timber which is joined to the bulkhead. Their position, however, varies somewhat. The flush-deck of *pai-mu* has a low coaming, which aft of the deck-house gives place to a bulwark. In lieu of the usual removable planks, a large part of the deck amidships is occupied by a low hatch coaming, which varies in extent and width, but always covers a considerable portion of the deck. The hatch covers,[7] which are removable in sections, are watertight. Another modern feature of the boat is the conspicuous marks in Roman figures cut into each bow and painted, together with a foreign registration number.

The stern, which is wide in shape, has a considerable rise, and a small portion of it is decked-in, roofed with matting, and provided with doors, although it is often only large enough to contain a huge square bed.[8] The house, which starts abaft the mast, extends for a short distance to the conning position,[9] which presents no variation from the normal. The light *sha-mu* pole mast is stepped against the bulkhead in

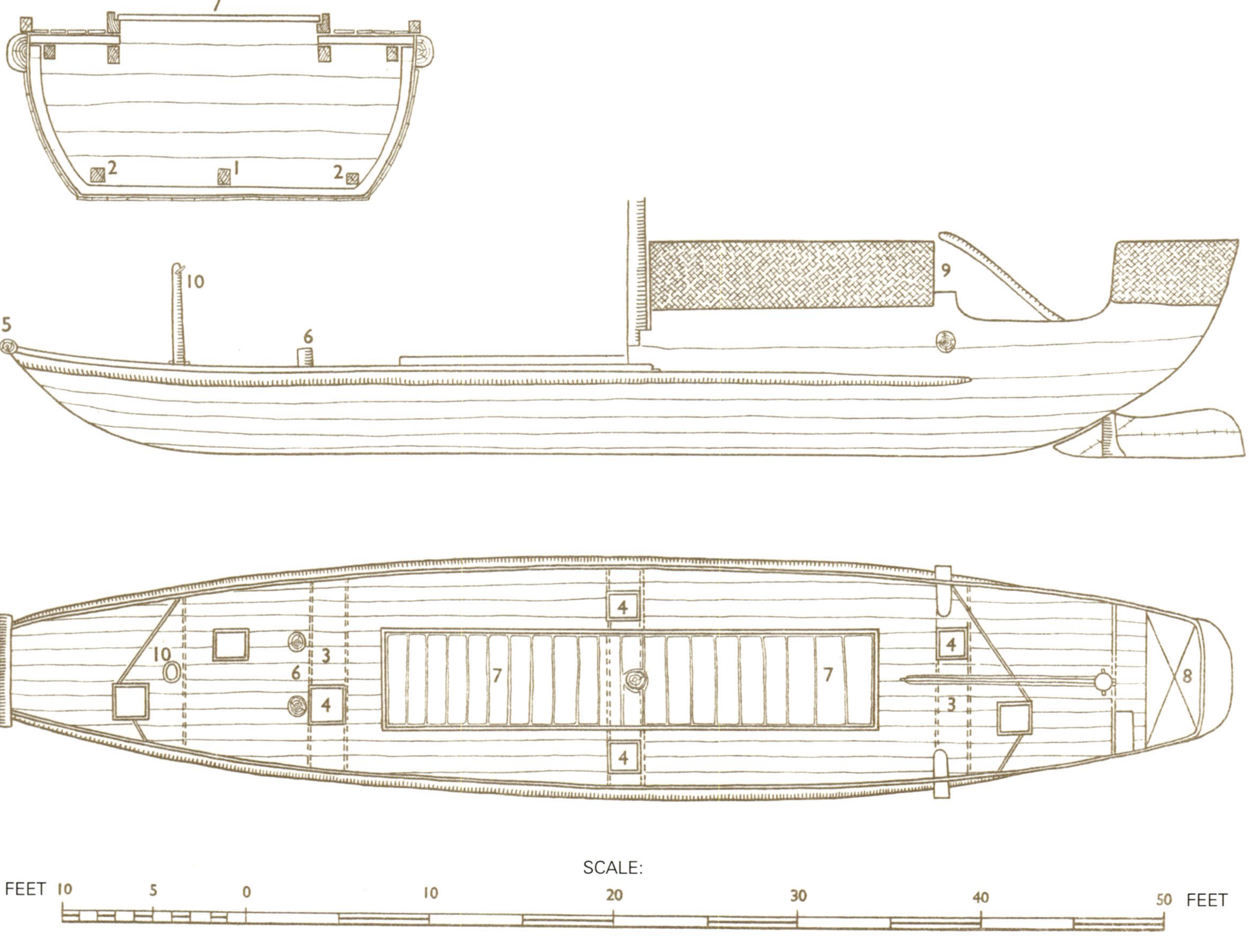

Fig. 24-5 NEW-TYPE JUNK

the usual manner; similarly the rudder, the simple galley-stove on the port side, and the "stick-in-the-mud" anchor[10] are all in the traditional style.

THE ICHANG SAMPAN（宜昌划子）

There is nothing original nor outstandingly interesting about this craft, Fig. 24-6, which is, except for the forecastle, an open boat, measuring 29 feet by 6 feet beam.

It is propelled by two or three oars, one of which is worked by a bowman who also uses a boat-hook, while one or two oars, and sometimes a rudder, are operated by the laodah. How he manages to push two heavy 14-foot oars, the looms of which cross in front of him, steer by placing his foot on the tiller, and still retain his balance on the other foot, is one of the mysteries of the Yangtze. Equally amazing is the fact that he knows the exact position of the tiller, though his back is towards it, and the "sleight-of-foot" that enables him to find it without having to look down or round.

Like the bowman, he is a master with the boat-hook, which, when in use, is usually gripped close under his arm, while a foot and hand alternate on the tiller. His difficulties are greatly increased by the presence of a matting awning used in the summer to give shelter from the sun and in winter from the rain. It is usually dilapidated and gives little protection from either, but obscures most of his view.

A good illustration of the prowess of these men is displayed by their courage and judgment in boarding a ship going at full speed. As soon as a steamer approaches Ichang, a fleet of these sampans put out to meet her and converge almost simultaneously.

The technique is, briefly, to approach with the current until some hold presents itself for the boat-hook, either on the ship's side or on to a sampan of a fortunate colleague nearer than himself. Immediately on perceiving this opening the laodah turns his boat short round. The bowman has meanwhile taken hold well up the boat-hook so that he has spare length of the pole to pay out when the strain comes on, and as soon as possible he secures the sampan with a short painter having a hook at its end.

No rancour is ever displayed by the crew of one boat when hauled on to, and sometimes hauled off, by those of another. It is not unusual to see five or six of these boats abreast, each hanging on to the other, the whole strain being taken by the one nearest the steamer.

The astonishing risks taken seem in no way commensurate to the few minutes in time thereby saved, and the casualty list is quite heavy amongst the impatient passengers or hotel touts, who leap on or off the steamer over a yawning chasm of swiftly running current.

The luggage they carry in their headlong leap is embarrassing and unhandy in the extreme, consisting as it generally does of bulky baskets of food, kerosene-oil tins, unwieldy bundles, babies, chickens, etc.

This practice of boarding, which is as often as not carried out at night, is developed to a fine though dangerous art in Ichang and is frequently attended with loss of life.

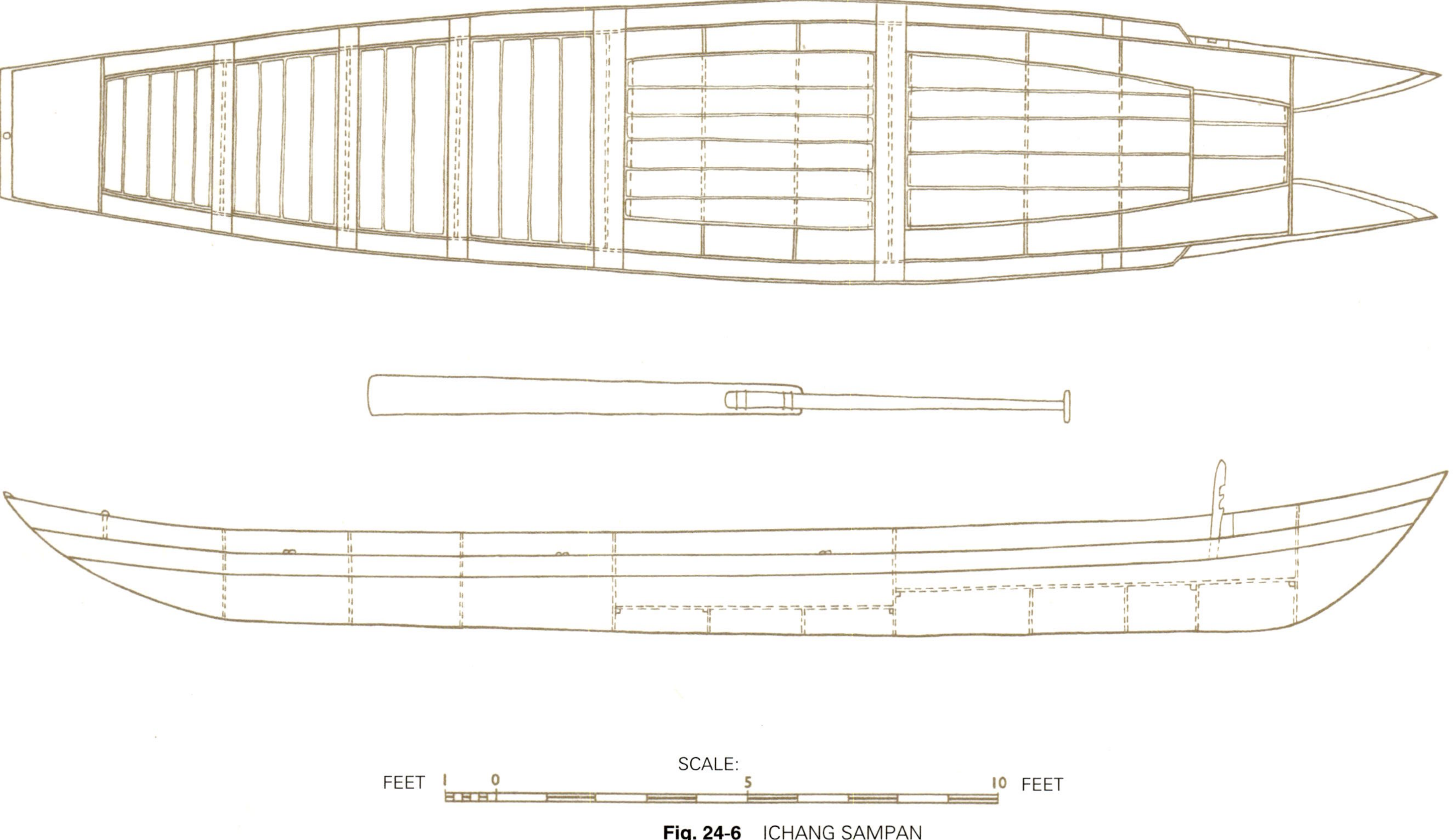

Fig. 24-6 ICHANG SAMPAN

THE CHUNGKING SAMPAN

The Chungking sampan, Fig. 24-7, a craft designed for use in the rapids and strong currents of the Upper Yangtze, is a solid and strongly built double-ender of almost uniform dimensions, that is to say, 40 feet long, with a beam of 8 feet at its broadest part.

It is strengthened by three bulkheads, the centre one[1] being exactly amidships and the other two[2] being 7 feet on each side of it. From the after bulkhead to the stern the deck is flush with the gunwale and is exclusively used by the helmsman. The corresponding forward portion, also fush with the gunwale, is reserved for the man or men at the forward oars.[3] The two remaining midship wells[4] serve for passengers and cargo. All floor-boards are loose and serve as seats when required. There is no rudder, as the enormous sweep,[5] two-thirds of the length of the boat, performs this function.

When ferrying, the sampan can carry as many as 25 persons besides the crew of two or three, and even as many as 40 can be accommodated-without safety. The laodah, or helmsman, stands aft and controls the boat with a small oar[6] on the port side, which he uses with his right hand, a large stern-sweep being operated with his left. This sweep,[5] which is long and curved, is reinforced at its centre of gravity by a cheek-piece,[7] which has a long slot[8] cut in its projecting side, into which the bearing-pin[9] engages and which, while allowing the maximum of play, holds the sweep firmly in place. The bearing-pin[9] lies at an angle, and this facilitates the movements of the heavy sweep and enables it to be more easily unshipped. The cheek-piece[7] is secured with wire lashings, and the loom[10] is curved to fit the hand. The blade is also curved and shaped so as to ensure that the maximum amount shall be under water, but not too deep.

Forward stands the bowman, upon whom falls the duty of propelling the boat either with an oar or with the universal boat-hook,[11] which is ready for instant use. The skill shown by these men in the use of boat-hooks is amazing. Any smallest possible advantage within their radius is exploited with uncanny dexterity. The rocky banks of the Yangtze are pitted with holes worn down by the action of boat-hooks in all types and sizes of craft.

There is, however, a variation from the above sampan in that it is fitted with a rudder and carries no sweep. The dimensions and appearance are much the same, though it is often a little smaller. It is used exclusively for transporting cargo about the harbour.

THE LAGOON FISHER

Quite a different type of craft is the lagoon fisher. This boat is about 12 feet long and 3 feet beam, and designed entirely for the still waters of the Chungking lagoon.

The real work of the lagoon fisher, however, is cast-net or otter fishing. Both methods require the utmost skill. The former is carried out by one man, who stands in the bow with the net gathered in his left hand. The net, which may be made of hemp, but is more often of "Szechwan hemp", which is really abutilon, is circular in shape and weighted at the circumference with small pieces of lead. The fisherman, turn-

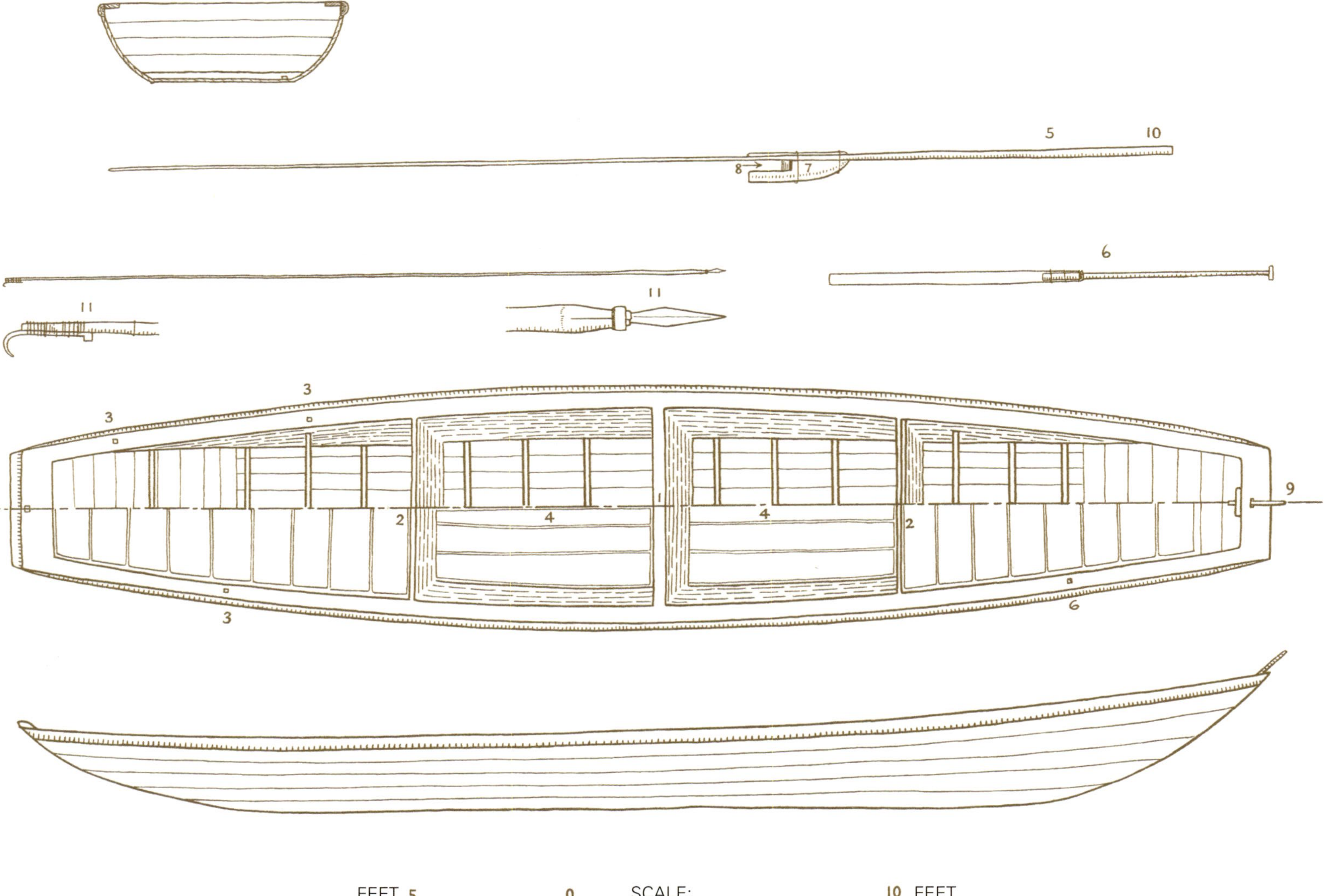

Fig. 24-7 CHUNGKING SAMPAN

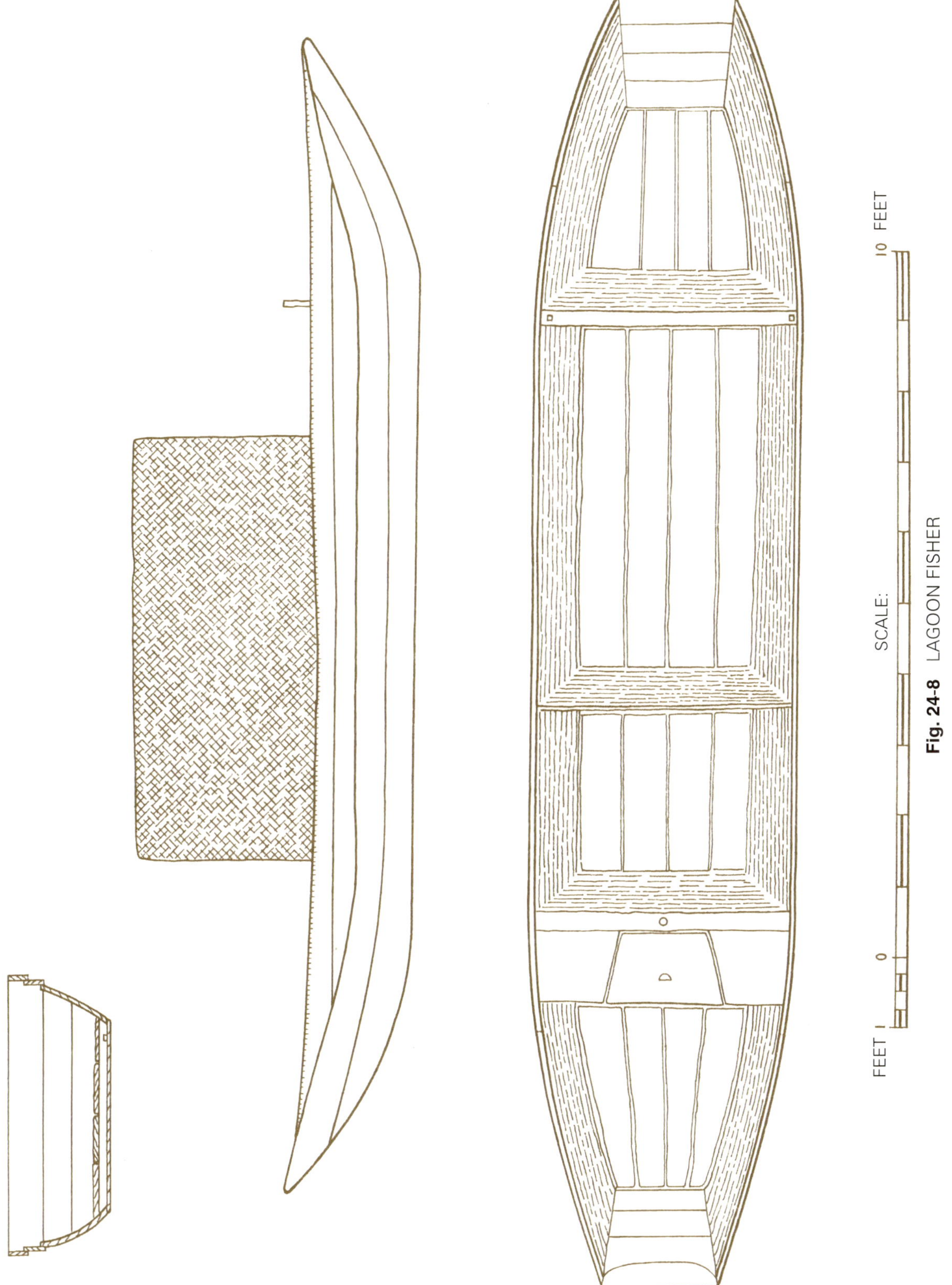

Fig. 24-8 LAGOON FISHER

ing his face in the desired direction, transfers the net from left to right hand and, with a widespread sweeping movement, casts the net right forward, so that it falls at least 8 feet clear of the bow and opens up into a perfect circle as it sinks below the surface.

Despite his skill, very few fish are ever seen to be landed by this or any other method of fishing, and river fish is a prized and expensive commodity in Chungking.

Otter-fishing is also carried out in the same sort of small sampan in the still waters of some of the lagoons of the Upper Yangtze.

The boat drifts slowly while a fisherman casts his net in the manner already described. He is assisted, however, by one or more trained otters which are attached to small, light bamboos by means of an iron chain fixed to a sort of leather harness. The fishing-net ends in a long neck with an aperture through which, after the net has been cast, the otter is inserted and performs its task of stirring the fish out of the mud and crevices of the bottom of the lagoon, so that they get enmeshed in the net when it is drawn tight. Otter, net, and fish are then all hauled on board together.

THE UPPER YANGTZE BAMBOO RAFTS

The bamboo rafts of the Upper Yangtze are not remarkable. They consist of large, medium, and small sized bamboos lashed together in the form of large, medium, and small sized rafts.

Drifting down with the stream, they take full advantage of any swift water that may be available, and travel from one bank of the river to the other in order to keep in the greatest current. The only interest which attaches to them is their method of achieving this object, which is accomplished by means of what may be described as a "water-rake". This consists of a belt made of six pieces of split bamboo retained in place by cross-weaving, the whole being bent into an oval form,[1] 4½ feet by 3 feet, and 6 inches deep. This is attached to a 15-foot bamboo,[2] which, running through the oval, bisects it, and is secured there by two bamboo pegs,[3] which pass through holes[4] in the pole. The water-rake is hurled with a sweeping movement into the river as far as possible and then drawn towards the raft(Fig. 24-9).

Considerable skill and technique-more than is apparent-are required to navigate the raft to the best advantage, and suitable progress is governed by the direction in which the rake is thrown and the operator's position on the raft.

No ropes or other gear are carried, except for the occasional use of an improvised oar in the form of a plank lashed to a bamboo. This absence of other mechanical aid necessitates great nicety in judgment, particularly in the matter of rounding-to or avoiding obstacles which do not get out of the way. A knowledge of pace is another essential.

The rafts are formed of small bundles of bamboos and are arranged so as to converge into a long, narrow point which may be termed the bow, although it must not be assumed that they necessarily travel bow first. Extra bundles superimposed make a higher and drier stance for the crew. It is an easy matter to enlarge the raft by simply adding more bundles.

In the larger rafts, improvised bow and stern sweeps are sometimes employed, as well as a makeshift oar

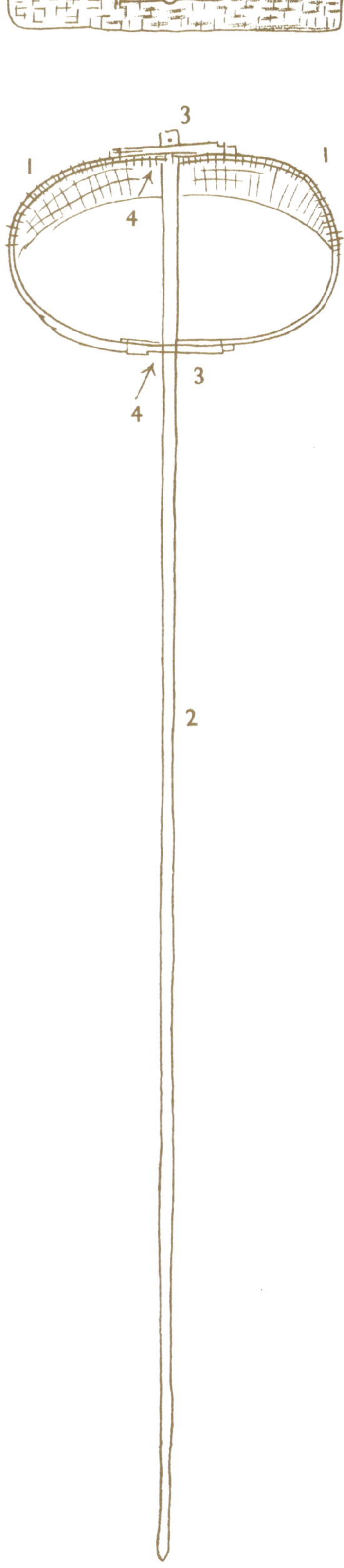

Fig. 24-9 YANGTZE BAMBOO RAFTS

on each side. The crew range from one man in the smallest raft to as many as six in the largest variety. Sometimes unimportant cargo may be transported, such as bales of straw, and an occasional passenger may be seen.

These rafts, travelling with the current at high speed and, broadly speaking, out of control, are given a wide berth by all other craft.

THE PA-WO-TZŬ（扒窝子）

The *pa-wo-tzŭ*, as illustrated in Fig. 24-10, is the largest type of junk which trades up the numerous small creeks which enter the Yangtze, and it is rather surprising that so large a craft is used for this purpose, for she measures 58 feet with a beam of 9½ feet. The shallow waters she has to negotiate are indicated by her draught, which, when fully loaded with 67 piculs, is only about 6 inches; indeed, her total depth is only 3 feet.

Of simple construction, she is built of *pai -mu* with *ch'ing -kang* for the bottom, and has six bulkheads and six half-frames.

Actually this particular craft trades with the two small towns of Kaotan（高滩）and Linshui（邻水）, up a creek, or small tributary, known as the Yuling（雨林）. These towns act as focal points for foodstuffs from the surrounding countryside, and also for pigs, of which as many as 30 can be carried, stowed in pairs athwartships. This cargo is taken to Chungking, and the junks return with salt and sugar. Occasionally cargoes of stones are carried.

A square sail is often used, but tracking and oars are the more usual means of propulsion.

THE KULINTO COAL-JUNK

On the right bank of the Yangtze, 134 miles above Ichang, is Kulinto, which is the market town and distributing centre for the coal produced in the valley of the Motao Creek. This tortuous little stream enters the Yangtze just below the Shihpan Rapid, near Kulinto, and junks ascend it for about 8 miles in summer to embark the coal. In the winter, when the creek is no longer navigable, the coal is transported from the mines by mules and ponies and is embarked at the mouth of the creek.

The Kulinto coal-junks, which carry the coal down as far as Wushan, are fairly uniform in size. That illustrated in Fig. 24-11 measures 67 feet in length with a beam of 10 feet, and is of extra strong construction so as to accommodate the weight of its cargo.

The main characteristics of this long and slimly built craft are the markedly square stern with practically no overhang, the curiously tall house, usually set rather far aft, and the very distinctive stern-sweep.[1] This sweep is exceptionally long, being only 11 feet shorter than the over-all length of the junk and actually longer than the water-line measurement. The sweep is formed of three poles, the middle section being much the longest, and joined to the loom and the blade by deep overlaps. The balance is nicely, if crudely, adjusted by means of stones[2] lashed on the upper surface of the loom end. The bow-sweep[3] shows nothing out of the ordinary, and has the usual chafing piece[4] where it engages in the thole-pin fair-lead.

In common with most craft operating below Wanhsien, the Kulinto coal-junk uses a lug-sail.

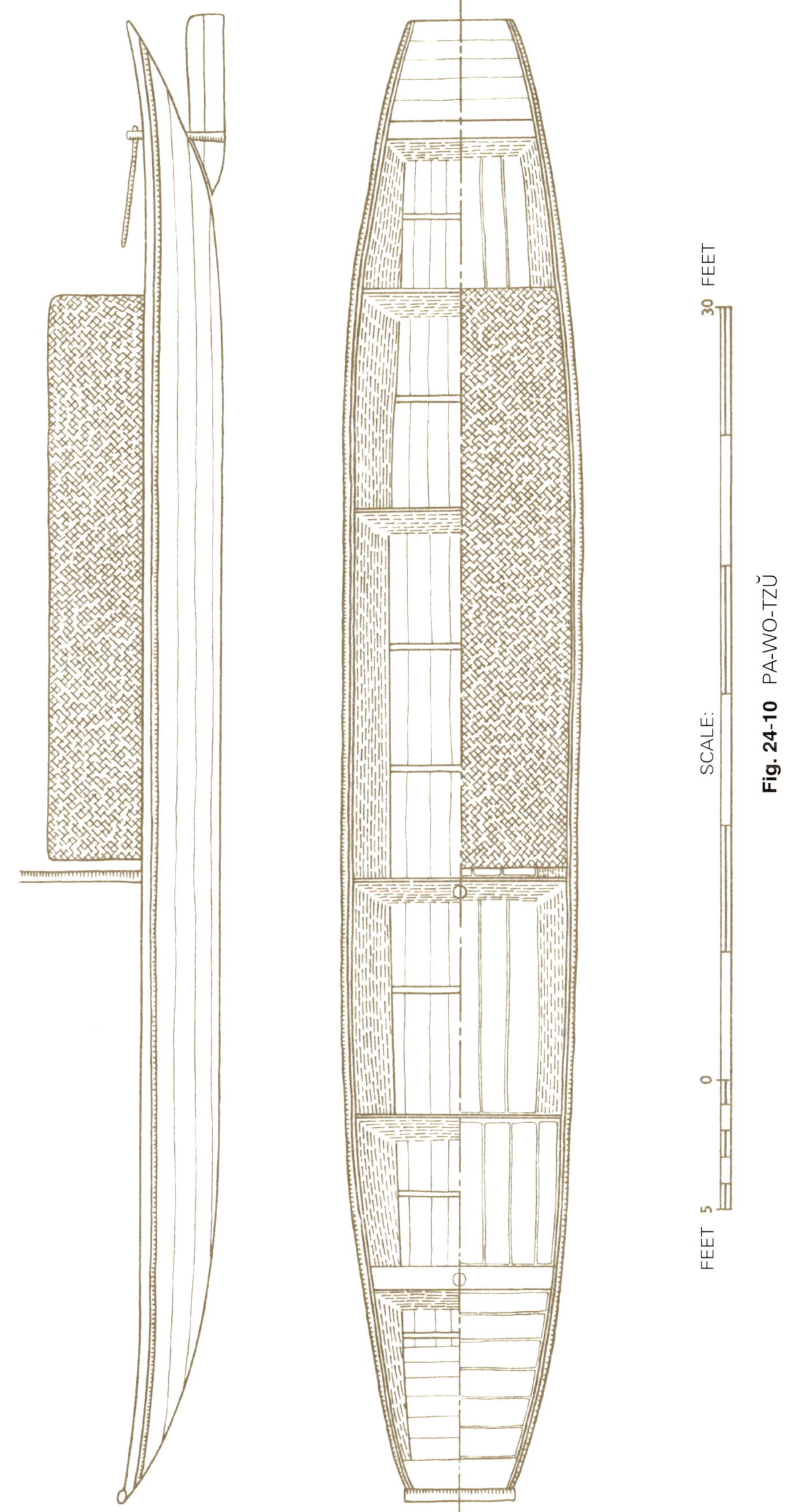

Fig. 24-10 PA-WO-TZŬ

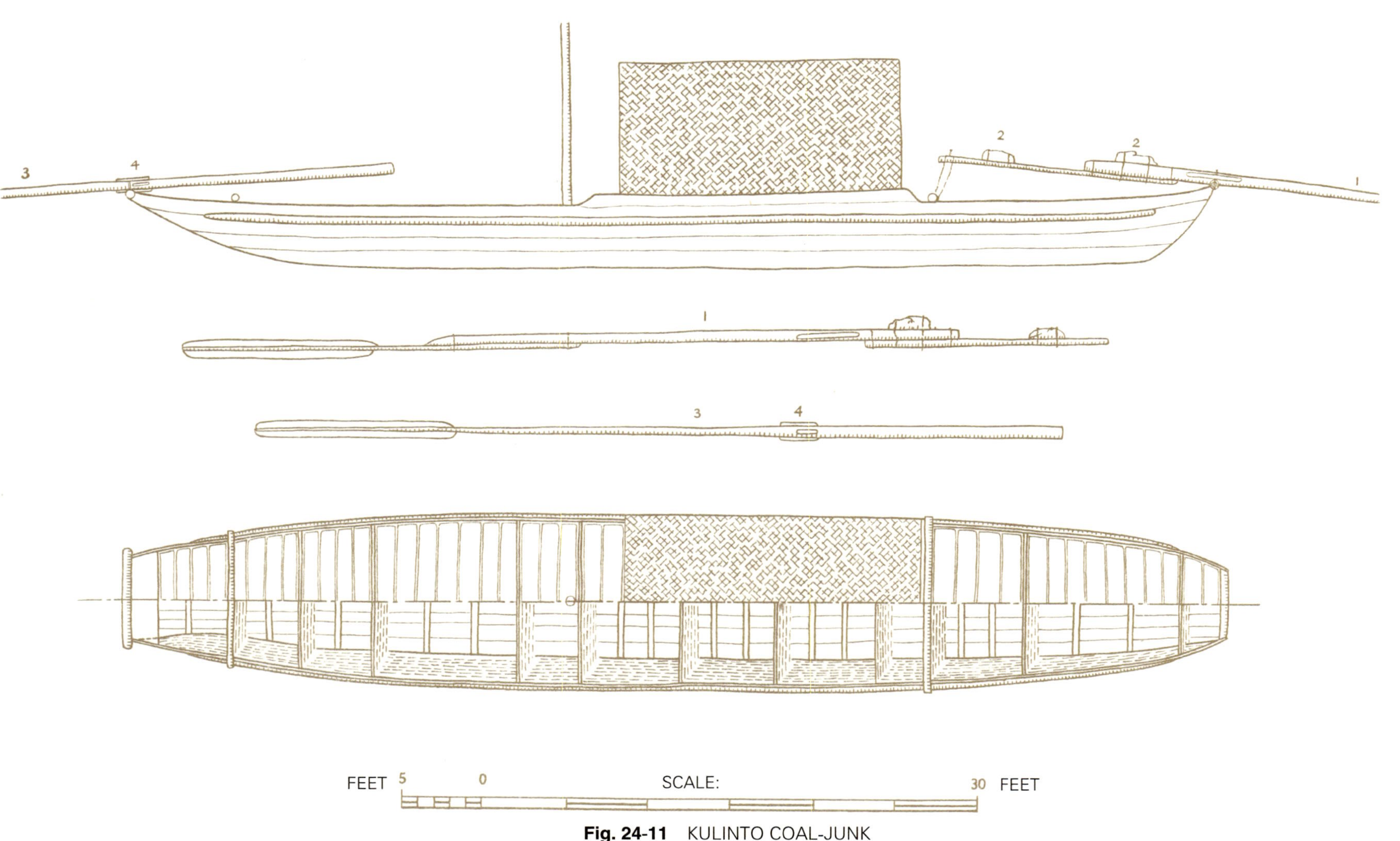

Fig. 24-11 KULINTO COAL-JUNK

– CHAPTER 25 –

THE "FAN-TAIL" JUNK OF THE TANNINGHO

Ninety miles above Ichang is Wushan, This walled town is situated on the left, or north, bank of the Yangtze, at its junction with a small affluent, the Taling, or Tanningho, although it is usually called Hsiao-ho, or Little River, the generic name for nearly all the Upper River tributaries. Entering the Yangtze at right angles, as it does, there is a large bank of shingle and sand at its mouth, formed by the action of the main stream.

The Tanningho is navigable up to Taling, or Taningt'an (大宁滩), which is a distance of about 60 miles, estimated by the local inhabitants as 240 *li*. The stream is shallow and contains many rapids, and a special type of small junk has evolved to negotiate the difficulties to be encountered.

This is the *shên-po-tzŭ* (神驳子), or boat of the god, but is better known among foreigners as the "fan-tail" junk, Fig. 25-1.

The original measurements are 36 feet 8 inches in length, 5 feet 8 inches in breadth, narrowing to 3 feet 8 inches at the bottom boards, and 3 feet 6 inches in depth (Chinese feet). The size of the boats varies somewhat, but the original design is faithfully adhered to. The specimen illustrated in Fig. 25-1 is 51½ feet. in length with a beam of 6 feet. The draught when loaded to capacity with 2,500 catties of cargo is 1 foot 3 inches, and when light is only actually 5 inches. These draughts give a good indication of the local river conditions. There are 11 compartments, and 11 bulkheads each 1 inch thick. The bow tapers to 2 feet 11 inches. Owing to the shallow waters to be traversed, there is no rudder. No sail is used for navigation on the Tanningho, where propulsion is by tracking, and by three oars, and a large stern-sweep fitted to the port side at the break of the fan-tail. This is operated by a man with his left hand while manipulating an oar with his right.

The early Chinese naval architect, referred to above, must have possessed a good eye for form as well as suitability, for these craft are built on very fine and pleasing lines. Their most distinguishing feature is the high gondola-like stern, which contracts to a narrow waist and then, spreading fanlike to a width of 2 feet 8 inches, curves gracefully over inboard, the planks composing the fan-tail running athwartships. The stern formation is attributed by the junkmen to a whim of the original designer, but like most things Chinese, there is undoubtedly some good solid reason for it. Probably this formation serves as some protection against being "pooped" in the rapids and races of the river, where water may very easily be shipped over the stern.

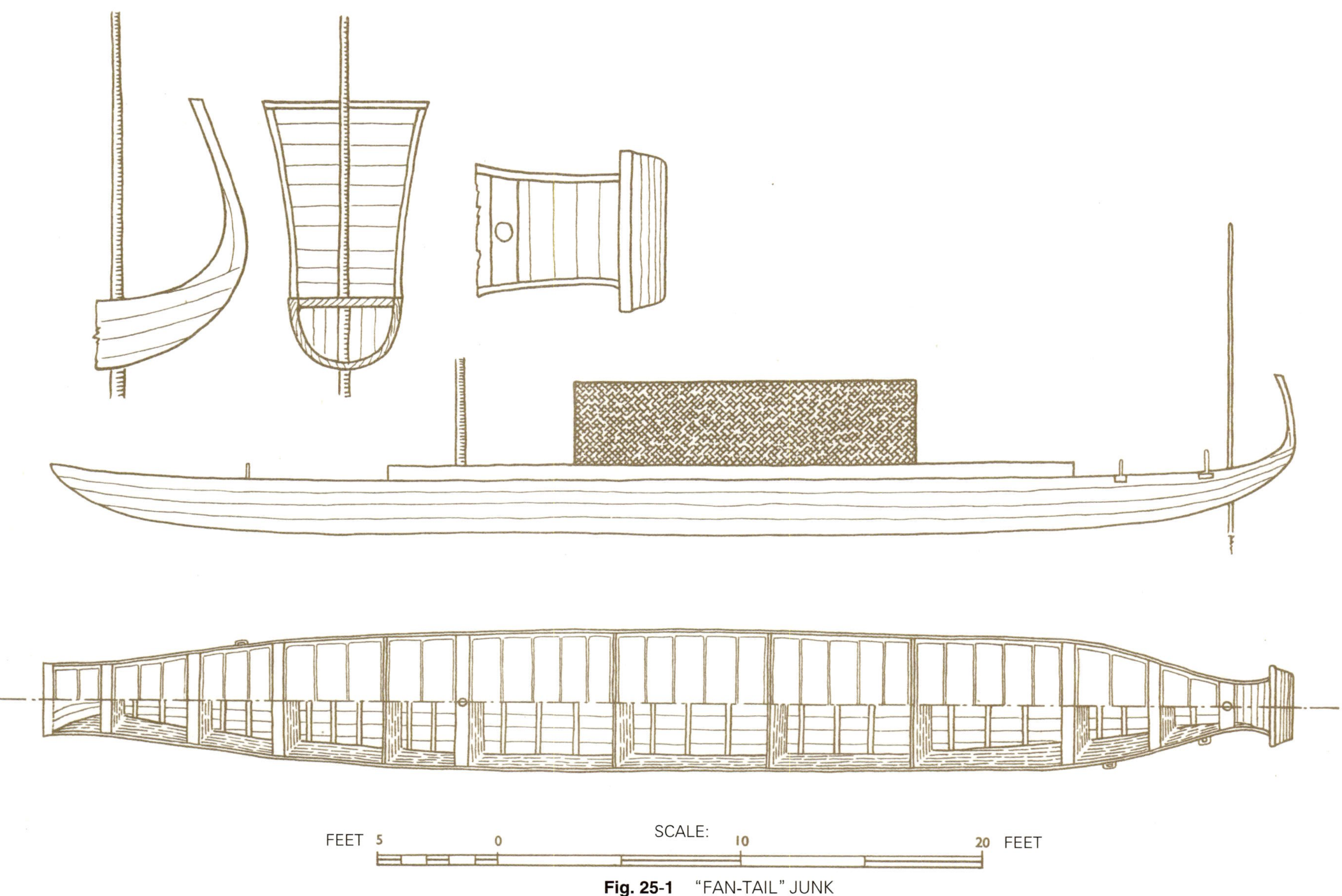

Fig. 25-1 "FAN-TAIL" JUNK

Another reason which suggests itself is that the design provides a convenient hand-fast for at least two men on the frequent occasions when it becomes necessary for some of the crew to enter the water and, by wading and pushing, to assist in manoeuvring over a shallow reach.

A crew of three or four men is usually carried, but these are augmented by one or two more when the current is stronger. The junks travel in convoys of six to ten for protection. At night they bank in and secure alongside each other. A curious and unusual characteristic is the fact that the "stick-in-the-mud" anchor is situated in the stern, as in the case of the *hsiao-ho-ch'uan* (小河船) on the Ki River (綦江). The reason is to be found in the fluctuations in the level of the Tanningho, due to the holding up of the water in the bottle-neck above a gorge. This causes a lull, or even sometimes an up-current below, until the banked-up water forces an outlet. The resultant down rush of the stream raises the level of the river again, and the process is repeated every two or three hours in the vicinity of all the five gorges of the navigable portion of the river. As the convoy of junks all lies alongside each other when tied up, this ingenious system of anchoring obviates any of the unpleasant bumping and banging which would be inevitable with the fluctuating level of the stream, This very well illustrates the efficiency of the "stick-in-the-mud" method of anchoring, for as the water rises or falls, so the boat travels up or down the stick, which itself remains stationary.

The junks cover an average distance of 30 *li* per day either up or down bound, and 10 trackers are required to take the boat the whole way to Taling. In the middle of the high-water season these junks do not venture to navigate for about two months.

The cargo carried up to Taling consists of rice, wine, tobacco, and sugar, while Chinese sauce, medicines, lacquer, wood oil, fruit, and salt from the brine wells at Taling, or Taningchang, are brought down.

It has been said that a trip down through the rapids and gorges of the Tanningho is an exciting and interesting experience.

– CHAPTER 26 –

THE KUNGT'ANHO

The Kungt'anho, or Hsiaoho, known in its upper reaches as the Wukiang, or Crow River, is a clear-water stream which rises in the north-west of the province of Kweichow and joins the Upper Yangtze at Fowchow, about 65 miles below Chungking.

Fowchow, on the right bank of the Yangtze, is a very picturesque town, rising 70 feet in terraces above the high-water level, and backed by hills of about 1,000 feet in height. Both rivers are at first separated by a shingle bank at the mouth of the Kungt'anho, but even after this ceases they run side by side in two separate bands of colour until at last they merge. This is, of course, not so apparent at high water.

Navigation is said to be possible for about 360 miles, but the current is so swift and the rapids are so formidable that this has to be accomplished in five stages, and cargo is transhipped from junk to junk as each can only navigate to the limit of its own section.

The first and longest section, from Fowchow to Kungt'an, is 200 miles long, or more than one-half the whole navigable stretch. As Kungt'an is situated at a level some 1,200 feet higher than Fowchow, this accounts for the existence between these points of 71 difficult rapids, said to be the most dangerous ever navigated by junks. The remainder of the river from Kungt'an to a point above Szenan is divided into four sections, namely, Kungt'an to Yenho, 60 miles; Yenho to Hsint'an, 40 miles; Hsint'an to Tsaoti, 20 miles; Tsaoti to Szenan, 20 miles.

The Kungt'anho is celebrated for the unusual types of "crooked-stern" junks which negotiate its many and violent rapids, and numbers of these peculiar craft may always be seen clustered in convoys together, and banked in along both sides of the mouth of the Kungt'an at Fowchow and for about half a mile above.

In February 1938 the Government surveyed the river, and in August 1939 commenced the removal by means of explosives of some of the obstructions responsible for the worst rapids, with a view to improving the river for navigation. Will this mean that the "crooked-stern" junks will be replaced by high-powered motor-boats?

THE "CROOKED-STERN" SALT JUNK

The local name of the "crooked-stern" salt junk is *hou pan-ch'uan* (厚板船), signifying thick-plank

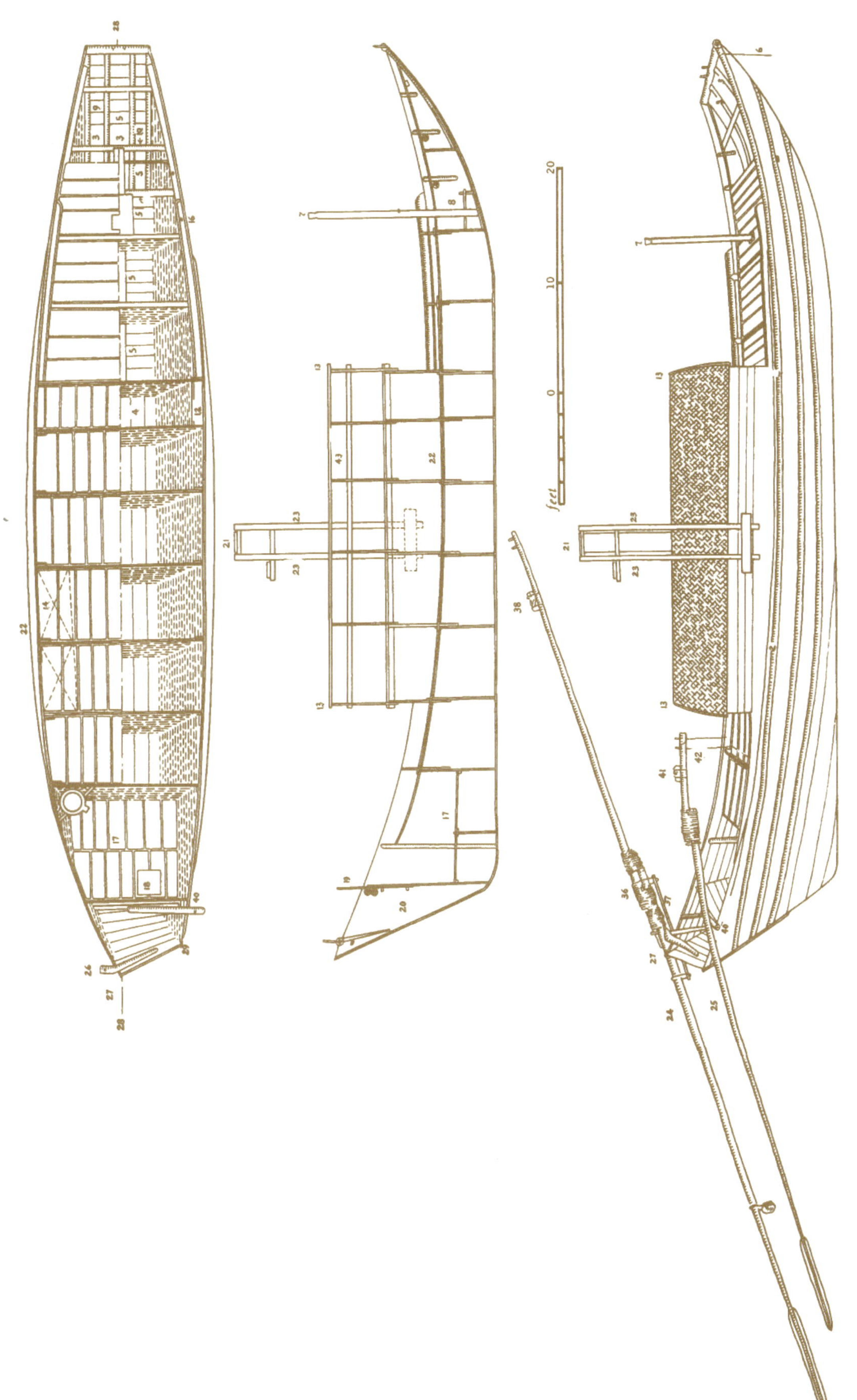

Fig. 26-1 CROOKED-STERN JUNK

junk, which refers to the stout construction necessary to negotiate the rapids.

These very strong craft are one of the most standard of all those types plying on the Yangtze or its tributaries, for they are all, after making allowances for different builders, absolutely uniform in design and mainly in size, being mostly more than 90 feet and less than 100 feet long, a length proved by experience to be the most suitable for the work involved in the narrow, twisting channels of the Kungt'anho.

These junks are made either of *pai-mu* (cypress), *hung-ch'un* (红椿), or *fêng-hsiang* (枫香) (maple), and are in every respect different in design to any other type in China.

The hull, which is strengthened by 10 watertight bulkheads, is very sturdily built, an outstanding feature and one adding considerable strength being a central longitudinal running from the tracking transom[2] to the after-end of the house. There are also three wales running from bow to stern.

The square bow rises at a much higher angle from the water than is usual, and is reinforced by two-and sometimes as many as five-parallel strengthening pieces.

Instead of the foremost compartment being decked-in as is the almost invariable rule, this space is free of deck planks so that the tracking-lines may be secured to the two exposed transoms. [12] With this execption the deck is flush until it reaches a point about 18 feet from the stern. On the fore-deck is a tall, wooden, revolving and removable bollard,[3] which is stepped into a shoe between two bulkheads at the bottom of the boat. When it is necessary to heave over a rapid, the towing hawser is made fast ashore, the inboard end being passed round the bollard. The trackers then hitch to their harness, walk the deck, and haul on the rope as they go. This bollard[3] is also used to distribute the strain when tracking, as the tow-rope is made fast to the bollard,[3] and leads over the bow with stoppers from the tracking transoms. [12]

The mat-roofed deck-house is larger and higher than normal, and contains four bunks[4] for four out of the five important members of the crew. These primitive bunks consist of a rickety banboo framework to which are lashed cross-pieces supporting a plank or two. It would be difficult to find a more uncomfortable bed.

The junks have no rudder, but are steered by a gigantic sweep, 98 feet long, known as the stern-sweep[5] (后梢), which is operated by the junkmaster poised on the high superstructure,[6] crossing the centre of the house amidships. Normally he stands on the very top, maintaining his balance by the sweep he holds. This he achieves by means of a long loop of fibre rope, the ends of which are secured to either end of the wings of the bridge. By reeving a turn round the loom he ensures that the rope is always taut on the side of the sweep away from him. This gives extra rigidity to the sweep, ensures keeping the helm in the desired position, and is mainly instrumental in maintaining the laodah's balance. The bight of the rope he retains in his right hand ready to release extra slack on the turn round the loom, or conversely, to take it up as it becomes necessary to shift his helm. This device is as simple as it is ingenious and practical.

The lofty flying bridge,[6] 28 feet above the water, is so weak in construction and so insecurely fitted and precarious, even under ideal conditions, that it is not surprising that a good many accidents to the laodahs occur. There are no facilities for climbing up, and it is as difficult to mount the bridge as it is hard to remain there, for it sways according to the tautness with which the cross-lashings have been set up. These are the only attempt at strengthening the flimsy structure, and consist of a cross-lashing of bamboo rope from each wing of the bridge to the foot of each opposite stanchion supporting it.

Steering of the junk may be supplemented by a smaller side-sweep, 50 feet long, known as the *hsiao-shao*[7](小梢), which rests on a bearing-pin.[8] In the same way as the cook in a sailing ship tended the fore-sheet because it was conveniently close to his galley, so here the cook stands by the side-sweep within 2 feet of his cooking-stove,[9] which is situated as far aft as possible on the starboard side. This galley consists of a small stove, and a grindstone[10] to make the beancurd which forms the daily food of the crew.

The main distinguishing characteristic of these junks, however, and that which has earned for them their well-known name of *wai-p'i-ku* (歪屁股), or "crooked stern", is the fact that the square taffrail[11] is raised on the port side so as to bring the bearing-pin[12] for the great stern-sweep (which is situated at the outer edge or corner) almost precisely into the centre of the fore and aft line of the junk. The starboard corner[13] is correspondingly depressed, and this gives a very odd appearance as if the after part of the junk were lying on its beam-ends.

Many absurd explanations have been advanced for this novel form of construction. A careful study of the plan makes the real reason at once apparent, and shows that the crooked stern is not the result of haphazard workmanship, or "old custom", but of a very carefully thought-out plan, probably arrived at by rule of thumb and centuries of trial-and-error methods, but as a result completely efficient.

Not only is the bent taffirail valuable in that, in an emergency, it permits two sweeps of different sizes with nearly the same radius of action to operate simultaneously in a very small space, almost parallel to, and yet unable to foul, each other; but a good deal of extra strength is provided to support the larger, and very heavy, sweep which is precisely the same length as the over-all measurement of the junk itself, and which is also thus placed in a position calculated to give the maximum amount of play in the minimum time, and these results could be obtained in no other way.

The side-sweep[7] of about 50 feet in length, when used in conjunction with the stern-sweep,[5] affords a turning power unequalled in any other junk. The junkmen say this sweep is not very often used, and it may be that it is a form of auxiliary sweep should an accident happen to the large stern-sweep. These two sweeps each consists of two hardwood tree trunks lashed together with bamboo rope tightened to the uttermost by the introduction of innumerable wedges. A cheek-piece with a slot in the projecting side engages into a bearing-pin which, in each case, rests on a long bumkin.[8,12] The large sweep is liable in a rapid to become unshipped, and this tendency is overcome in a very primitive manner by a wooden batten[14] slung from two grummets,[15] the batten fitting snugly to the underside of the bumkin. A heavy stone[16] is lashed to the stern-sweep (and another to the side-sweep) to maintain the centre of gravity in the correct place, The balance of this cnormous 98-foot sweep is so nicely adjusted that it can be wielded by the junkmaster without assistance.

The permanent crew, who always remain on board to work the ship, consist of a laodah, or junkmaster, who controls the large stern-sweep; a man with a boat-hook stationed in the bow with an assistant; a fourth who tends the tracking-line; and the cook, who also, if required, works the side-sweep under the direction of the laodah on the bridge.

These junks move in convoys of eight so as to pool all their trackers at a particularly difficult rapid. As

16 trackers are engaged for each junk for the upward trip, this means that 128 men are available to haul each junk if necessary, which they do with three tracking-lines. Sixty-four men are sufficient for the lesser rapids.

When descending the river an extra bow-sweep[17] is employed, on which six or eight men may be used. About four trips are made annually to Kungt'an and back. The up journey takes three months or more in summer and one day down, while in the low-water season it takes five weeks to go up and three or four days to descend. Salt is carried for transit to Kweichow, and a junk is limited to 175 packets of 175 catties each. Occasionally some general cargo is also carried.

When the junk is loaded and ready at midnight before the day of sailing, the Patron God of the junkmen, Wang Yeh, is especially invoked, and a ceremony is gone through in which a cock is sacrificed and its blood is sprinkled on the bow. The carpenter who built the boat (掌墨师) officiates, and is versed in spells and prayers which he recites, while from the cock's blood he predicts the outcome of the trip. Should the omens be unfavourable, the junkmaster is warned to exercise extra caution.

The famous *wai-p'i-ku* are shy and exclusive craft, and it is almost unknown for them to be seen away from their river. A curious and marked feature is their ill-found character and generally shabby appearance. It is odd and inexplicable that the junkmen of the Kungt'anho should seem to take so little pride in the upkeep of their craft, upon which not only their livelihood but their lives may depend in a rapid. The wood is old, and often shows signs of rot, even a newly built boat having quantities of old and indifferent wood incorporated in its make-up. Caulking may be seen to have fallen out, matting is almost always in various stages of decay, bilges with water in them, and other unseamanlike offences are common. In contrast to this slipshod carelessness in the main is the exaggerated care taken of the sweeps, which are covered with mats to protect them from the rays of the sun, and the bamboo tracking-lines, which are invariably in perfect condition.

This type of craft, which the junkmen of the Kungt'anho claim antedates all others on the Yangtze, has little grace and poor lines, and is a clumsy performer in still water, but in the turbulent races and dangerous torrents where she. Is perfectly at home, she shows her strength and suitability, and remains unrivalled as the most unique and interesting junk, and manned by the most intrepid seamen of the Upper Yangtze regions.

THE SMALL "CROOKED-STERN" JUNK

This type of junk is about one-third of the length of the heavy salt junks just described, and is quite as rickety and ill-found as its prototype (Fig. 26-2).

It conforms with all the principles of the larger junk except that it has no built-up wooden house and no bow and side sweeps. It is difficult to believe that these comparatively frail craft are capable of navigating so dangerous a river. They are credited with being able to reach Kungt'an, and if so, it may safely be assumed that they can do so only when the river is at its best. The high bow[1] and large towing bollard[2] suggest work in difficult rapids, as does the enormous stern-sweep which rests on the usual bumkin.[3]

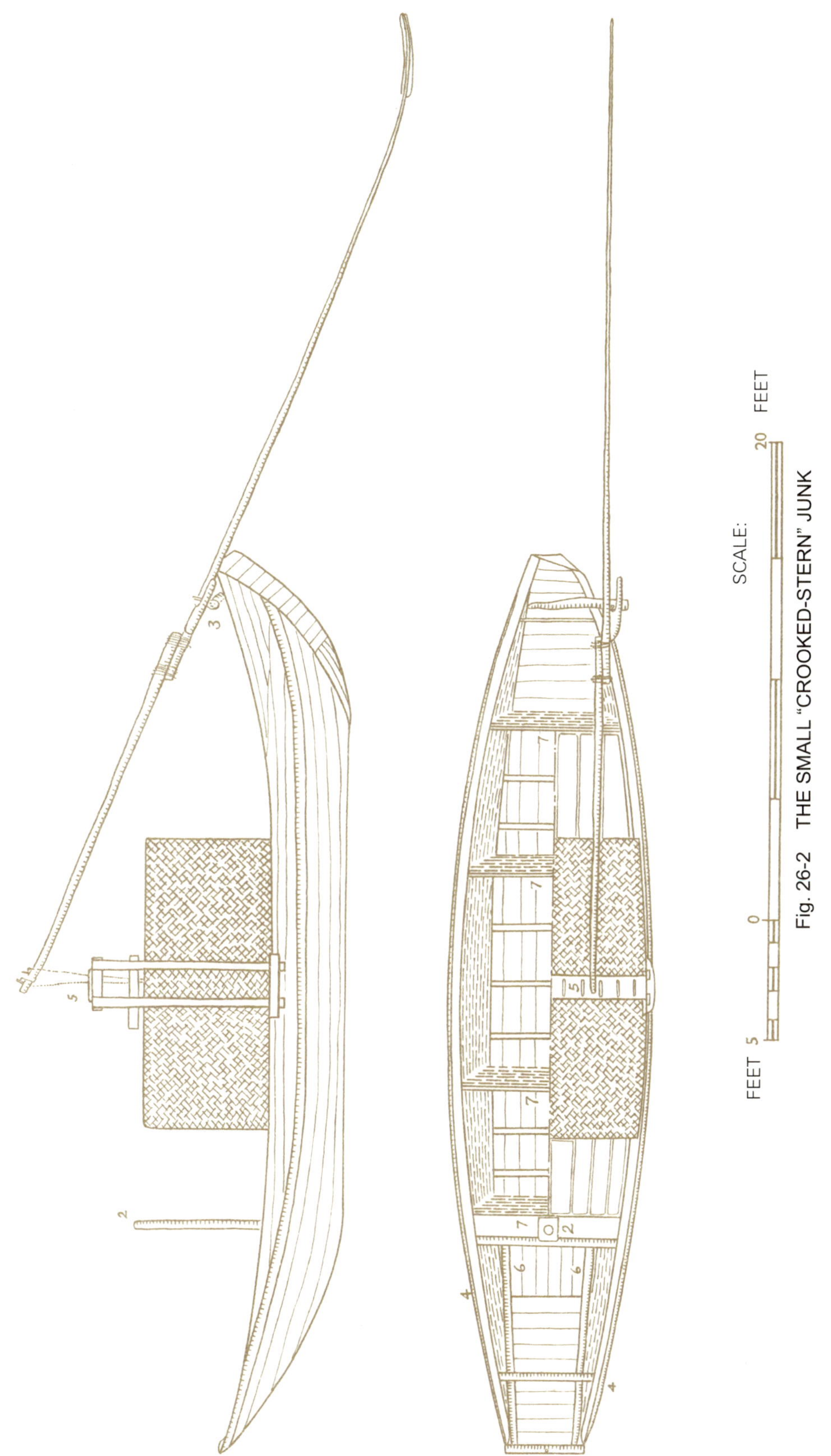

Fig. 26-2 THE SMALL “CROOKED-STERN” JUNK

As previously stated, the boats have no bow-sweep but are fitted with thole pins to take two oars.[4] The men operating these actually stand on the inch-wide gunwale of the boat, a miracle of equilibrium only surpassed by the laodah, who stands on the insecure and swaying bridge[5] of narrow planks[7] feet above the water and controls the sweep.

This sweep, which measures 44 feet, or 6 feet longer than the junk itself, is beautifully balanced, but even so it requires much practice and considerable skill and agility to operate it. The laodah stands amidship, but, as is noticeable in the plan, the sweep is not in the centre line of the junk.

In construction these craft closely resemble the larger junks, albeit in miniature. The fore and aft parallel strengthening pieces on the bow,[6] the number of bulkheads,[7] the crooked stern, and the flying bridge[5] differ not at all.

These boats never carry salt, but are the general cargo carriers of the Kungt'anho.

THE SHE-CH'UAN

The *shê-ch'uan*, or snake boat, operates for the most part on the lower reaches of the Kungt'anho. There is perhaps some slight resemblance to a snake in the appearance of its bow, but none respecting its progress, which appears unhandy and clumsy in the extreme. For all this, however, they have the name of being the speed boats *par excellence* of the Kungt'anho(Fig. 26-3).

This type, which is essentially a passenger carrier, is built of *pai-mu*, or *hung ch'un*, a wood found extensively on the Kungt'anho. Propulsion is by oars, two being in the bow[1] and one aft[2] in rear of the laodah, who controls the long 31-foot sweep from a slightly raised platform.[3] Tracking by 12 men is, however, the more usual means of ascending the river. The boats are surprisingly uniform, a feature of all the craft on this river, and usually measure 45 feet, with a beam of 6½ feet. In construction this type is unique in that it has no bulkheads of any sort, and only five frames.[4] It is strengthened longitudinally by three fore and aft planks[5] running from the tall, towing bollard[6] to the after thwart. These are arranged with a slight lift to the centre, giving the bottom a concave formation.[8]

These boats are never built at Fowchow, although this is a great building centre, but are said to be built at Kungt'an and Pengshui (彭水). It is difficult to believe that they can stand up to the dangerous rapids of these portions of the river, unless they only once make the initial downward trip to Yangkiohtsi (羊角碛), a town just below the first difficult rapid, from which town they maintain a passenger service with Fowchow.

The high rising bow is typical of craft on this river, and secured thereto is a small plank,[9] through which a line and toggle is fitted.[10] This is used in conjunction with the boat-hook to round-to in an emergency, the pole being forced into the river bottom and the line secured to it by two or three turns. The operator stands on a specially constructed platform.[11]

The boats carry a crew of five men, and, when no passengers are embarked, convey general cargo, such as tobacco, rice, wine, and sugar.

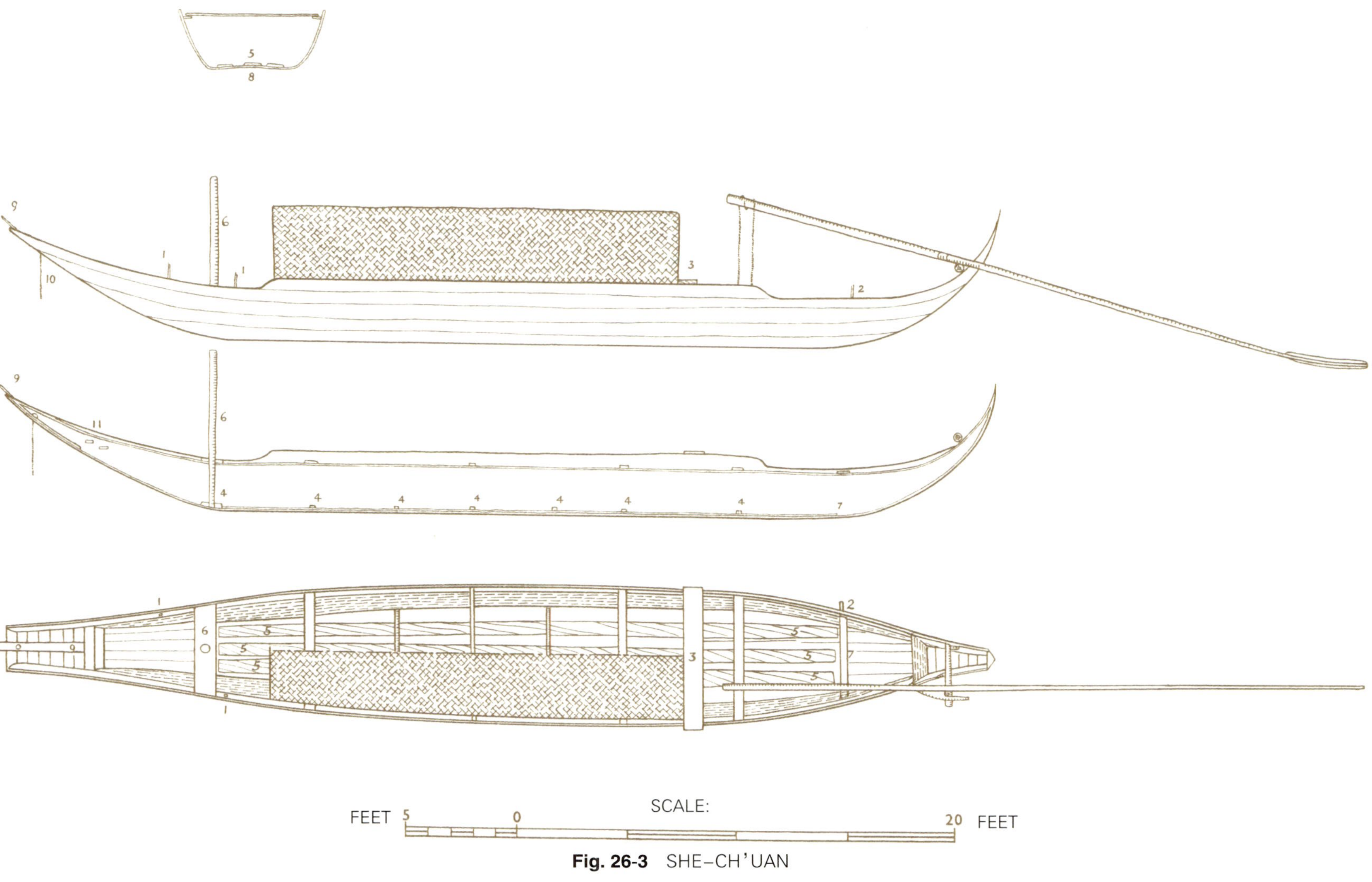

Fig. 26-3 SHE-CH'UAN

THE FOWCHOW FERRY-BOAT

Although the Fowchow ferry-boat should not perhaps, strictly speaking, be included as a denizen of the Kungt'anho, yet it is often to be seen crossing this tributary, is always built at Fowchow, and regards that town as its headquarters.

Made of *pai-mu* and measuring 34 feet by 6½ feet (Fig. 26-4), it is constructed on the same sort of general lines as the Chungking sampan, only with a permanent mat roof supported by stanchions, on which luggage of all sorts is stowed out of the way. The maximum load consists of 40 passengers with their gear, and the crew numbering five men.

Propulsion is by oars, tracking, or under sail according to the exigencies of the moment. It carries passengers as far up river as Litu, 6 miles above Fowchow, and to all the small towns and villages for 28 miles down the Yangtze.

The boat has nothing remarkable about it except that its lower terminal port is Fengtu, the Abundant Capital and headquarters of the Emperor of the *Yin*, or Dead, or King of Hades, where in the temple the skeleton of Pluto's bride, whom he is said to have abducted on her wedding day, is to be seen sitting beside him in her robes of state. Here, too, for the modest sum of $1 a passport to Heaven may be obtained. It consists of a large and impressive sheet of thin paper covered with characters. It is signed by the Chief Priest and the local Governor, and bears the seal of the King of Hades and the imprint of the seven stars of the Great Bear Constellation.

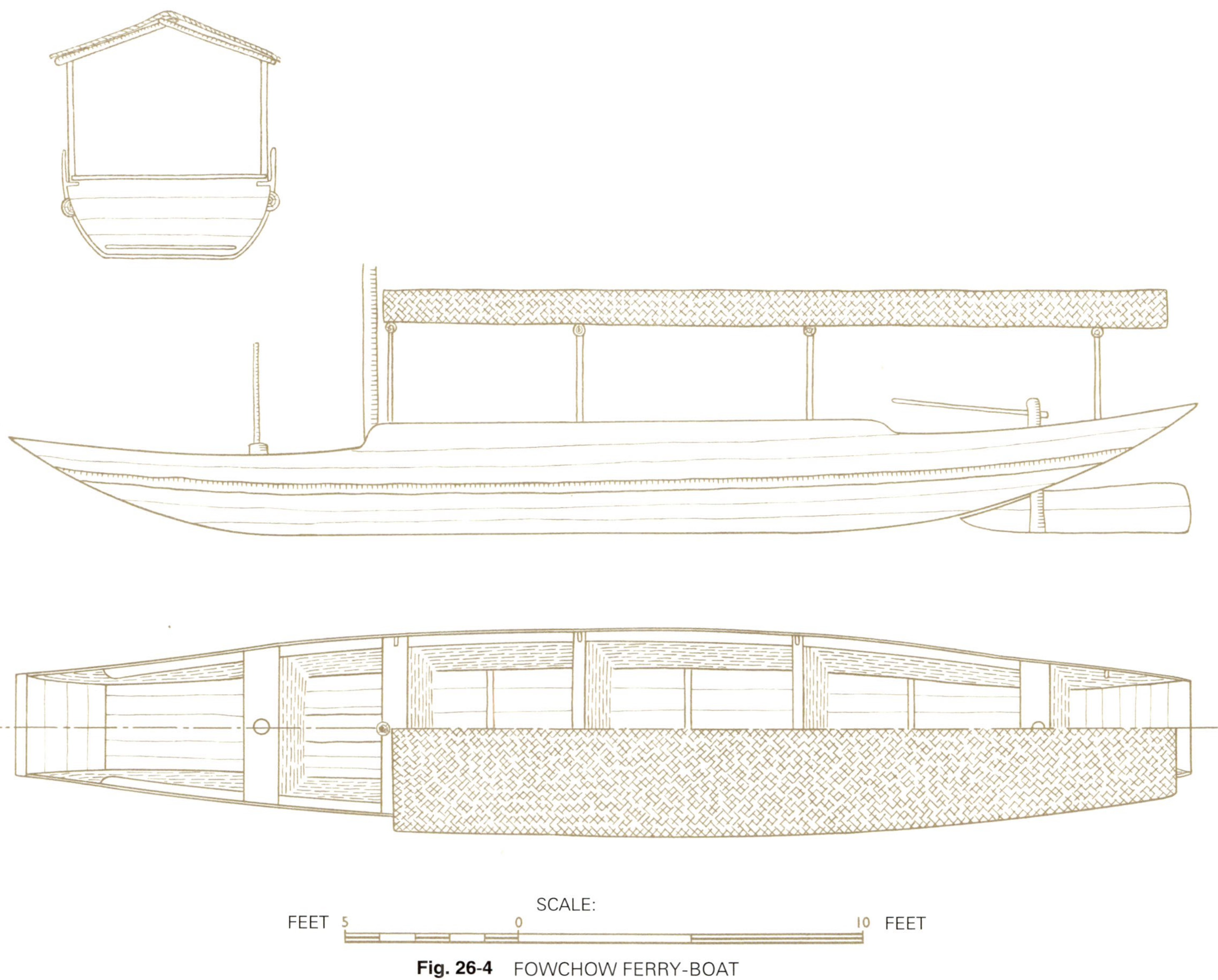

Fig. 26-4 FOWCHOW FERRY-BOAT

- CHAPTER 27 -

THE KIALING RIVER JUNKS

The Kialing River is a tributary of the Yangtze, which it joins at Chungking. It drains the whole of the north-eastern portion of Szechwan by means of its three confluents-the Suiningho, the Paoningho (保宁河), and the Küho, or Suitingho, which all unite at or near Hochow (合州), 50 miles above Chungking. In the low-river season from December to April, the general character of the river consists of a series of deep reaches separated by shallow bars of rock and shingle, over which the stream, running rapidly, forms races which make navigation difficult. The water is fairly clear, more especially in winter. The river throughout is subject to very rapid fluctuations in height, particularly at Hochow, where the extreme range is about 40 feet.

The country traversed by this river and its tributaries is immensely rich agriculturally and minerally, and a variety of produce comes down this, the Yangtze's most important tributary.

The limits of junk navigation are Shunkiang, on the Suiningho; Suiting, on the Suitingho or Küho; and Kwangyüian, on the Paoningho, the latter affluent being navigable for the longest distance. These places can still be reached throughout the winter, either by a smaller type of junk or by the larger junks not so heavily loaded.

THE LAO-HUA-CH'IU

This junk, Fig. 27-1, which generally plies on the Suiningho, is a typical general cargo carrier, in that it is turret-built, with a very considerable tumble home throughout the whole length of the ship. This is so marked as to give an angular, blistered appearance.[1]

Its over-all measurements are 125 feet by 17 feet beam, which establish it as the largest junk on this river and the longest in the Upper Yangtze areas. The bottom planks are of *ch'ing-kang* and the sides of *pai-mu* or *huang-lien.*

Lighter in structure than usual, this junk is built on well-proportioned lines, tapering at bow and stern, and rising with a graceful sweep to a high stern.

The deck is flush throughout, and the square-shaped flat bow is provided with a small coaming.[2] Two solid hardwood bollards[3] are secured in the usual wedge-footed fashion on the foremost bulkhead, just for-

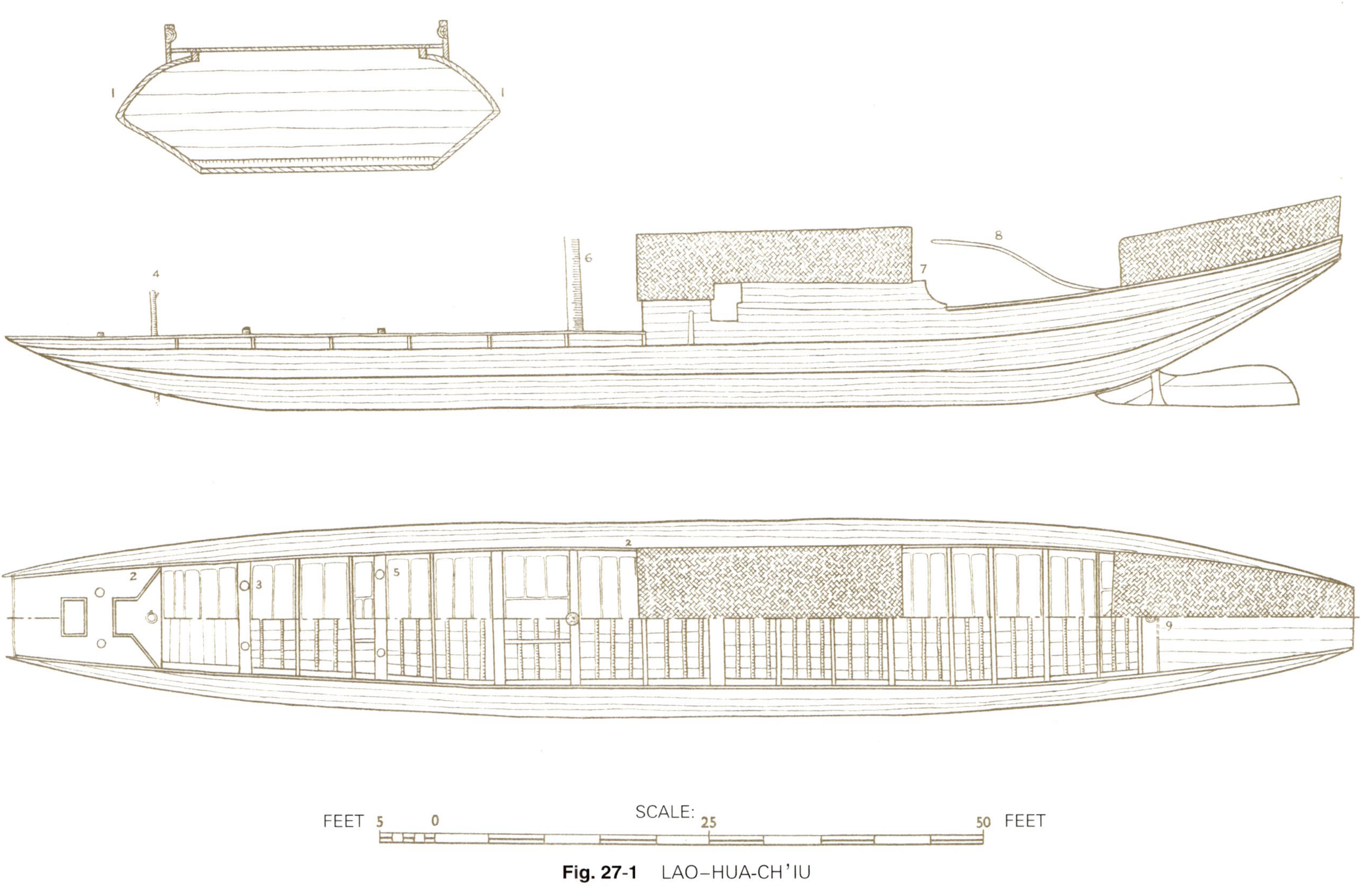

Fig. 27-1 LAO-HUA-CH'IU

ward of the "stick-in-the-mud" anchor.[4] A pair of larger bollards[5] are situated about 3 feet apart on the fourth bulkhead. These permit one of the two tracking-lines to be made fast farther aft when necessary, as, for instance, when rounding a sharp bend of the river.

A tall *sha-mu* mast[6] is stepped in the ordinary way, and abaft of it is the central roomy deck-house where the crew live, and in which the only fitting is the simple galley-stove on the port side, connected to a right-angled brick chimney which ends at the level of the mat roof. Simplicity is the key-note. There are no elaborate food or grain lockers, but merely a rough shelf and a wooden box containing chow-bowls.

The whole junk can be enclosed by means of a removable fore-deck awning of matting. Aft of the house is the usual open space with bulwarks and the plank-bridge site[7] for conning the vessel. The extra long tiller[8] is always made of *mu-tzŭ-mu* and reinforced with two spars.

Just abaft the rudder post 9 all the remaining after portion is decked-in to form two communicating cabins. An attempt at adornment is here seen in the varnished fret-wood windows, the niche for the Patron God, and four long black and gold plagues.

The foremost cabin contains a bed, a cupboard, and a manhole giving access to the rudder post. The after cabin, being in the sharply raised portion of the stern, is reached by a high step and is mainly filled by a large bed athwart the stern window, which opens with two upright shutters.

This particular junk, as described, was religiously orthodox, for in addition to the Junk God and the invocations, a cock was regularly sacrificed before each up-bound trip, and the feathers, stuck on with blood to portions of the rounded arch of the deck-house beams, were still to be seen.

It will be remembered that these are the type of junks which often have an umbrella, or *fêng-pao*, lashed to the masthead to "keep off the rain".

THE TO-LUNG-TZŬ

The normal trade route of the *to-lung-tzŭ* is between Chungking and Hochow, and above when circumstances permit. These are large, heavy craft built on the characteristic lines of a great many of the bigger junks of the Upper Yangtze.

A typical specimen of the *to-lung-tzŭ*, as illustrated in Fig. 27-2, is 93 feet long by 14 feet beam, with a depth of 4 feet, and is built of *ch'ing-kang* for the bottom boards and cypress for the rest of the planking.

The square, wide, flat bow ends in one of the heavy projecting cross-beams, of which there are three in all. Some of these craft have a 1-foot high bulwark on the forecastle extending back to the large open deck-house which begins abaft the mast, and is joined to the after-house by quite a high bulwark. This after-house contains a good cabin which, starting just abaft the rudder-head, covers an area of 10 feet by 8 feet and has a large window looking out over the stern. The customary River God is in a niche over the door.

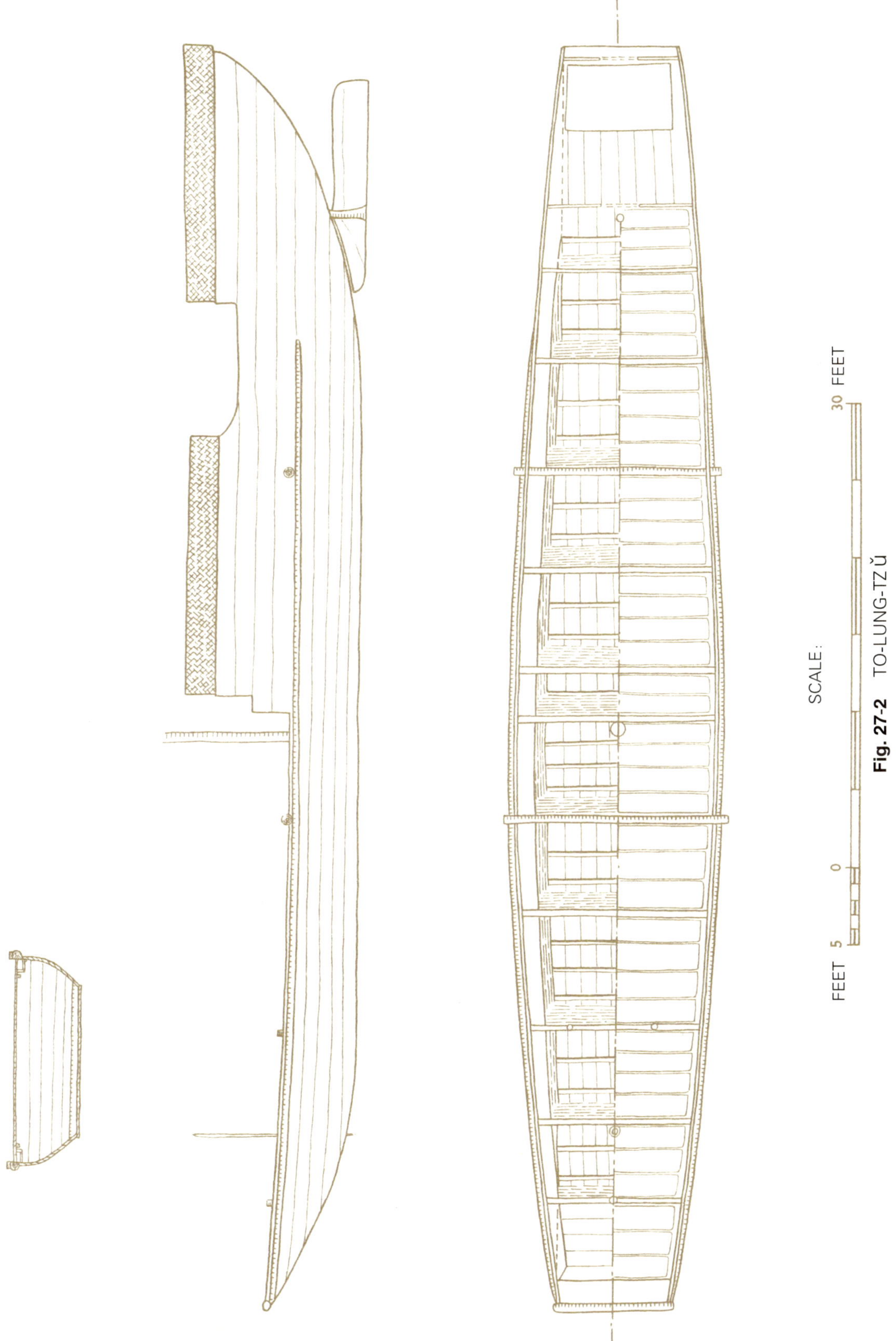

Fig. 27-2 TO-LUNG-TZŬ

The heavy rudder has a long, curved tiller leading to the conning position. The *sha-mu* mast is stepped in the normal way. A tall hardwood bollard is situated on the first bulkhead, and farther aft is a pair of shorter bitts for use in the same way as in the *lao-hua-ch'iu*, that is to say, in order that one of the two tracking-lines may be moved farther aft to negotiate a particularly sharp bend in the river.

The galley on the port side has a short, curved, brick chimney which ends at roof level. There is a standing crew of about six men, and 18 trackers are required for the upward journey. These craft are largely used for passenger traffic.

THE PA-WAN-CH'UAN

The *pa-wan-ch'uan* is sometimes known as the *huang-tou-k'o*, or "yellow bean pod", on account of the similarity in its shape to that vegetable. Although mainly operating on the Kialing, it is one of the commonest types of junk to be met with at and around Chungking and in the adjacent tributaries. It varies considerably in length and small details of structure. A very general size is that illustrated in Fig. 27-3, which measures 40 feet, with a beam of 9 feet and a depth of 3. 5 feet, being very beamy for its length. It is, moreover, very easy to distinguish because of its high, curiously tapered stern, though this may vary in size and height.

The deck-house, comprising about one-third of the length of the boat, is placed amidships but farther aft than forward. It is in every respect primitive and devoid of any elaboration. The strictest economy obtains throughout: the galley has degenerated into a mere charcoal brazier, and even the junkmen's God here takes the form of a short, sturdy thole pin[1] in the bow, though this representation of the divinity they propitiate receives the same obeisance and respect as the more elaborate plaster images in the larger junks and would appear to afford equal satisfaction.

The smaller varieties of the type do not even have a mast, but proceed under oars or tracking. Trackers for the journey up the Kialing are engaged for $ 20 per trip, which usually takes a month. The number of annual trips ranges from one to three, though as many as six can be taken if to Hochow only. The crew are all men from the Kialing River district.

An interesting method of bringing the junk up all standing, or turning short round, is achieved by means of a pole slipped through a grass-rope strop[2] secured to what might be described as a built-in wooden ring-bolt, set at a slight angle under the overhang of the bow. The pole, when driven into the bed of the river, acts as an instant brake.

THE TUNG-HO-CH'UAN

The *tung-ho-ch'uan*, Fig. 27-4, is a flat-bottomed, light-draught cargo carrier, designed for the shoal-water upper reaches of the Suitingho, the eastern-most affluent of the Kialing River.

Normally measuring about 35 feet and 8. 5 feet beam, this type is sturdily built and, for its size, admirably adapted to carry a maximum load on a minimum draught. The construction of what may be termed

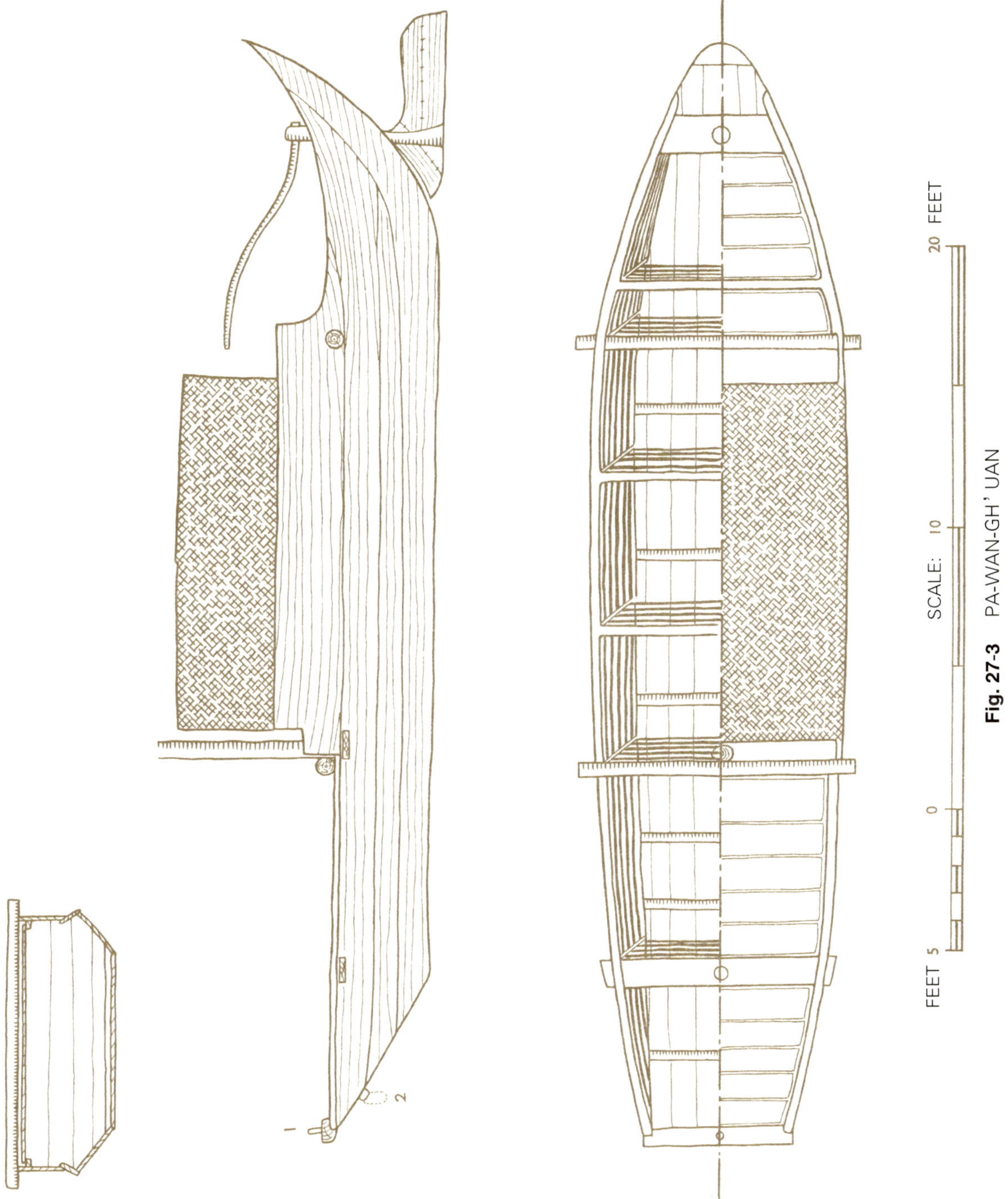

Fig. 27-3 PA-WAN-GH' UAN

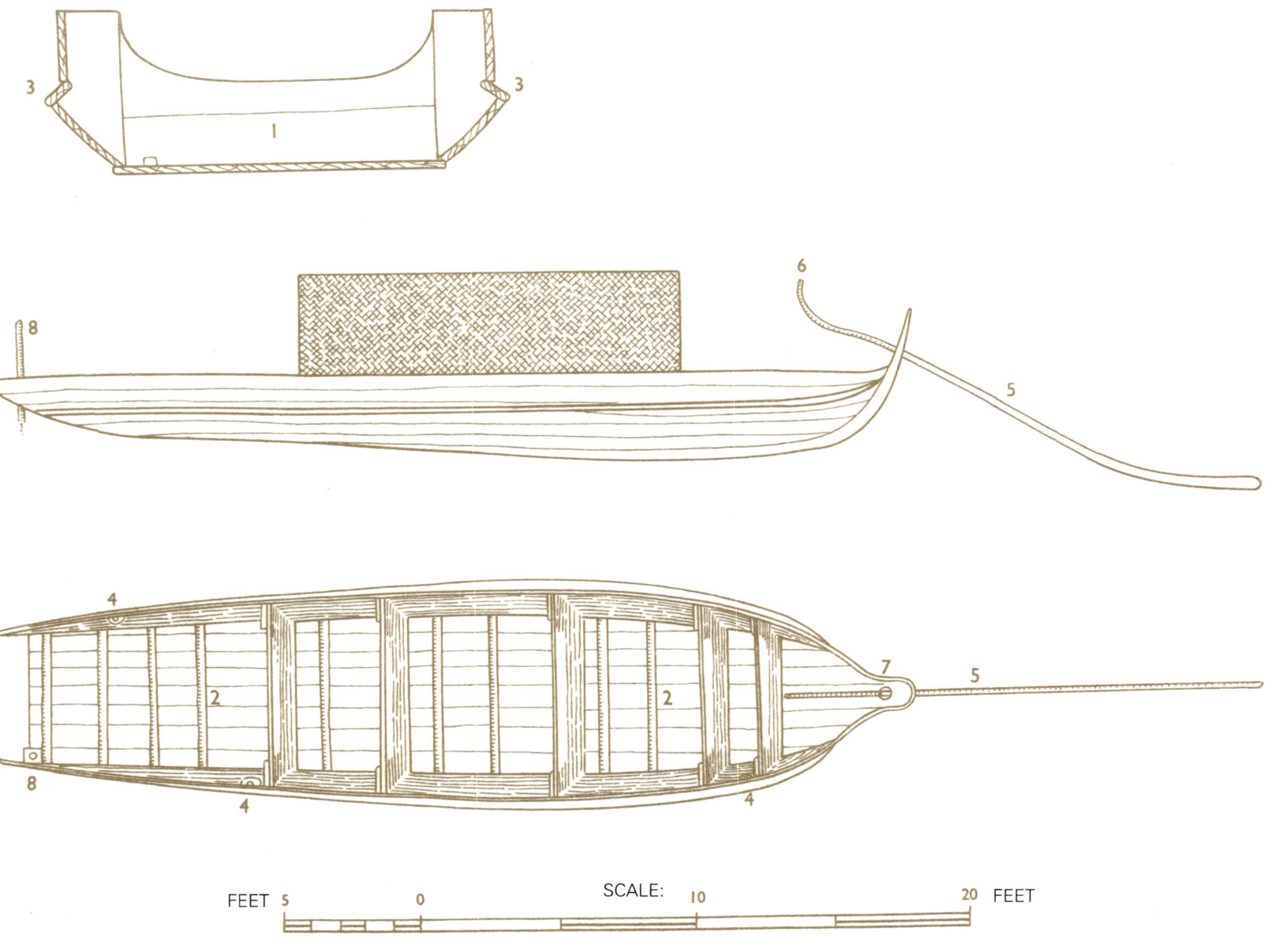

Fig. 27-4 TUNG-HO-CH'UAN

"half-bulkheads"[1] and "half-frames"[2] is typical of all smaller Upper Yangtze craft. In this case there are five of the former strengtheners and nine of the latter.

A cross section shows the "half-bulkhead",[1] and also illustrates the method of combining the essential light-draught quality demanded with the additional cargo space. This is provided by a sudden increase in beam,[3] almost like a blister, with a sharp tumble home below the water-line.

There is neither mast nor rudder. Propulsion is effected by three oars.[4] The two foremost oars are worked by two men, while the after oar is operated by the laodah, who works it with his right hand while controlling the stern-sweep,[5] with its turned-up loom,[6] with his left hand. This substitute[5] for a rudder passes through a circular hole[7] in the distinctive, high, narrow, pointed stern. A cheek-piece, similar to that shown in Fig. 24-7 (Chungking sampan), has a deep slot cut in its projecting side. This engages in a wooden cross-piece which, bisecting the aperture in the stern, acts as a bearing-pin.

The "stick-in-the-mud"[8] anchor is placed to one side, right in the bow, so as to be clear of cargo being embarked. A small removable mat house is usually fitted amidships. A marked feature of these junks, which gives a curious lift to the outline of the hull, is the light-draught construction forward.

THE DROP-NET FISHER

Owing to the swift current, drop-net fishing is not much in evidence on the Upper Yangtze, although a good deal of this type of fishing is carried on up the Kialing River and in still lagoons (Fig. 27-5).

These boats patrol the still-water reaches with apparently more hope than success. The gear, as illustrated, varies little from that in use throughout the Yangtze Valley, and may be installed in many different types of small junks or large sampans.

It consists of a solidly made framework of two pairs of light poles,[1,2] joined at an angle of 120° on a cross-bar[3] which rests in beds[4] on either side of the bow of the boat. The outer ends of the poles[12] are connected by stays.[5]

The upper ends of the poles[2] join at an apex,[6] from which point a small tie[7] carries the four curved bamboo spreaders[8] supporting the net.[9] Guys at the outer extremities[10] of the net, and secured inboard, serve as steadying lines.

The inboard extremities of the poles[1] are joined by another small cross-bar,[11] whereon a heavy stone[12] is made fast to act as a counterbalance to the weight of the net.[9] By means of a rope attached to the cross-bar[11] the net may be raised or lowered as desired.

Should a fish be caught, it is removed from the net by means of a long-handled landing net.

THE CHIN-YIN-TING

These queer craft are named *chin-yin-ting*, or the "gold and silver ingot", from their shape, which bears some resemblance to sycee, or the semi-spheroidal ingot of silver. They ply on the Suitingho, the eastern affluent of the Kialing River, and penetrate as far up as it is navigable, carrying up eight packets of

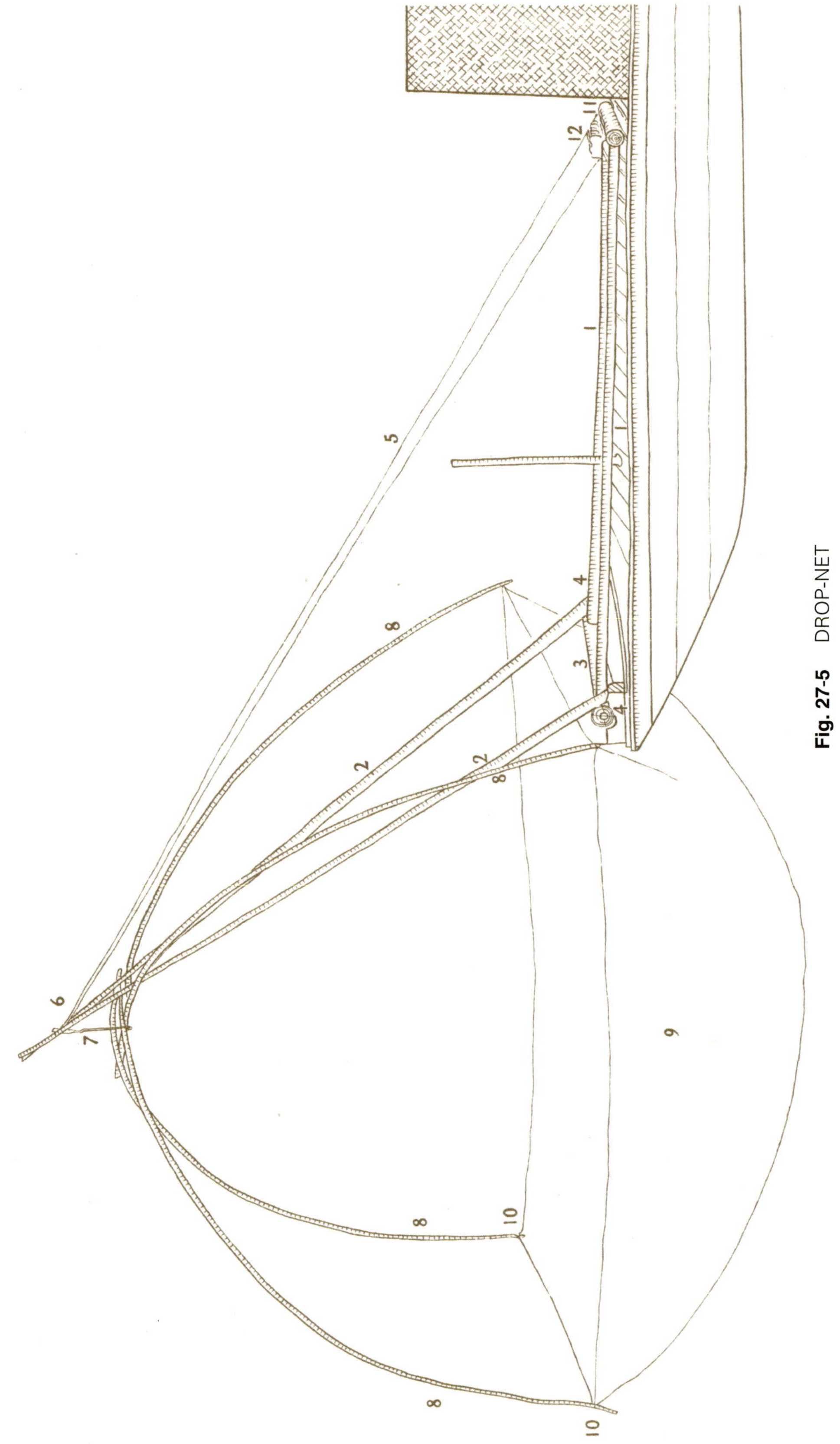

Fig. 27-5 DROP-NET

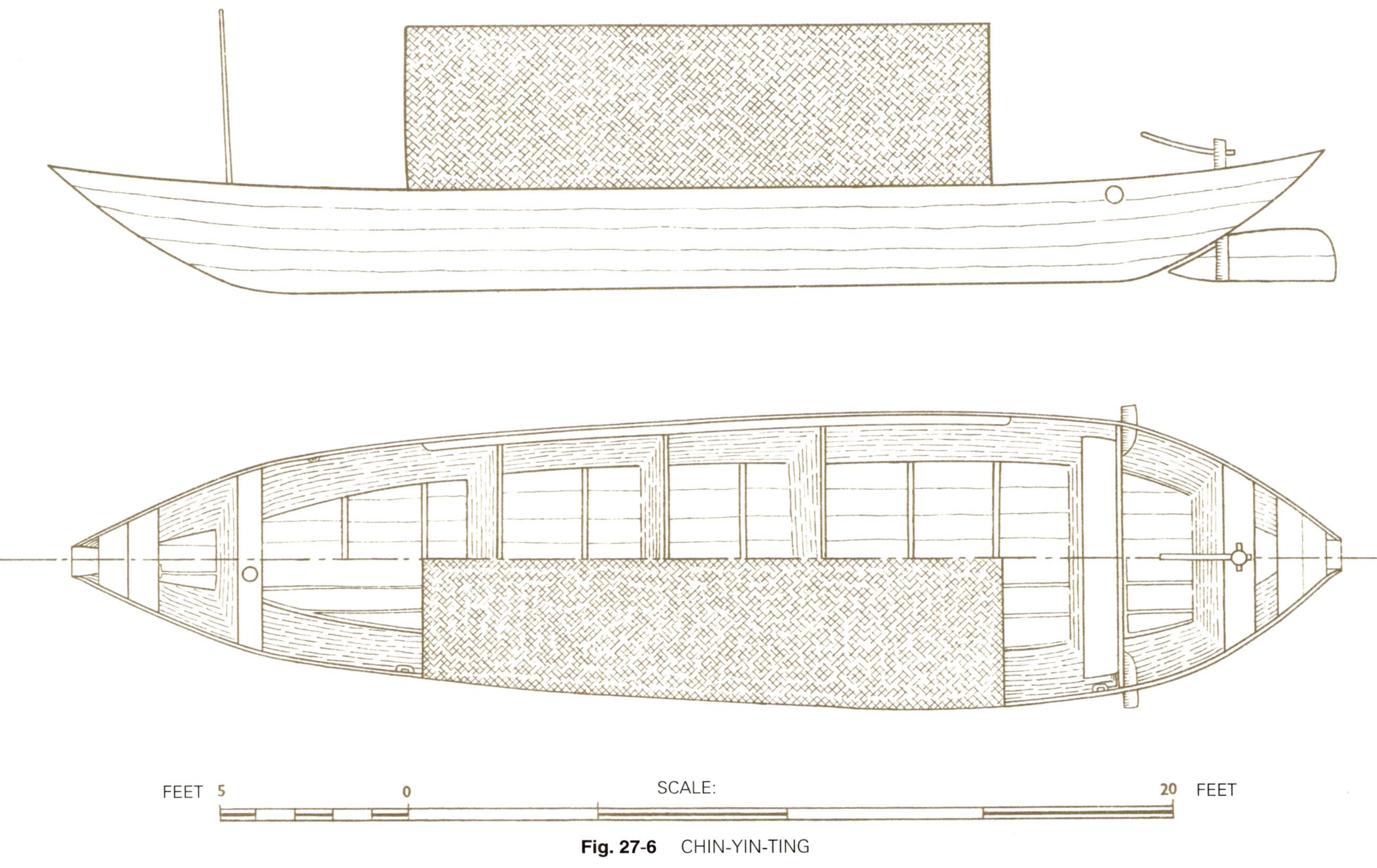

Fig. 27-6 CHIN-YIN-TING

salt, each weighing 175 catties, and returning to Chungking with medicines.

This type, which is very uniform in design and fairly common in Chungking, is illustrated in Fig. 27-6. The over-all measurement is 33½ feet, with a beam of ½ feet at the broadest point, which is about 6 feet from the stern. They are very easily recognised by reason of their bow and stern, which rise gently and taper-the former gently and the latter abruptly-until both finally narrow to a mere 8 inches across. This constitutes the narrowest bow on the Upper Yangtze.

Lightly built of *pai-mu* throughout, the workmanship is rough, and the minimum amount of nails is used, actually only about one to every foot of planking. Economy is also served by half sections of cross-beams abaft the house. The removable house occupies much more room than is usual. There is no mast, and propulsion is by oars and tracking.

The crew consists of three men and four trackers. When past navigable use, the craft are in great demand as foundations for floating dwellings, and in spite of their small size, they can accommodate two families complete with the usual live stock.

THE CH'ANG-PIEN-PIEN

The *ch'ang-pien-pien*, as illustrated in Fig. 27-7, is a typical example of a medium-sized coal carrier on the Little River. This boat measures 60½ feet, with a beam of 12½ feet and a depth of 4½ feet, although when fully loaded with 14 tons of coal the free-board is little more than a few inches.

Built with *ch'ing-kang* bottom and *pai-mu* sides, this type is of very strong construction, as is necessary for carrying a dead-weight cargo such as coal, and there are numerous bulkheads with half-frames between.

This junk is one of the most common types to be seen at Chungking. Indeed, their numbers are so great that they have to wait their turn at the mines up the Kialing River for sometimes as long as two weeks before obtaining a cargo.

The short mast is for tracking purposes only, for this type of craft is propelled by eight oars when down bound, and the rowers act as trackers on the upward journey. A few additional men are engaged to assist in getting the boat over a rapid.

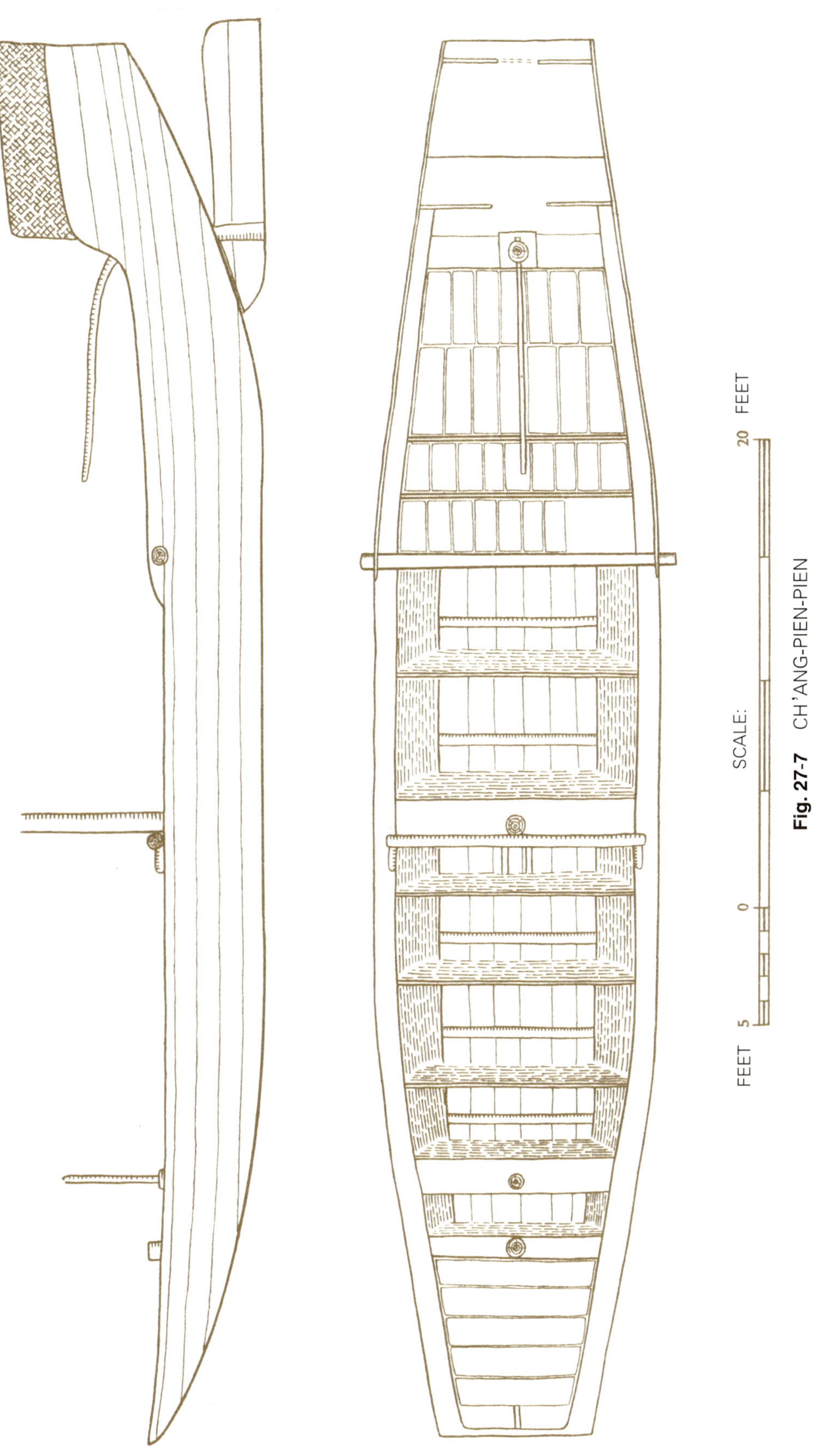

Fig. 27-7 CH'ANG-PIEN-PIEN

- CHAPTER 28 -

THE JUNKS OF THE KIKIANG

The Ki River enters the Yangtze on the right, or south, bank close by a large village named Kiangtsing, or Kikiangkow, meaning Ki River mouth. This river is navigable by large junks at high water for about 60 miles, up to the town of Kikiang, with loads of from 20,000 to 30,000 catties. At low river they can only load to one-half this amount. A considerable amount of salt is conveyed this way into Kweichow.

An affluent of this river, known as the Sanki, or Sung River, is navigable by smaller craft as far up as Sungkan, about 85 to 90 miles from the Yangtze. Above this point rafts are the only means of communication.

At least two well-defined types of craft are built for the navigation of this river, and a very noticeable feature is that, although both are totally different in design, yet both are almost precisely the same length. They both show, moreover, by their general lines and appearance, that they have been constructed for use in shoal water and are well adapted to negotiate the many obstacles in the river-bed which make navigation of the Ki River slow and difficult.

THE HSIAO-HO-CH'UAN

This is a very light-draught species of coal carrier, Fig. 28-1, with an over-all length of 47 feet, a beam of 6 feet, and a depth of 3 feet. The *pai-mu* wood hull is divided into four bulkheads, with no frames of any kind, and is built on slender lines.

These boats are often to be seen in Chungking. They carry 1,000 catties of coal from the mines on the Ki River and return light. Usually they travel in convoys of four.

They are equipped with a mast and a large, heavy, square mat sail, but they rely for the most part on their oars for propulsion. The crew consists of three men: the laodah, who works the long stern-sweep and an oar, and two men, who each operates an oar in the fore part of the vessel.

The "stick-in-the-mud" anchor is situated in the stern, which suggests, as in the case of the Wushan "fan-tail" junk, that there are decided fluctuations in the level of the Ki River and also the presence of an up current at times.

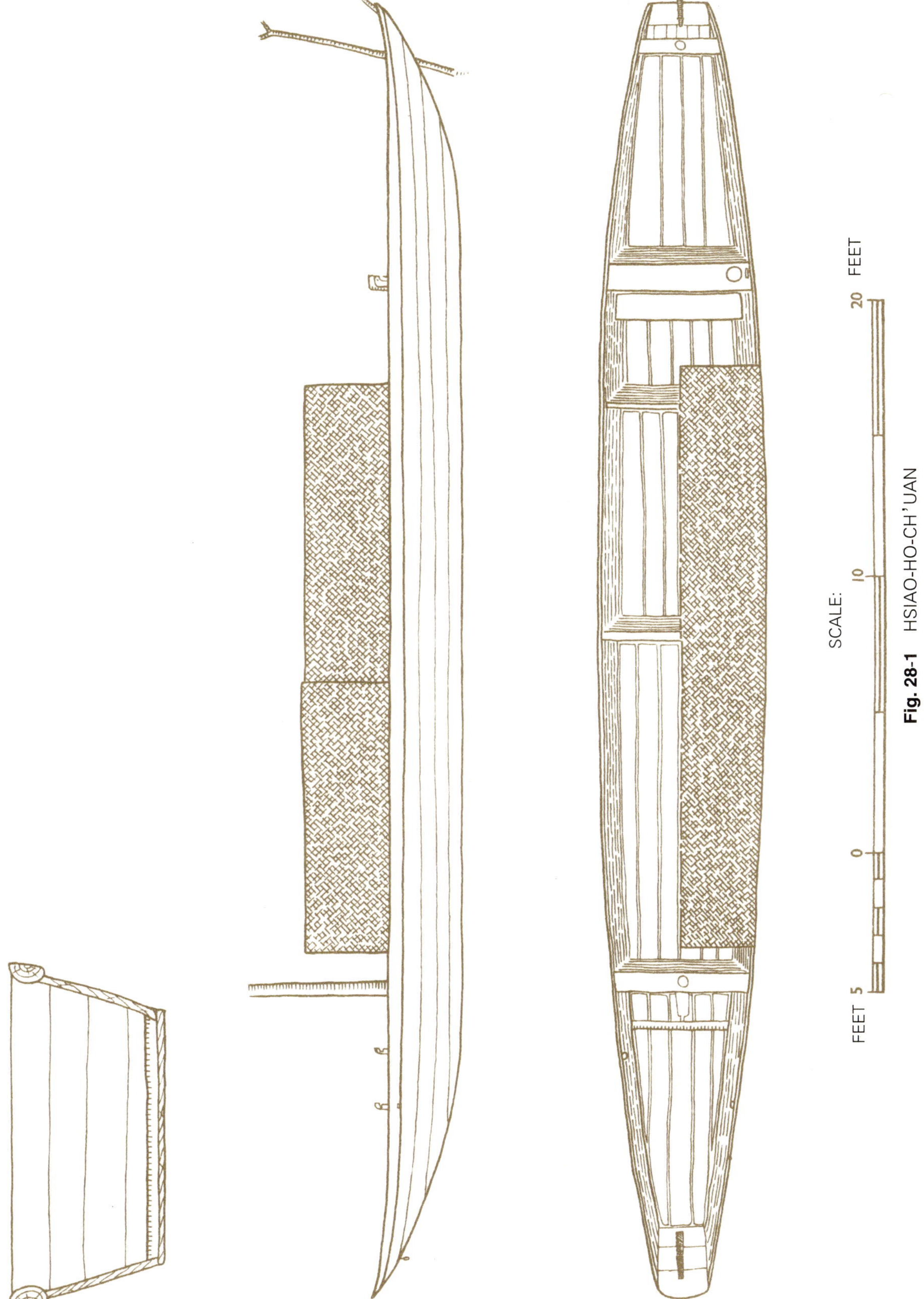

Fig. 28-1 HSIAO-HO-CH'UAN

THE SAMPAN-CH'UAN

This craft, Fig. 28-2, which measures 46 feet, with a beam of 9 feet, is built on square punt-like lines, and its main distinguishing features, which prevent confusion with the *pa-wan-ch'uan*, of which it is a variety, are a marked triangular-shaped flattening-in of the hull at bow and stern for a distance of about 6 feet and also a definite difference in the shape of the stern, which is square and broad.

The bottom is made of *ch'ing-kang*; the hull, of cypress. There are four bulkheads and eight half-frames. There is one cross-beam[1] built into the structure and situated aft of the house; it is used to secure the braces and also the tracking-lines from the mast.

The tiller[2] is typical of this class of vessel, and, after following the line of the deck for a foot or two, curves sharply upwards. It is said that this curve is obtained by a steaming process, but it seems not unlikely that the wood is more often grown to shape.

The shallow-draught type of rudder projects far beyond the small overhang of the stern, which curves roundly up to the same level as the slightly rising blunt bow. Both bow and stern are exactly the same in breadth, and both end in a cross-beam. A pair of bitts[3] are placed on either side of a "stick-in-the-mud" anchor[4] on the first bulkhead. The small house, which starts abaft the mast, has built-up sides and is roofed with matting.

These junks are coal carriers, and the bottom boards are placed on the top of the cargo throughout its length-usually leaving a mere 2 or 3 feet head room in the living-space inside the house.

The laodah does not stand on a plank, as is usual in all other Upper Yangtze craft, but on the deck, below which all cargo is stowed. His view forward, therefore, is always through the house.

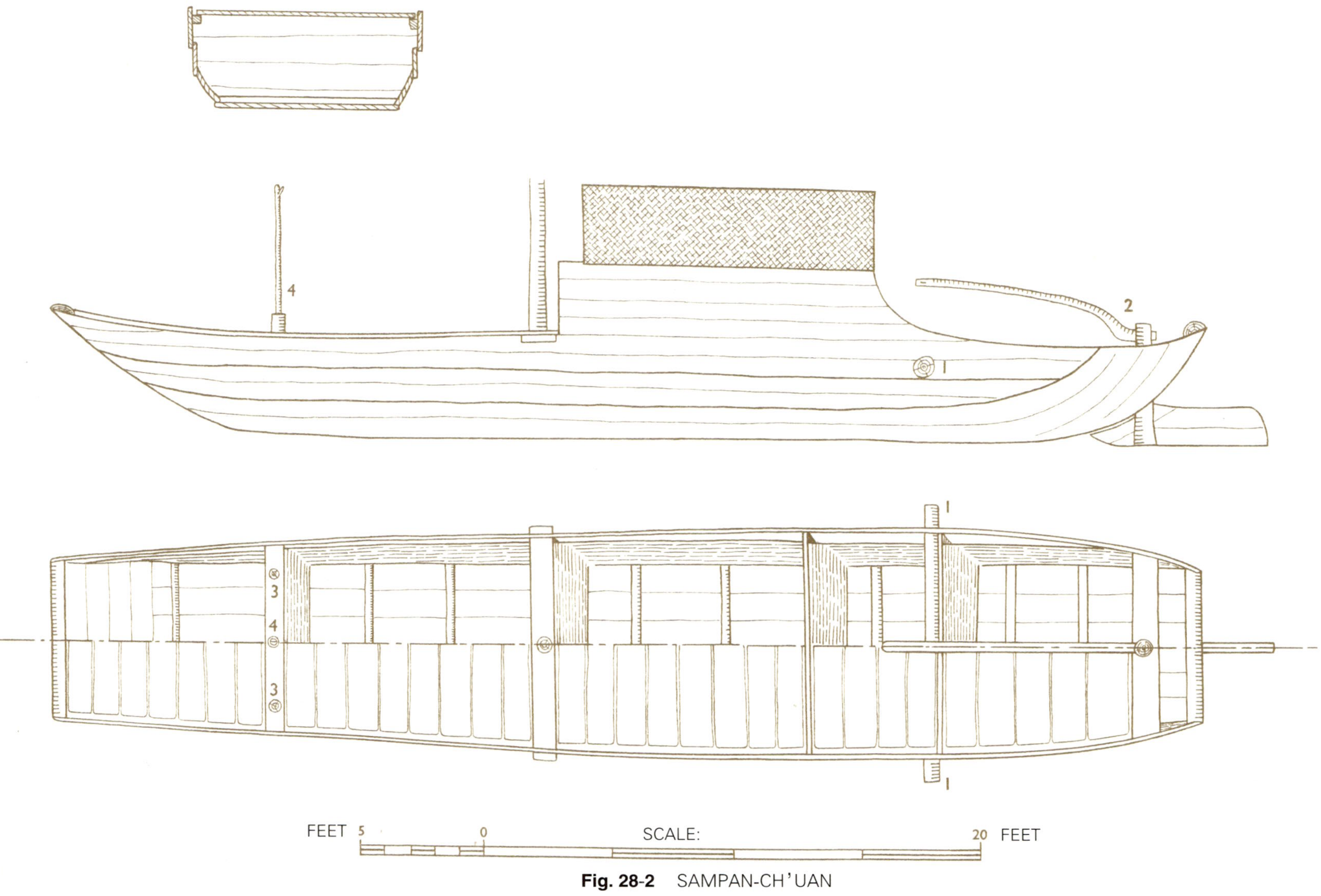

Fig. 28-2 SAMPAN-CH'UAN

- CHAPTER 29 -

THE CHIHSHUIHO

This river rises not far from the source of the Kungt'anho in the hills south of the Yangtze, where the three far western provinces of Yunnan, Kweichow, and Szechwan meet, and, indeed, it more or less follows the frontier line between the two latter provinces.

Flowing between precipitous limestone gorges, it finally empties itself at the south-east side of the town of Hokiang (合江) into the waters of the Upper Yangtze, which, above Suifu, take on the name of Kinsha (金沙), or River of Golden Sand.

Locally the Chihshuiho is known as the Jenhwaiho (仁怀河) or Hokiang-siaoho. This quite important tributary, which provides communication with the province of Kweichow, is navigable up to the small walled town of Yunghwaiting (永怀亭), about 42 miles from its mouth, where it is about 200 yards broad. During the winter the rapids and shallows make navigation difficult.

The main exports down the Chihshuiho are wood, charcoal, bamboo, and medicines, while salt and yarn are carried up stream.

THE TIMBER CARRIER

The timber carrier of the Upper Yangtze is very distinctive, not only on account of its very remarkable beam, but also because the small living quarters in the only built-up house are right aft.

The junk illustrated in Fig. 29-1 is 85 feet long, with a beam of 15 feet, and is actually a less beamy type than usual. The outstanding feature in the construction is the fact that there are only three bulkheads. This provides uninterrupted stowage room for balks of timber to be laid in the hold. The sawn planks comprising the rest of the cargo are stowed athwartships in regular ascending rows, each tier of 10 deep being separated from the next by fore and aft planks.

In spite of their heavy build and cumbersome arrangement of superimposed cargo, these junks can be manoeuvred with apparent ease. They are propelled by four oars on each side and have a sweep on the quarter. The mast is used for sailing up stream and, of course, for tracking.

These craft bring wood, mostly *sha-mu*, to Chungking from Hokiang, a town at the mouth of the Chihshuiho, and other timber, chiefly *pai-mu*, from Hochow, on the Kialing River.

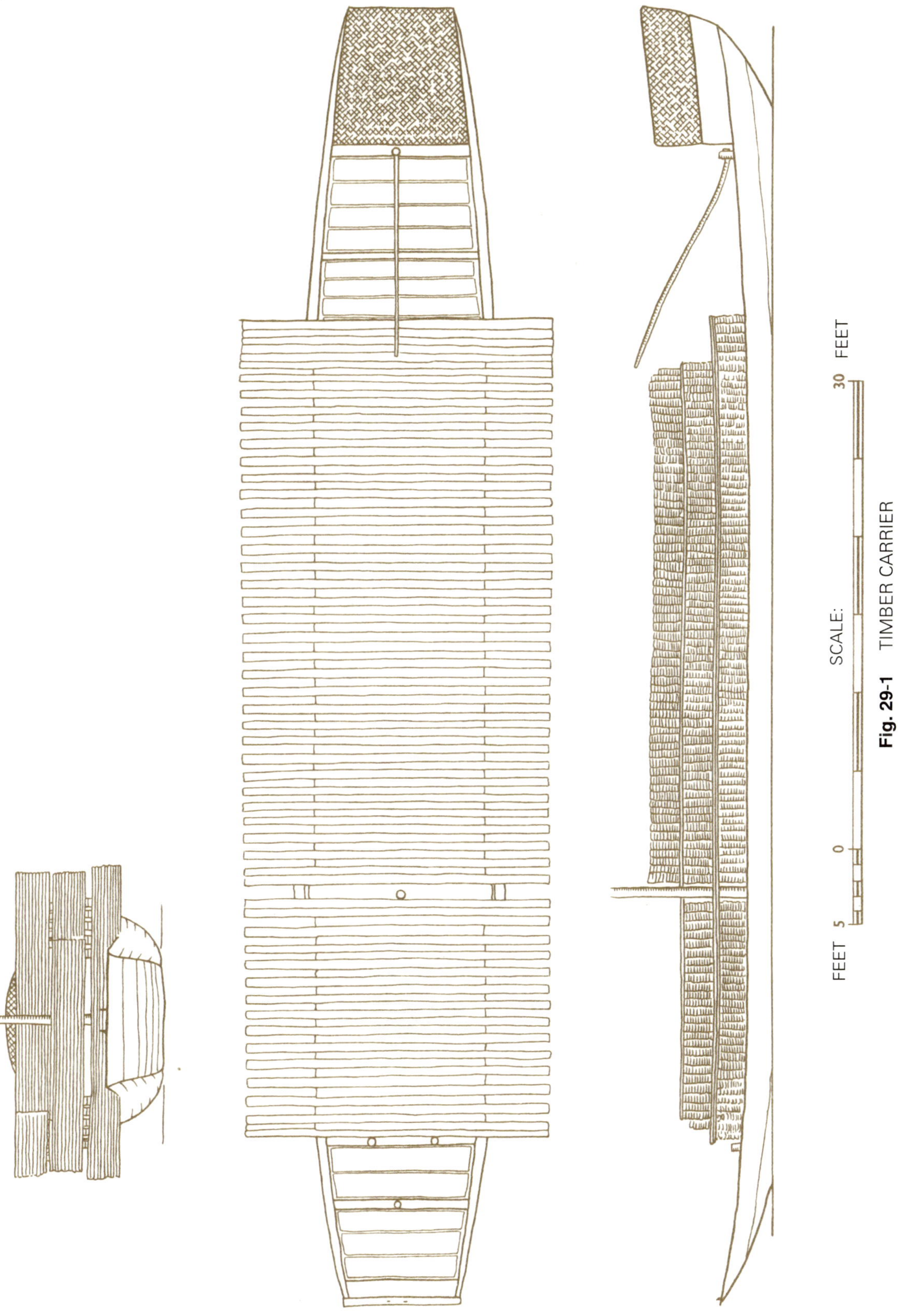

Fig. 29-1 TIMBER CARRIER

THE SHA-MU RAFT OF THE CHIHSHUIHO

The *sha-mu* plank raft, as illustrated in Fig. 29-2, measures 58 feet long, with a beam of 15 feet, and is the largest size of raft able to come down the Chihshui River from the town of that name. The draught in winter is about 2 feet, but during the high-water season rafts are built to draw as much as 7 feet. Two men can build a raft in 10 days.

The rafts travel down singly, and on arrival at the mouth of the river at Hokiang join up into pairs lashed alongside each other, and so continue their voyage down the Yangtze to Chungking, where they are broken up and sold.

There is nothing remarkable about their construction, which consists of bundles of *sha-mu* planks lashed together and placed athwartships. Deck planks are laid also athwartships, across the top of these, and secured to fore and aft strengthening pieces along the sides, about 6 inches inboard and 6 inches high, forming a small continuous coaming.

Everything on board is made of *sha-mu* except the cooking-stove and the straw bedding on which the crew of four men sleep in an improvised "house", which is no more than a *sha-mu* plank lean-to.

The distinctive feature of this craft is the type of sweep[1] employed, which, like everything else on board, is improvised from *sha-mu* planks of varying sizes, thicknesses, and lengths, lashed together at frequent intervals. Through these lashings wedges are driven between the planks to tighten the component parts and maintain rigidity. This apparently haphazard method produces an exceedingly strong implement, and, for all its clumsy appearance, it is balanced with great care, and the result is a most practical, economical, and simple job.

The three identical sweeps operate one at each extremity of the raft and one on the beam. The thole pins[2] at each end are 3-foot high poles driven into the deck planks, where they are kept in position by partners[3] composed of *sha-mu* planks lashed to the deck. All three thole pins[2] are fitted with guys[4] and a bamboo-rope grummet,[5] from which the sweep is slung. A few planks[6] laid athwartships over the coaming[7] and thole-pin partners act as a small raised platform for the men at the bow and stern sweeps.

As may be expected, these rafts are far from handy, and proceed down stream more or less out of control and any side foremost.

When the rafts are joined together,[8] they present an aggregate of five sweeps,[9] but are still unable to manoeuvre with any exactitude, and, indeed, it speaks very well for the seamanship of the crew that they ever reach their destination intact. Accidents, however, do occur, entailing considerable loss to the raft owner, and for this reason the timber-carrier type of junk already described is much favoured.

ADDITIONAL TYPES OR VARIATIONS OF WHICH No PLANS ARE AVAILABLE. 〔1〕

Above the town of Yunghwaiting, a transhipment centre, specially constructed junks operate on the Chihshuiho. They are said to be obliged to discharge their cargo in order to negotiate a particularly difficult

〔1〕 This information, although obtained from reliable sources, cannot be guaranteed, and in some cases relates to craft already obsolete.

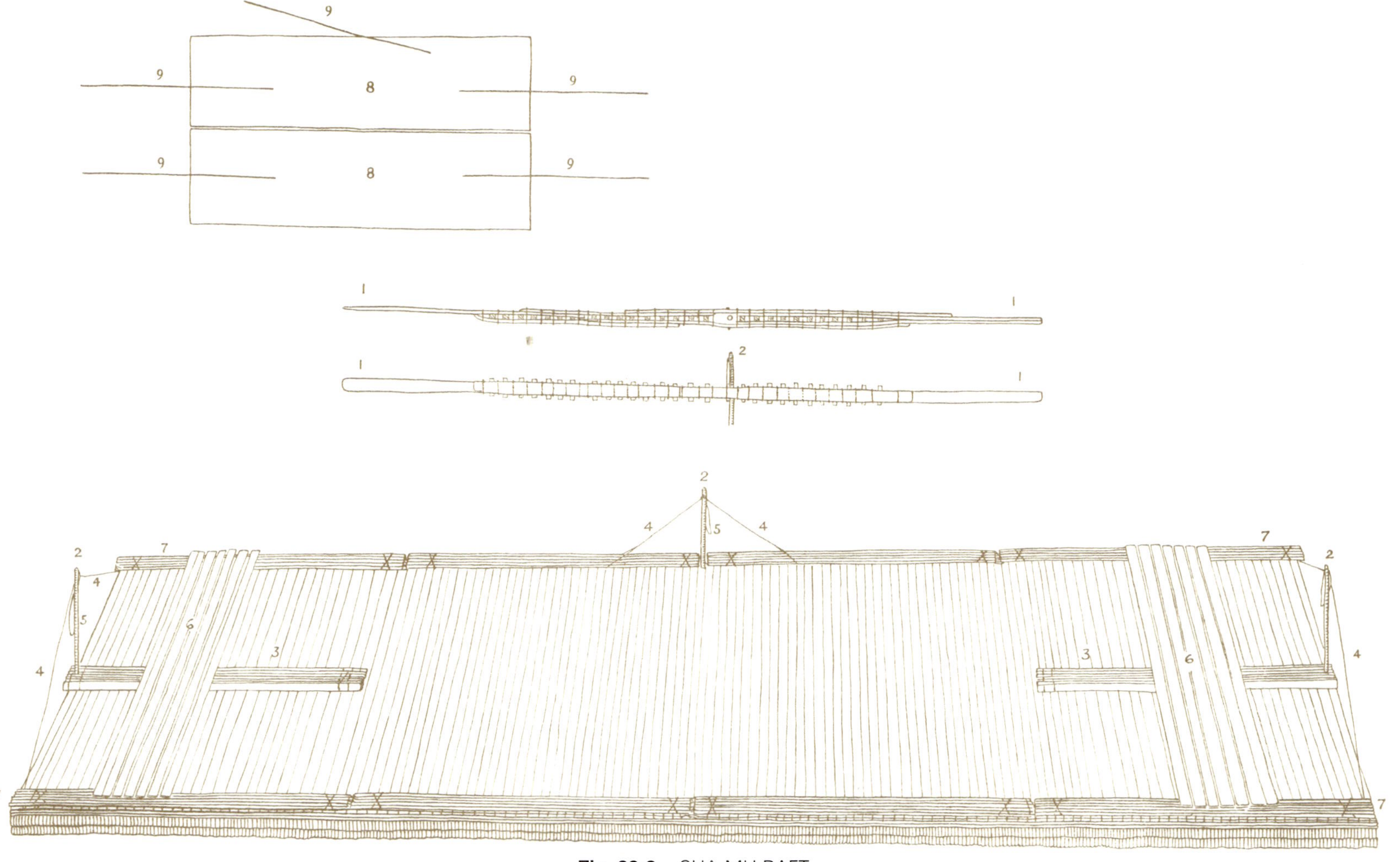

Fig. 29-2 SHA-MU RAFT

rapid named Pint'an (品滩), 20 miles above Yunghwaiting. Their limit of navigation is about 10 miles above Pint'an.

It is probable that above this point more isolated navigable stretches recur, as is so often the case with the tributaries of the Upper Yangtze where no through navigation is possible.

The junkmen affirm that a small type of "crooked-stern" junk, similar to that in use in the Kungt'anho, is used in the upper reaches to surmount the many rapids. This report, if true, is of particular interest, for the head waters of the river are close to each other.

– CHAPTER 30 –

THE T'O OR LU RIVER JUNKS

The T'o or Lu River, also called the Fushun and the Kintangho, that is to say, the River of Gold and Sugar, rises in the Min Mountains and fows for about 300 miles to join the Yangtze at Luchow, forming a useful highway to tap some of the natural wealth of Szechwan. Like the Minkiang, it affords direct communication with the plain of Chengtu.

The narrow valley through which it flows is potentially rich, producing, as its name indicates, sugar cane and small quantities of gold from its shingle banks. Moreover, rice and salt are shipped in large quantities. About 60 miles above Luchow a small tributary leads to the prolific salt wells of Tzeliutsing(自流井).

In summer the T'o River can be navigated for about 250 miles as far as Hsuankow by large junks. In winter, however, only small junks can reach so far. At Hanchow a canal is said to join the Upper reaches of the Luho with those of the Minkiang above Chengtu, the capital of Szechwan, though it is only navigable by sampans or similar craft. There are many rapids all along the T'o River.

THE CHUNG-YÜAN-PO

These junks, which are very uniform in type, vary considerably in size and are of comparatively recent design, for they only date back about 50 years. Before that time the only junks controlled by the same guild were the *liu-yeh-ch'uan*, or "willow leaf junks", so named on account of their shape, which tapers at bow and stern.

These willow leaf junks, which still function above Luchow on the T'o River, trade with Kintang, a town situated on the cross-country channel connecting the T'o River and Minkiang, not far from Chengtu. In the high-water season they can get up the Minkiang as far as Kwanhsien. They are small craft, with a short mast and stern-sweep instead of a rudder, and not more than 5 tons capacity. As this was considered inadequate, the *chung-yüan-po* was evolved to bring larger cargoes down the T'o Valley, much of which is transhipped from the wllow leaf junk. Both types carry tobacco, sugar, and salt, and operate under the auspices of the Chungking-Kintang Guild, on whose books there are actually as many as 5,000 *chung-yüan-po* junks registered. The largest *chung-yüan-po* salt junks can carry well over 100 tons, while the sugar junks carry up to 60 tons.

The *chung-yüan-po* also navigate up the Yangtze as far as Suifu as well as down to Chungking, and even occasionally down to Shasi and up the Kialing River to Kwanyuan. The main centres for building these junks, which are made of *nan-mu* with *ch'ing-kang* for the bottom, are Luchow and Nuikiang on the T'o River and Kintang near Chengtu.

A typical specimen, as illustrated in Fig. 30-1, measures 94 feet, with a beam of 14 feet and a depth of 5 feet, and is a graceful, light-draught vessel of eminently pleasing lines. The stern, which is the main distinguishing feature, ascends slightly and tapers to a long, narrow point.

Principally intended to ply in shallow waters, she shows the favourite method of combining light draught with extra cargo capacity, which is provided in the shape of blistered sides. An unusual feature, however, is the joining of the side planks to the deck planks by means of a wooden angle piece. [1] Strength throughout the boat is afforded by 11 full bulkheads.

The 30-foot house starts abaft the mast and ends at the tenth bulkhead. Instead of a whole cross-beam across this bulkhead, economy has been served by a compromise, for two quarter portions[2] only-2 feet in length-are secured to the top of the bulkhead. The projecting outboard ends of this sham cross-beam are used for making fast the braces and tracking-lines.

The sail in general use is the square sail, so common on the Upper Yangtze. When these junks venture below Wanhsien they use a lug-sail, and it is maintained that they adapt the square sail to this purpose by folding down one corner and withdrawing the horizontal bamboo battens. The idea, though surprising, is not improbable and shows economical ingenuity.

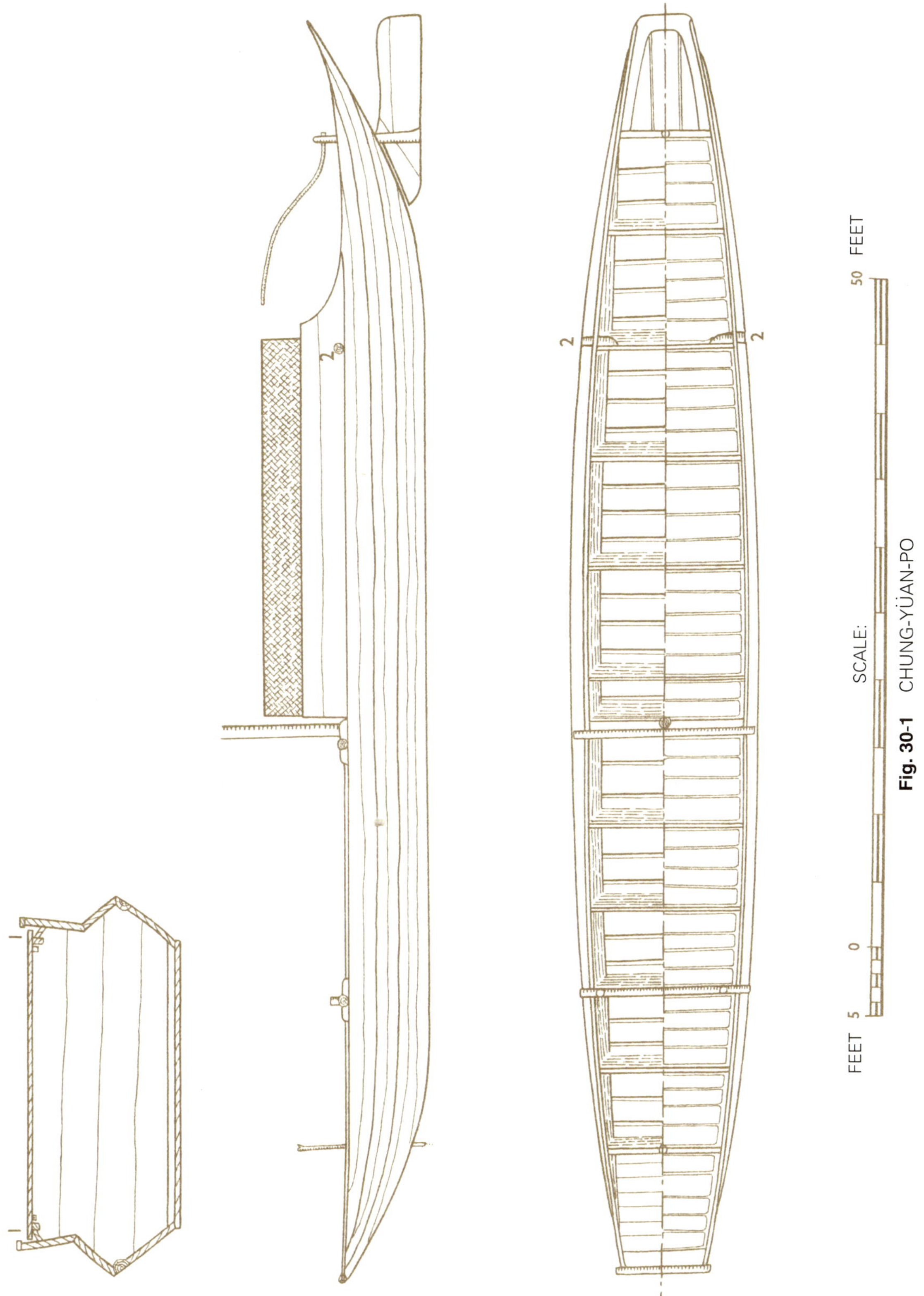

Fig. 30-1 CHUNG-YÜAN-PO

- CHAPTER 31 -

THE MINKIANG

The Minkiang, so named by those indefatigable explorers, the Jesuits, presumably from the Min Shan Mountains, north of Sungpan, where it rises, is known to the Chinese as the Fu River. This name is derived from the three highly important *fu* cities on its banks, Suifu, Kiatingfu, and Chengtufu, the latter being the capital of Szechwan. In its upper reaches it has various other names, such as the Minho and Sungpanho. Commercially it is one of the most important of the great affluents of the Yangtze, in that it gives direct access to a rich and populous area, and it is regarded by the Chinese as being the true continuation of the main stream, which it joins at Suifu.

At Kwanhsien, about 35 miles north-west of Chengtu, the Minkiang issues on to the Chengtu Plain from a deep cleft in the mountain range known as the Azure Wall. South-west of Kwanhsien an artificial gorge, 100 feet deep, has been carved out of the solid rock, through which a stream, 40 yards wide, has been diverted at right angles to the river itself, and which is again divided into three main channels, the northernmost of which connects with the T'o or Lu River at Hsintu, 12 miles north-east of Chengtu, thus connecting two distinct watersheds.

This artificial rock channel, known to the Chinese at Kwanhsien as the Paopingkow, is the basis of the great irrigation system perfected by Li Ping, the first T'ai-shou, or Hereditary Governor of Chengtu, 2,000 years ago, whereby the waters of the Minkiang are divided into two main channels, the Nuikiang or Inner River and Waikiang or Outer River, which are split up into innumerable irrigation channels.

In this manner the 2,400 square miles of the Chengtu Plain are watered by a network of canals, and maintain an ancient and well-established reputation for being the most fertile agricultural region in China.

All these streams irrigating the Chengtu Plain unite again at Kiangkow, 42 miles south of Chengtu, and at Kiating the Minkiang is augmented by the waters of the Tung and Ya Rivers, the former only navigable for about 40 miles and the latter only navigable by rafts.

A great deal of coal comes down the Tung River, and there are important saltworks in the Kienwei district. Kiating is the head of navigation for heavy junk traffic up the Minkiang, and is therefore an important trade and transhipment centre.

Junks in the low-water season can make the journey of 130 miles from Suifu in three weeks or less, while at high water they take 25 days, but can load to a draught of 4 feet.

Above Kiating in the high-water season, from about May to November, junks drawing 3 feet can reach Chengtu without transhipment of cargo, but at low water only half-boats with a draught of 15 inches can proceed as far as Kiangkow, and must lighten to 8 inches if they are to reach Chengtu.

Half-boats can actually navigate from Kiangkow to Kwanhsien at high water, and as far as 15 miles below at low water, though they then require double crews to negotiate the rapids there.

THE NAN-HO-CH'UAN (南河船)

The illustration, Fig. 31-1, shows a typical example of the class of junks known as the *nan-ho-ch'uan*, which vary considerably in size, though in little else.

They are generally built below Kiating, where much of the wood is grown of which they are made-*nanmu*, a species of fine yellow wood. This Minkiang junk, one of the largest of its kind, is 86 feet long, with a beam of 12½ feet and a depth of 6 feet, and is flush-decked and divided into watertight compartments, the cargo being stowed between the second and seventh bulkheads. The deck is composed of removable thwartship planks 14 inches wide.

The single, large deck-house covers all the portion abaft the mast, interrupted by an aperture with sliding roof to enable the helmsman to obtain a clear view from the conning position[1] when the junk is under way.

All forward of this is a roomy compartment which forms the living and sleeping quarters of the crew, who when under way are augmented by between 30 and 50 men hired for the trip. The only furniture in this compartment is an L-shaped series of lockers with room for chow-bowls and small personal effects of the crew, and beneath is an enormous bin containing rice. These lockers are secured to the foremost bulkhead, on the other side of which is the galley.

Aft of this house there is, in some junks, a cabin[2] for the owner partitioned off with a door[3] on the port side, and in the centre of this bulkhead is a paper window surmounted by three niches like a dovecot, in which is housed an image of Yang, the River God or Patron Saint. Above again is a wooden scroll on which is written in golden characters, with a black ground, a propitious sentence, such as "with fair wind and happiness". Inside the owner's cabin is a bunk,[4] and a table ingeniously built in over the rudder-head,[5] above which hangs a varnished board which acts as a pay sheet and accounts record of the junk.

The large stern-windows, filled in with paper, occupy the whole breadth of the junk, and are ornamented with a minute gallery, below being washing arrangements, with a square chute[6] for water and rubbish and a locker for personal belongings.

Three heavy hardwood cross-beams[7] are built into the structure of the junk. The centre beam is just forward of the mast, and carries at its extremities a small wooden frame holding a bearing-pin upon which the yulohs operate. The foremost hardwood cross-beam carries a massive pair of bitts.

A neat contrivance is the bow roller-cum-crutches[8] for the bow-sweep, which in breadth exactly fits the sweep and enables it to be run in or out quickly and easily. There are two "stick-in-the-mud" anchors.[9]

A curious and distinguishing feature of this type of junk is the long irregular wale which, starting at the

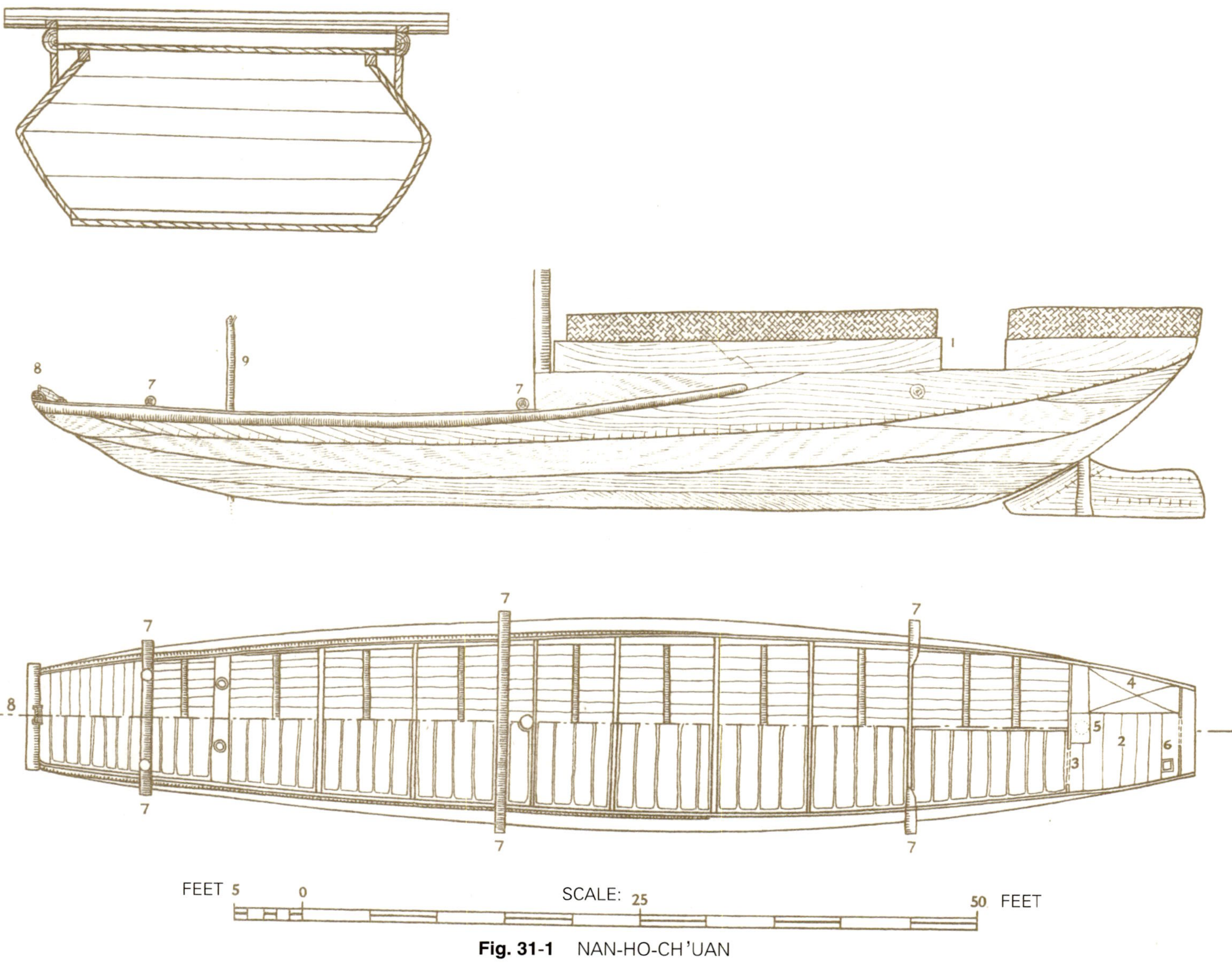

Fig. 31-1 NAN-HO-CH'UAN

bow, follows the upper edge of the fore-deck, and on meeting the deck-house rises upwards for a short distance and then becomes lost in the superstructure.

When the *nan-ho-ch'uan* is exclusively used as a salt carrier it is sometimes called the *ch'iao-yen-ch'uan*(桥眼船).

THE HSIAO-MU-CH'UAN

A more or less standard type of small cargo junk called the *hsiao-mu-ch'uan*, or small wooden boat, is able to reach Chengtu during the greater portion of the year, but differs in size according to the state of the water. The *hsiao-mu-ch'uan*, as illustrated in Fig. 31-2, is 40 feet long, with a beam of 7 feet and a draught, unloaded, of about 4 inches.

Its breadth is just sufficient to entitle it to the term of junk. It is a crudely built boat made of ch'ing-kang for the bottom and *nan-mu* for the hull, and has six bulkheads, one half-bulkhead, and two frames.

The two outstanding features about this type are, firstly, the lift to the stern which overhangs the water and has a small wooden becket on the outer face to take the bearing-pin, and, secondly, the small temporary mat house, which is in the nature of a lean-to and which, small as it is, accommodates the five men of the crew. This house is removed when the junk is under way.

The type illustrated has neither mast nor rudder, and the methods of propulsion include use of the oars, poling in shallow reaches, and even pushing by the crew, who walk in the water for the purpose.

The 4-inch wide gunwales, which start from the bow and slant outboard, cease at the fourth bulkhead, and become long built-in poles for the remainder of the length of the boat.

The only interesting point about these craft is that they are able to navigate the upper reaches of the Minkiang below Chengtu longer than any other type-except, of course, the Ya River rafts.

THE TA-MU-CH'UAN

The *ta-mu-ch'uan*, or large wooden boat, and the *hsiao-mu-ch'uan*, or small wooden boat, are the main cargo carriers up to Chengtu(Fig. 31-3).

The *hsiao-mu-ch'uan* navigates the Minkiang at all seasons of the year up to Kiangkow, and as soon as the rising water permits, proceeds up to Chengtu. The *ta-mu-ch'uian*, which requires rather more water, varies in size considerably. The boat illustrated, however, measures 47.5 feet long.

There is nothing outstanding about this type, except that the long, narrow, slightly upraised bow widens very gradually till the maximum beam of 7.5 feet is reached aft, at a point 10 feet from the stern.

The main lines of construction follow the accepted pattern in the Chengtu district, that is to say, forward and after compartments decked-in, centre well with three frames given up to the cargo, and one or more coffer-dams. In this case there is one, wherein the short tracking-mast[1] is stepped between mast-partners.[2] A bollard,[3] a "stick-in-the-mud" anchor,[4] and a rudder[5] complete the equipment of this useful but uninteresting vessel.

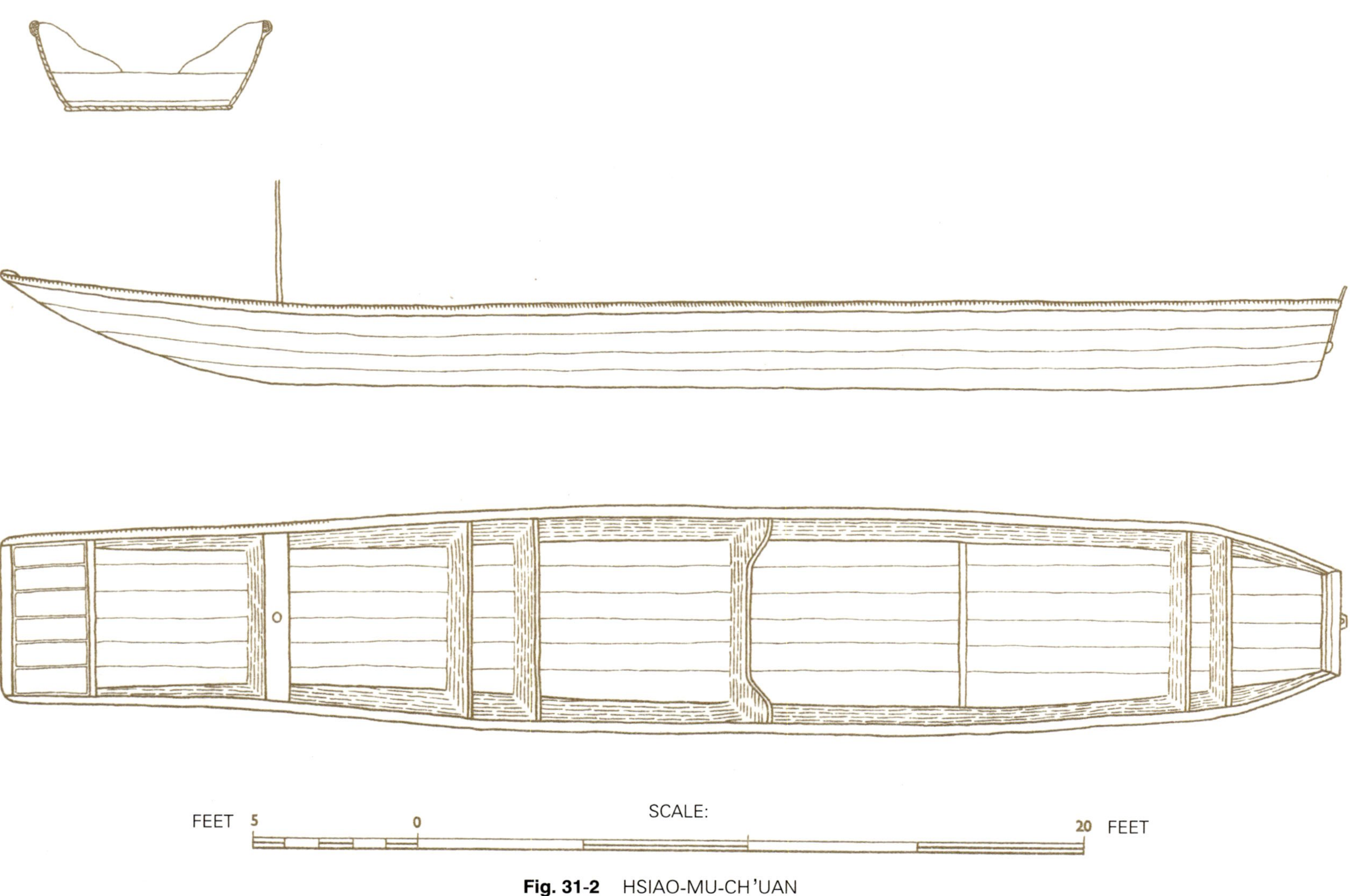

Fig. 31-2 HSIAO-MU-CH'UAN

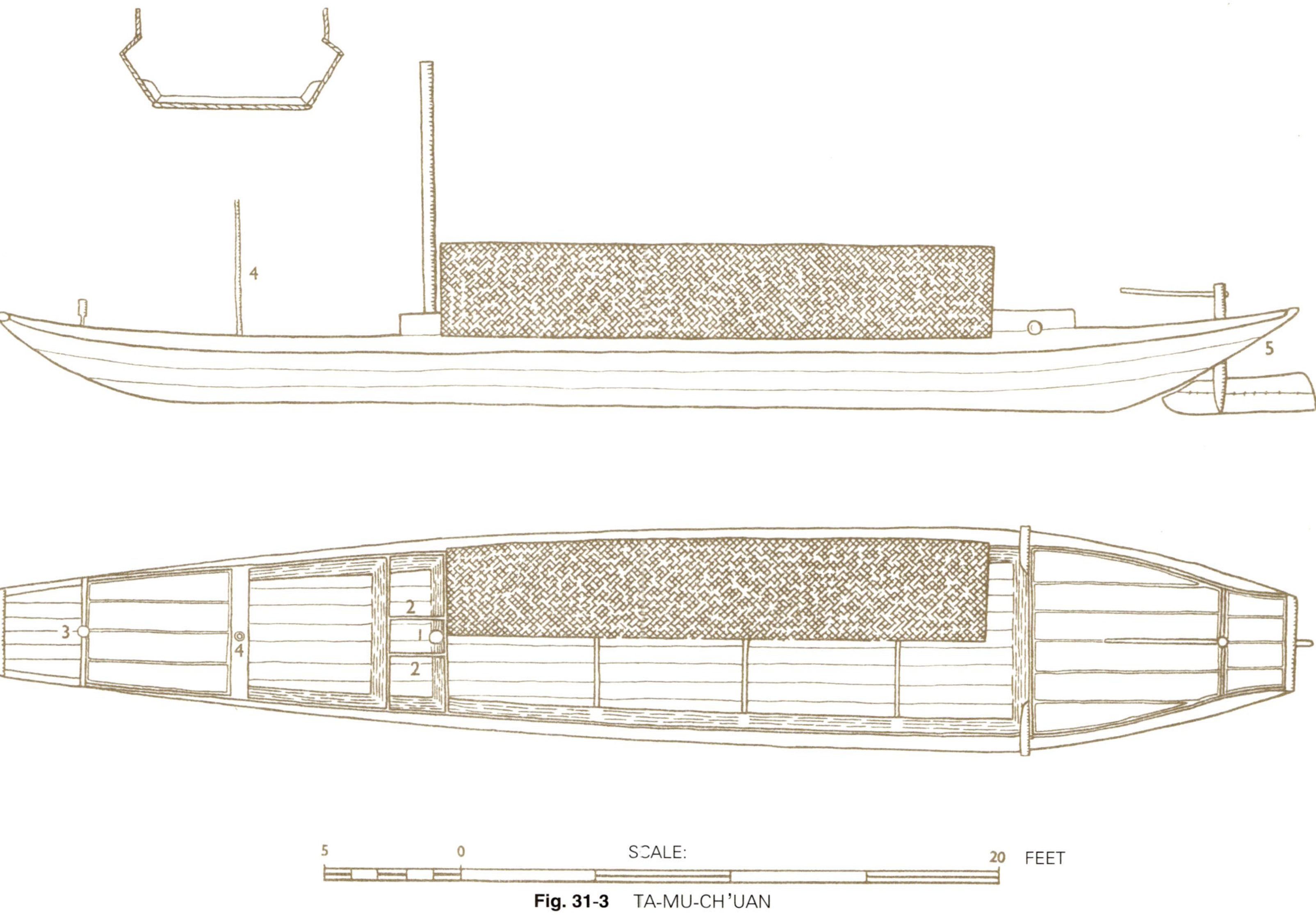

Fig. 31-3 TA-MU-CH'UAN

THE SHA-CHUAN（沙船）

The *sha-ch'uan*, or sand-boat, is so called from the name of its port of origin, Paisha（白沙）, or White Sands. Its main interest lies in the fact that it is the only type of boat used on the Upper reaches of the Minkiang, where it plies up to the point where navigation for junks ceases-about 30 *li* above Kwanhsien.

This type is essentially built for work in shallow rapids, and is of light though strong construction. It measures 55 feet by 10 feet, with a depth of 3 feet, and has six bulkheads (four of which are arranged in pairs in the form of two coffer-dams) and six full frames(Fig. 31-4).

The chief distinguishing characteristic is the flat, long, low bow, which overhangs the water to a marked degree. The stern rises gently to the small cross-beam, which ends within the slightly projecting sides of the hull.

The short tracking-mast[1] is stepped in the forward coffer-dam between mast-partners,[2,3] and the tracking-line,[4] supported by a small pennant,[5] is firmly secured to the after-bollard.[6]

The "stick-in-the-mud" anchor[7] is situated on the first main bulkhead rather farther aft than usual, and is flanked by low bitts.[8] A long split pole in the form of a wale extends down most of the sides, just below the sharply tilted gunwale.

The crew usually consists of about 11 men, of whom nine are used as trackers when up bound.

When descending the very shallow rapids above Kwanhsien, the boat travels with the current at a very high speed. Four men are stationed at the stern-sweep and four more at the bow-sweep. Just forward of the mast the whole compartment is given up to the two men at the oars, for which there are two thole pins.[10] These two men stand on small raised platforms,[11] while a third is stationed on the starboard side in the coffer-dam behind them, with a square wooden bailer which he empties down a specially constructed scUpper.[12]

Sometimes these boats go down as far as Kiating. The cargo is usually coal.

THE MINKIANG CAR-FERRY

The extensive construction of roadways in the interior of China has brought its own problem of transport across the numerous rivers and waterways. When, for reasons of time, labour, and expense, bridges are not yet established, this problem has been solved by the use of a new type of craft, a wooden car-ferry. These fall into two main categories: those for use in very narrow and shoal waters, and the sturdier type for the deep and broader rivers. A good example of the former type is the car-ferry which conveys road traffic across the shallow, placid waters of the T'o River at Peimuchen, near Nuikiang, on the Chungking-Chengtu high road. This ferry draws only a very few inches, yet is said to be capable of carrying two large fully-loaded motor-lorries at the same time. The cars enter by the bow or stern by means of two sets of specially constructed planks, which first lead up to the heavy cross-beam in which the boat terminates, and then down to the bottom level of the ferry in a gentle form of switch-back. These planks are kept in place by an easily

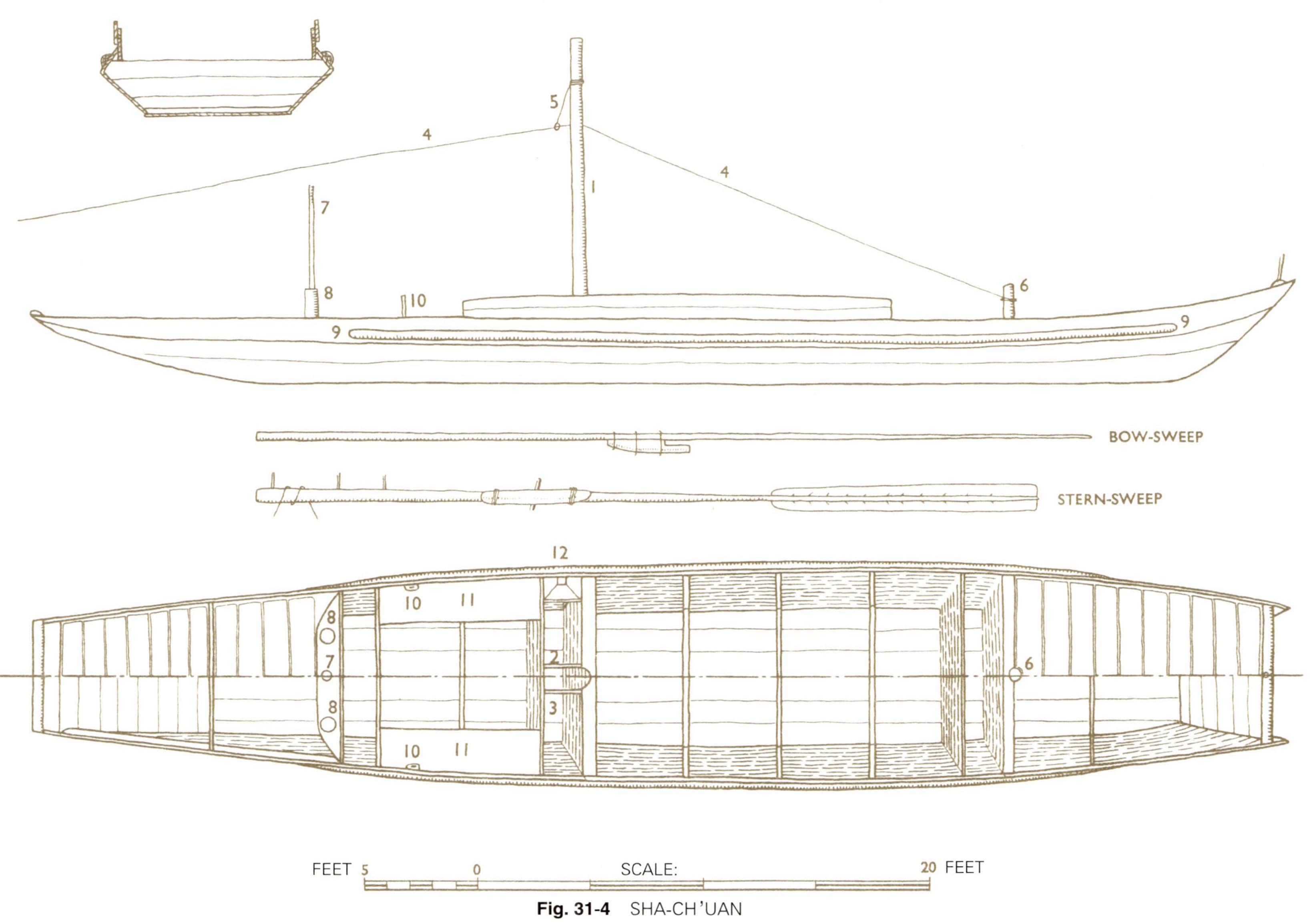

Fig. 31-4 SHA-CH'UAN

removable iron band which half encircles the cross-beam. The ferry crosses the stream under oars and a stern-sweep.

The second type, the Minkiang ferry, as illustrated in Fig. 31-5, takes cars, across the outer channel of the Minkiang, about 5 miles below Kwanhsien on the road to Chingchengshan. This large, sturdily built, and clumsy craft measures 59 feet long, with a beam of 15 feet and a depth of 4 feet. There are 31 frames of more than ordinary strength, for they stand 13 inches high[1] from the bottom and are 4½ inches deep[2] on the sides of the hull.

Cars are driven on board up a wooden runway supported on a trestle in the water, and enter over the side amidships on to planks[3] laid athwartships over the gunwales,[4] but projecting considerably on both sides.

The method of crossing the river is simple and ingenious, and is accomplished without any effort at all, as the current is used to the full.

About 200 yards up stream a collection of large stones or boulders in bamboo cages has been built up in the shallow bed of the river in the rough form of a pier.

To this holdfast is attached one end of a bamboo rope,[5] which is secured at deck-level to a tall, strong, removable bollard.[6] The rope is kept clear of the water and any passing craft by being rove through three grummets on three other lines which are suspended at right angles to it and cross the river at regular intervals between the ferry stages and the holdfast. These cross-lines are elevated on six bamboo trestles, so as to allow other craft to pass beneathf them and the main rope.

To cross the stream, the bowman lifts the rope[5] when it is slack and places it outside the shore side of the pair of pins[7] on the heavy cross-beam.[8] The laodah in control of the stern-sweep,[9] which operates on an iron bearing-pin,[10] gives the craft a cant with his sweep, which, placing her at an angle to the axis of the stream, utilises the force of the current as it strikes on the bow to carry her swiftly to the opposite ferry stage.

THE CHENGTU CORMORANT FISHING-PUNT

This type of craft is designed for use on the network of waterways surrounding Chengtu. The punt, a double-ender, measures 16 feet long, with a beam of 2 feet and a depth of 8 inches. When carrying a crew of two men, a large fishing-basket, and a landing-net, the draught seldom exceeds 3 inches (Fig. 31-6).

Lightly constructed of *nan-mu*, it contains seven half-frames and two or three perches for the birds. It is astonishing that any craft of such slender and shallow proportions should also be able to support two men.

The method of propulsion is by poling, and the pole also serves as a gangway-cum-main-derrick for any bird that has secured a fish. The pole is inclined at an angle for the bird to climb onto from the water, when it is then hoisted bodily into the boat. The patient bird is then immediately relieved of its catch, after which it is pushed overboard again to dive for more fish.

When on duty the cormorants wear a tight rattan ring round their throats to prevent their swallowing any fish. The owner claimed that two birds working in cooperation, as they can be trained to do, are capable of landing fish up to 1½ feet in length.

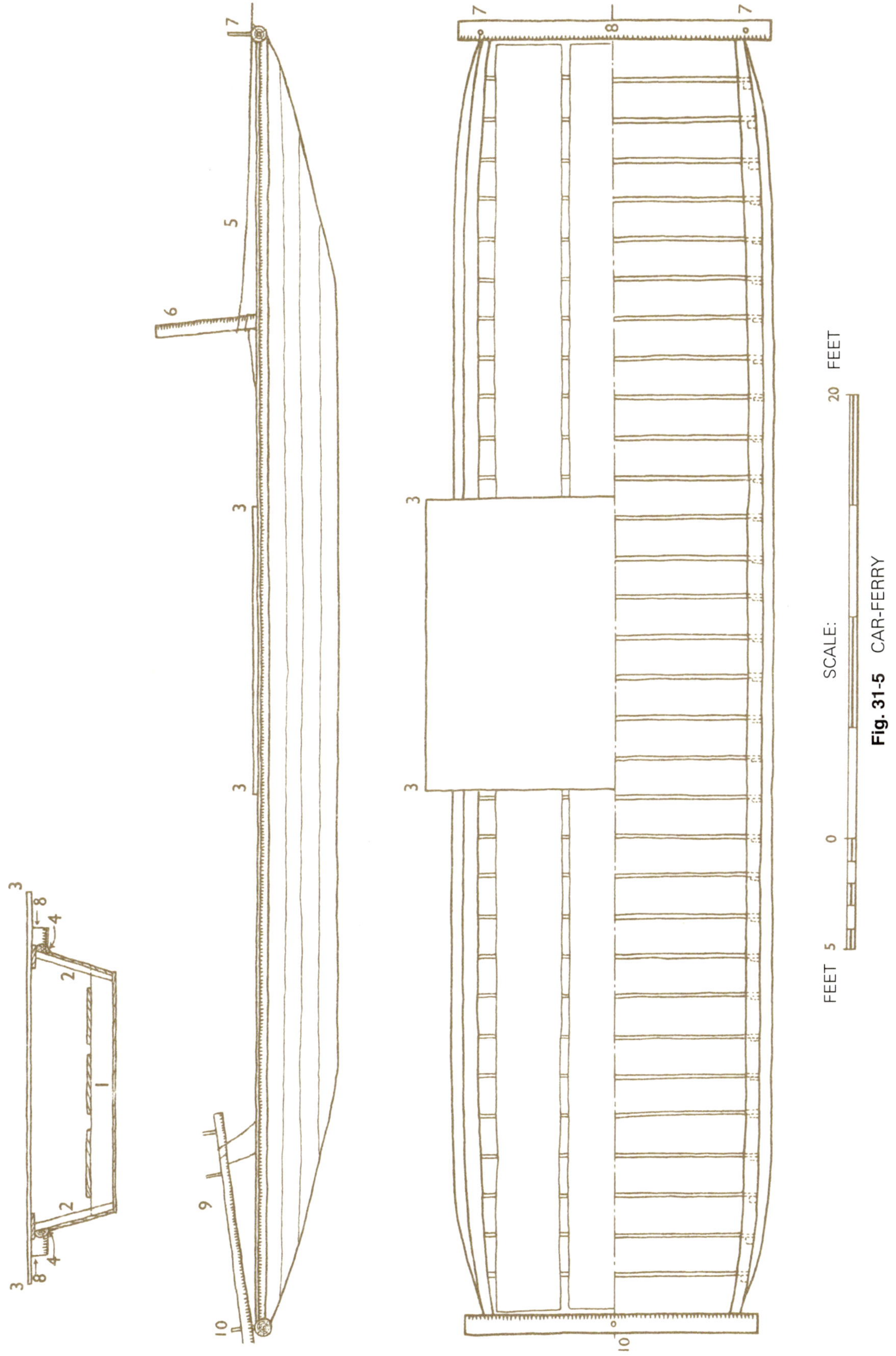

Fig. 31-5 CAR-FERRY

Fig. 31-6 FISHING-PUNT

With profitless patience and industry these long-suffering birds continue to retrieve fish with the greatest dexterity from early morning to late afternoon for their taskmasters, who reward them with a fish meal. When the day's work is concluded, the cormorants may be seen at their ease on their perches, or on the gunwales of their sampans, with their wings extended to the full, gently waving them to and fro in the air to dry.

The cormorant may be said to be on competing terms with the various other Chinese methods of fishing, if not the most successful exponent of all. The price of each fully trained bird is said to be as high as $ 50, but this may be a fisherman's story.

THE PLEASURE BOAT

The name *hsiao-hua-ch'uan*, or small pleasure boat, is given by the inhabitants of Chengtu to this curious craft. The reason for its name seems as obscure as the reason for the peculiar bow. [1]

The main purpose of a sharp bow is to enable the craft to cut through the water with greater ease. In this type the cutting edge is well above the water-line, which meets the square portion below the first bulkhead. [2]

The boat measures 19½ feet by 4½ feet, and the type is quite common on the Fu River at Chengtu. Despite its name, it is often to be seen laden with coal(Fig. 31-7).

THE HUA-CH'UAN (花船)

The *hua-ch'uan*, or flower boat, as it is locally termed, is designed for use on the numerous waterways surrounding Chengtu, where, for the modest sum of 25 cents per person, the inhabitants can, in summer, temporarily escape the heat of the town and enjoy the cool evening air afloat.

The boat as illustrated measures 37 feet and has an over-all beam of 9 feet(Fig. 31-8). There are six bulkheads and four frames. It can accommodate nine passengers on each side. As they sit on bamboo chairs, facing inboard, they can derive little pleasure from the obstructed view, which in summer is further screened by lowered bamboo blinds. All the boat is decked-in, with the exception of the central portion contained within the deck-house, which is roofed with matting and has small railings on both sides. Outside these railings runs a 1-foot wide projecting gunwale, which narrows to normal proportions at bow and stern. This provides an uninterrupted gangway for the crew, which consists of two men at the oars and a laodah-ticket-collector. The small, after, built-up portion of the house is said to be for the use of lady passengers.

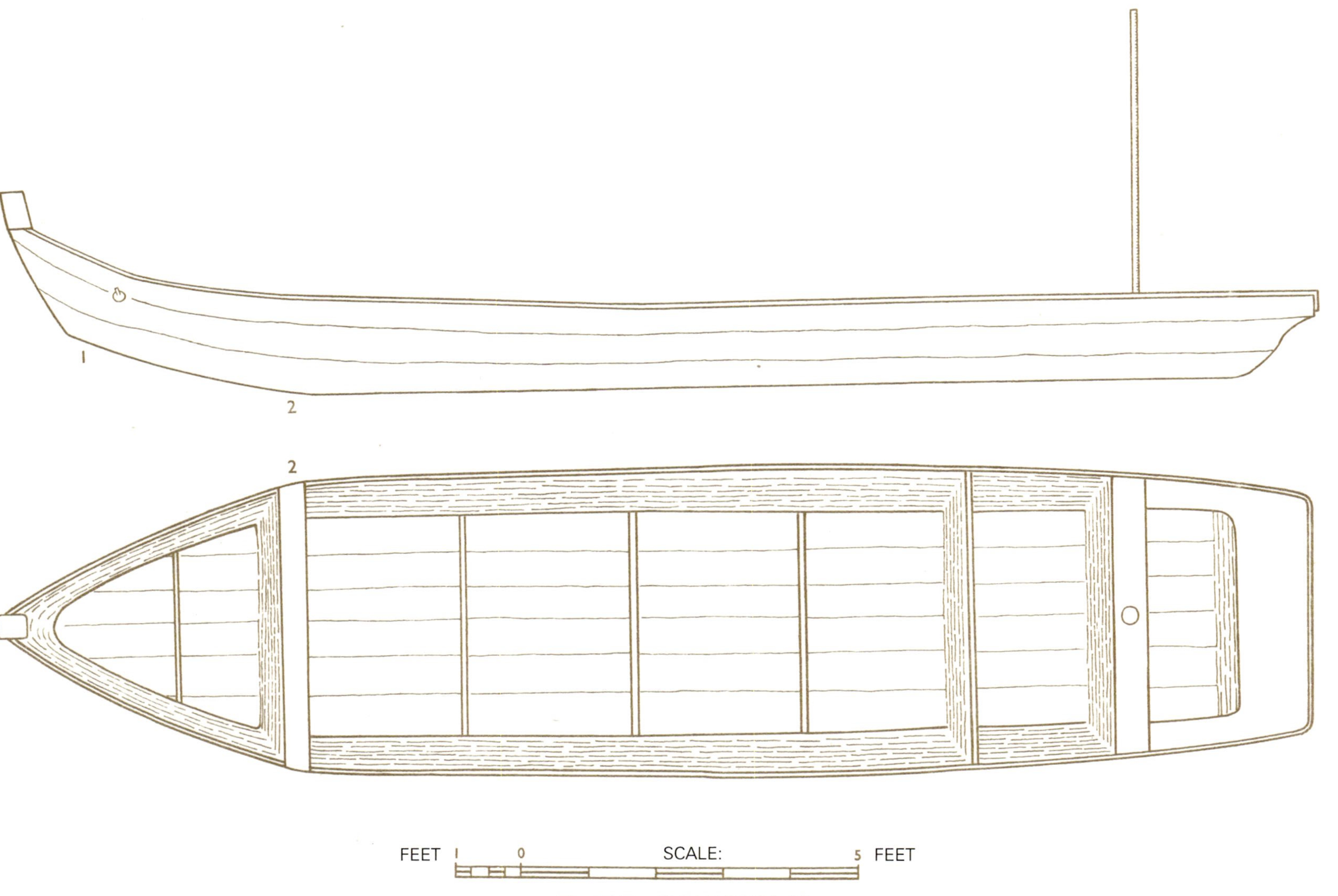

Fig. 31-7 PLEASURE BOAT

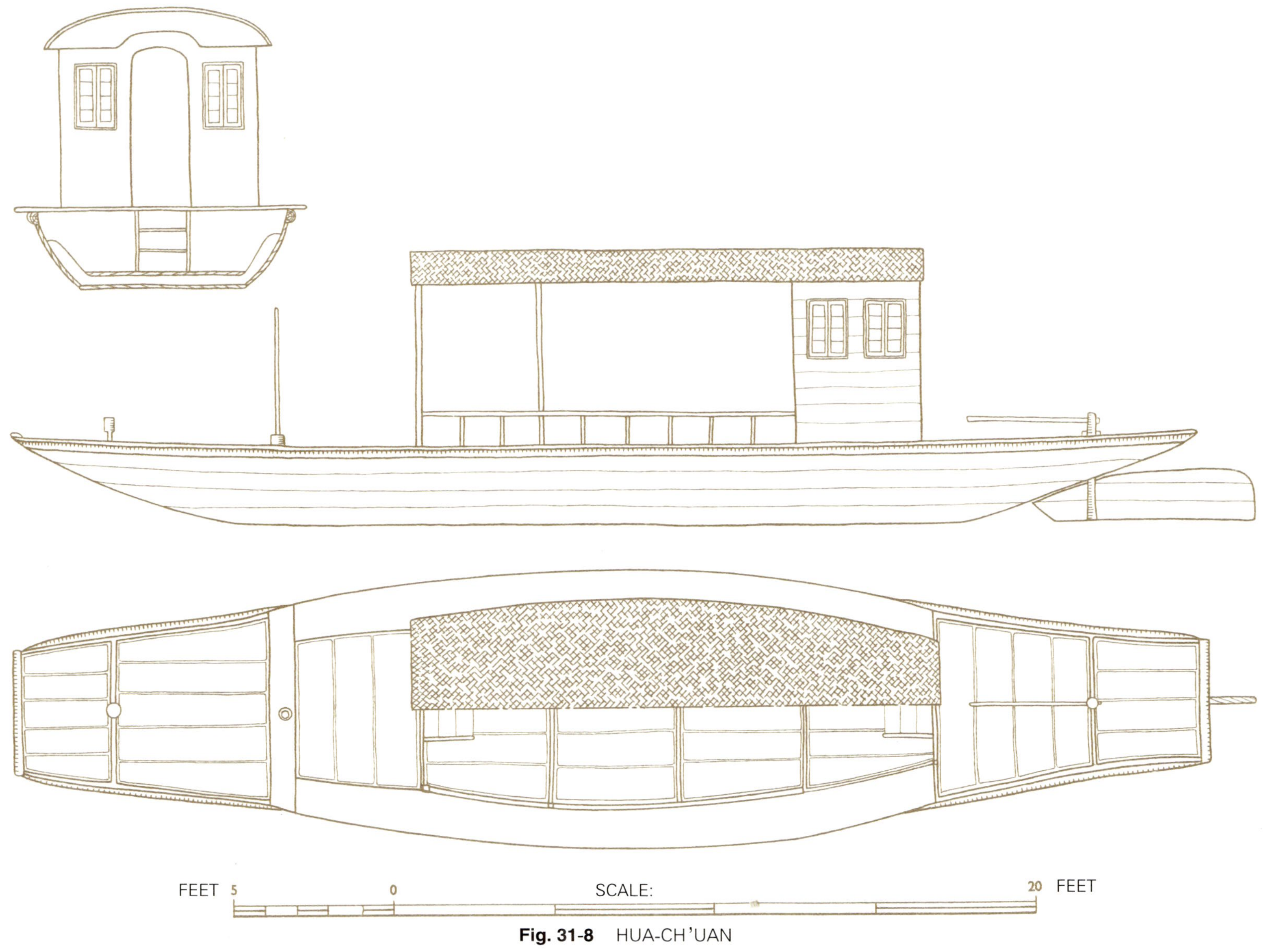

Fig. 31-8 HUA-CH'UAN

- CHAPTER 32 -

THE BAMBOO CARGO-CARRYING RAFT OF THE YA RIVER

The Yaho unites with the Tungho about 3 miles above Kiating, or Pearl of the West, where a mile or so beyond the west gate of the city both waters join the Minkiang.

The Yaho is a swift-running stream thickly bestrewn with boulders, shingle, and sandbanks. It rises in the Hung Shan, the mountainous country north of Yachow, and its waters, shallow in winter and tumultuously swift in summer, are always hazardous, and can only be navigated with great risk by junks at high water for, at most, 30 miles above Kiatingfu, to Hungyahsien.

The importance of the Tibetan trade was such, however, that it was found imperative to negotiate the 100 miles of intractable waterway up to Yachow, situated at a level of 800 feet above Kiating. This gradient explains the swiftness of the rapids, of which there are 33, and places the Yaho in the class of a mountain torrent rather than a river.

Though boats are in use at various ferry points, the river is so unsuitable for ordinary navigation that cargo is conveyed up and down by rafts which ply from Yachow and Changpehsha to Kiating, and up to Chengtu, and even occasionally go down to Suifu. They take five days in the low-water season to go from Chengtu to Kiating, and three days in summer.

The Yachow raft, or *fa-tzŭ*, though primitive, is of very ancient origin or adoption, and may be described as the lightest-draught general cargo carrier of the Yangtze, and quite possibly of the world, in that its loaded draught is often as little as 3 inches and never exceeds 6 inches, this being largely due to the extra buoyancy afforded by the hollow watertight cylinders of the bamboos.

The *fa-tzŭ*, which is quite unsinkable, consists of a long, narrow platform of immense strength and flexibility, and embodies a number of very ingenious yet eminently practical devices for surmounting the difficulties it has to meet. Its most outstanding characteristic is the turned-up bow, which is designed so as to enable the raft to slide over the rocks, even though they may be almost breaking surface.

There is considerable variation in length, the smallest rafts being about 2 *chang*-these have the bow only very slightly raised-and the largest 10 *chang*. They are built at Kiating or Yachow, and only take about two weeks to make at a cost of about \$600. The type illustrated in Fig. 32-1 is therefore the largest, being 10 *chang* or 110 feet long, with a maximum beam of 12½ feet, which diminishes somewhat at bow and stern. It is built throughout of the culms of the giant bamboo (*Dendrocalamus giganteus*), known as

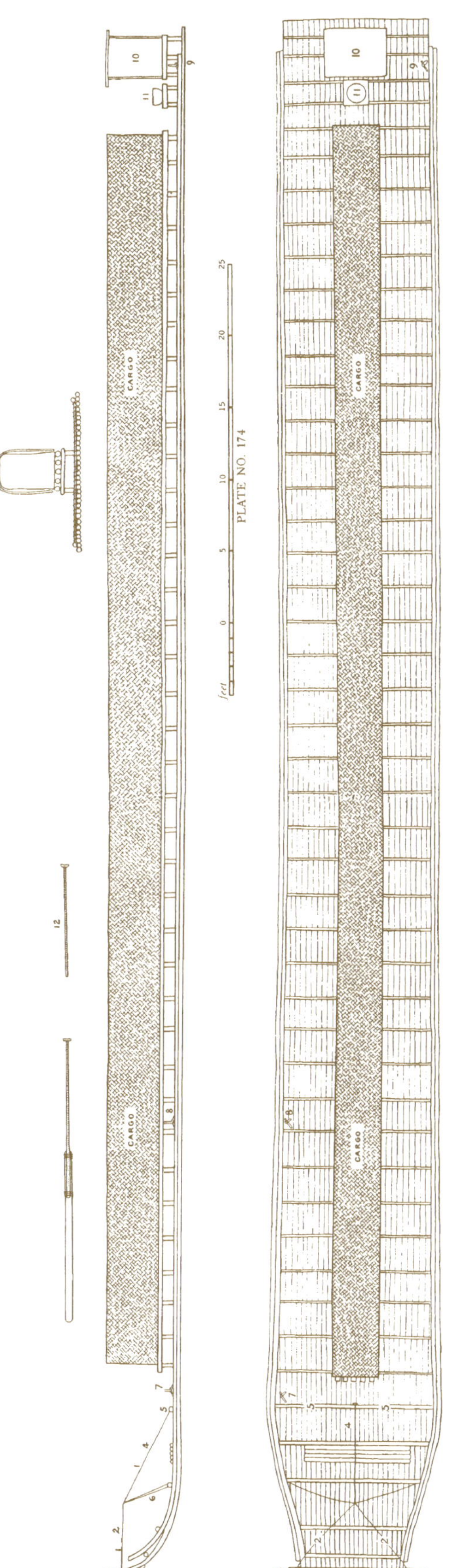

Fig. 32-1 RAFT OF THE YA RIVER I

nan-chu (南竹), which is the largest of all the bamboos in Western Szechwan, and grows to a height of 60 to 80 feet, with a maximum diameter of 10 or 12 inches. This species, with its large core and light wood, is most supremely suitable. The bamboos used appear to be carefully selected, for they are of uniform diameter, that is to say, 5 inches, but are of unequal lengths, so that the end-to-end joins occur at irregular intervals. The outer siliceous skin is removed and the nodes hardened over a hot fire. Heat is also used to bend those canes intended for the bow, which are then weighted with stones to curve them to the upturned shape.

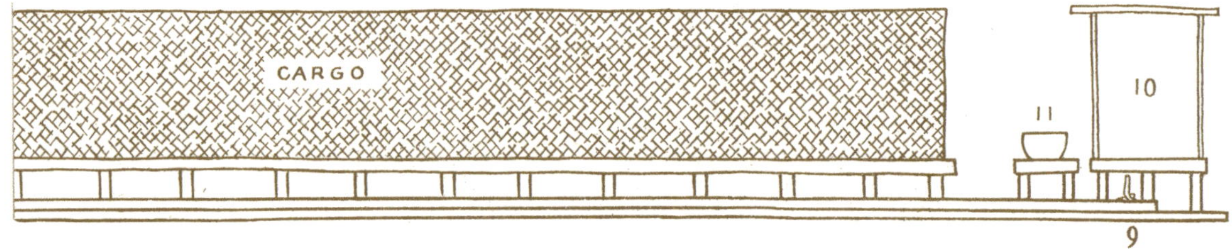

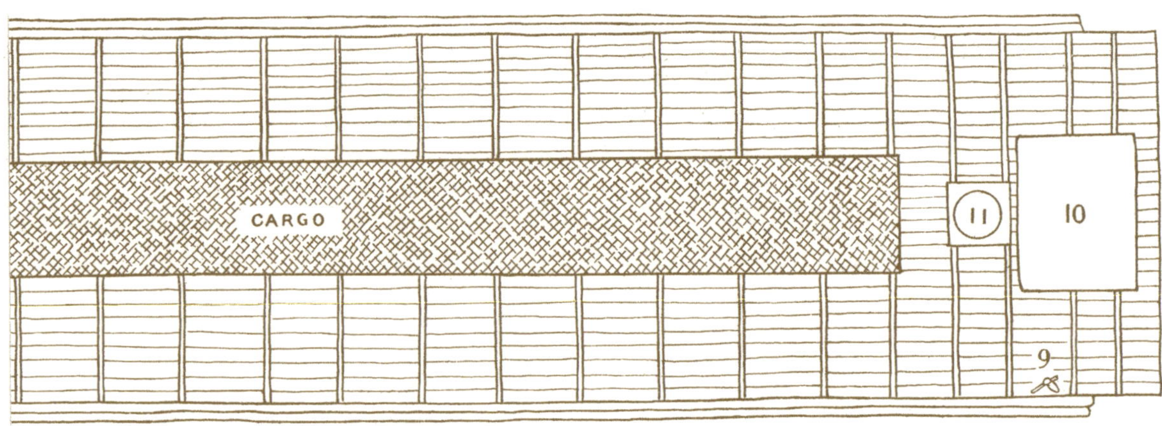

Fig. 32-2 RAFT OF THE YA RIVER Ⅱ

Due to the smoking process, the canes acquire a blackened appearance, further intensifed by the practice of wood-oiling them once a year in the low-water season, when the whole raft is dismantled for overhaul and reassembled. This unusual colour of the bamboos, together with the fact that they have had their outer surface planed off, gives the raft the appearance of being made of timber.

The bamboos are laid side by side and securely lashed with cane withes to numerous cross-beams or frames, not a single nail being used in the whole construction; these frames are of less diameter, and are of the natural green bamboo without any treatment. The irregular length of the bamboos, as previously stated, ensures that no two joins ever coincide, and the raft is not, as commonly believed, made in separate sections joined together. Nevertheless, the utmost fexibility is achieved, for the rafts can yield both traversely and laterally when passing over a semi-submerged obstacle.

Protection and additional strength is provided by a continuous fender on each side from bow to stern.

This fender is the width of two bamboos, and carries a third superimposed on the inner one. Unlike the floor of the raft, these joins are fished with strips of bamboo securely lashed, and extending for 1 foot on either side of the join. The over-all breadth of the fender is 10 inches.

The upturned bow is supported by a fibre-rope bridle,[1] strengthened with rattan frappings[2] leading from either side of the projecting *nan-mu* cross-beam at the bow[3] to a central fore and aft iron bar,[4] terminating in a hook and situated on the fifth frame,[5] to which it is made fast by a lashing.

In order to ensure a better lead, the bridle rests on a towing-horse[6] 4 feet above the deck. Below this is a small low platform of five bamboos laid athwartships, from where the laodah cons the raft.

Situated on the fifth frame[5] by the starboard side is a thole pin.[7] The problem of securing it has been cleverly solved by employing an alder stump about 2½ feet high, the two natural roots being lashed to the bottom-board bamboos, while a third artificial leg is provided in the shape of a wooden wedge with a tenon through the tree trunk and locked with a wooden pin. Eight frames farther down on the starboard side is a second exactly similar tree trunk,[8] and a third[9] is right aft on the last but one frame on the port side. No satisfactory explanation could be obtained for the number and position of these original thole pins for the three oars, but there is doubtless some very excellent reason.

A long, narrow, raised platform runs down most of the length of the raft, starting at the sixth frame and ending on the fifth frame from aft. This platform is elevated 1 foot off the deck, and rests on short, stout, upright sections of bamboo. It consists of five bamboos laid lengthways on the supports. On this, which is the only moderately dry place on the raft, which is usually awash when under way, the 7 tons of cargo is stacked to a height of something under 4 feet and covered with matting.

The stern, which narrows slightly, is flat(Fig. 32-2), and has a small matshed[10] lean-to shelter for the normal crew of seven or eight men. Here, too, the galley, which consists of a brazier,[11] is situated on the third frame from aft. The raft is towed up river by the bow, and in shoal water these efforts are augmented by some of the crew entering the water and pushing by means of an 8-foot pole[12] ending in a cross-piece, so shaped as to accommodate a man's shoulder, the whole being not unlike a crutch. The rafts usually travel in company in order that the crews may assist each other over the more difficult rapids.

The average rate of progress when tracking up to Yachow is 5 to 10 miles a day, and the journey takes anything from two to four weeks, though the whole 100 miles may, on the downward trip, be accomplished in 20 running hours.

A curious and noticeable feature when travelling is the loud and crackling noise which forms a continuous accompaniment to the raft's progress when passing through shoal water over the shingle bed of the river. This noise reverberates, and is accentuated by the hollow bamboos, which act as sounding-boards.

The rafts are uniformly kept in excellent condition. Any damage sustained is instantly and easily repaired by substituting a new length of bamboo. It is obvious that the crew take a pride in their craft, and the result is that these rafts last for years, as they are always being renewed piecemeal.

The Ya River raft is probably the oldest type of craft on the Yangtze to day, but, unlike the more modern types, it is likely to continue to ply, for there is no adequate substitute for this interesting and ingenious cargo carrier.

– CHAPTER 33 –

THE CROOKED-BOW SALT JUNKS OF TZELIUTSING

As its name implies, one of its features is the enormous sweep, which may even be longer than the boat itself, but the most outstanding of many peculiarities is the crooked construction of the bow, designed to negotiate the rapids on the Yentsingho, or Salt Well River.[1]

The Weiyüanho and the Junghsienho unite a few miles above Tzeliutsing and proceed, as the Yentsingho, to the T'o or Lu River. On this short stretch of 120 *li*, or about 40 miles,[2] there are four formidable rapids. The first is a weir at Chungt'an; the second at Hsien-t'an consists of a rapid and weir; the third at Yent'an is the worst obstacle of all; and finally there is a dam and rapid at Laoyat'an.

The crooked-stern junks of Fowchow have attracted the attention of travellers passing by that town and have acquired a limited and rather local fame, but the crooked-bow junks of Tzeliutsing seem to have contrived to exist without attracting the slightest wonder, or, indeed, much notice, even in their own home port. Exhaustive research produces at most two or three casual references to these craft in travel books, all of which make the mistake of alluding to them as "crooked-stern junks". True, the port side of the curious, high, rounded taffrail is slightly raised, the member forming the site for the sweep does not extend the full way, and a perfect illusion of wryness is imparted by the planks of the square stern being set at an angle instead of vertically; but the essential crookedness of these craft lies in the bow, which makes them unique.

As is generally the case with an unusual form of construction in Szechwan, the credit or blame for the eccentricity is attributed to supernatural intervention. In the case of the oar boat, the design is assigned to Lu Pan, the Carpenter God.

As *lu-ch'uan*, or oar boat, is such an inadequate description of this craft, it will in future pages be called the crooked bow junk, a name descriptive of what, it may be surmised, is probably the only type of craft of its kind in existence.

The crookd-bow junks are built on the banks of the Yentsingho, mainly at Tzeliutsing itself, at a cost, in 1941, of 2,400 each. There are said to have been 3,000 of these craft in 1926, which serves to keep up the price of exporting salt.

〔1〕 Also known as the Tzeliutsingho(自流井河) or, shortly, as the Tsingho (井河).

〔2〕 In《川盐纪要》, written by Mr. Ling Chen Han (林振翰) of Ningteh of the Fukien Province, the distance is given as 180 li, or 60 miles.

The crooked-bow junks are built on slender and pleasing lines, tupering gently to bluff bow and rounded stern. Despite their graceful appearance they are, however, of exceptionally strong construction, as, indeed, is essential for their passage up and down the dangerous rapids. The length is supposed to be standard, that is to say, 57 huglish feet, but they are sometimes a little longer. The junks work in convoys of five, each group being known as a *tsai*. The leader, or flagship, as she might be called, of each group is known as *tso-ch'uan* and is always slightly larger than the others. They all draw only a few inches when light and 1 foot when loaded.

It is noticeable that for use in comparatively deep rapids the Chinese have in nearly every case designed vessels with an underwater line, or flare, more or less rounded, and this deep draught makes for greater stability in broken water. As the rapids of the Yentsingho, however, are abnotmally shallow in the low-water season, the craft built to negotiate them must draw the minimum of water and are therefore probably, with the exception of rafts, the lightest cargo carriers in the world. To achieve this end they are flat-bottomed and, moreover, represent more markedly than any other Upper Yangtze craft a vessel in its very simplest form, that is to say, a long four-sided box, This method of construction indicates its ancient origin, and the primitive manner in which the building is still carried out supports the junkmen's claim that they huve been thus fashioned without change in design for many hundreds of years, very likely dating back at least to the time of the first needs of water-borne export of salt from the wells.

The basically simple methods of construction used have therefore a special interest. The first operation is to lay six planks side by side on the ground. These, which are the bottom planks, are normally of *sung mu* (松木), or pine-wood, although sometimes *ch'ing-kang* (青杠), or oak, is used instead. Though they are not uniform in size, these planks usually measure about 20 feet in length, with a thickness of 1. 5 inches, and are about 1 foot broad, further lengths being scarfed as necessary to bring the total up to the length of the boat.

The first two planks are laid one on the another, and with the aid of a wooden set-square, straight lines are drawn across the edges of both at intervals of about three to the foot, right down their length, to mark the site for the holes to be drilled to receive the nails. The second plank is then laid on the third, on to which the guiding lines are produced so as to ensure that the nail holes will coincide. The third plank now acts as a pattern for the tourth, and so on, until all six are marked and the holes duly drilled. The bottom planks are now"pinned"to each other, that is to say, 3-inch wrought-iron double-ended nails are inseted in the holes and all the planks knocked together to form a solid whole(Fig. 33-1).

The foremost and aftermost bulkheads, made of *nan-mu* (楠木)-a fine-grained yellow hardwood obtained from a tree of the laurel family-are next placed in position a few inches in from either extremity and are "spiked" to the bottom planks. This is done by inserting an L-shaped wrought-iron spike or dog through a hole bored in the bottom planks, as shown in the diagram.

The L-shaped portion is then hammered home into the bulkhead, while the other extremity is clinched 180° back on itself into the bottom surface of the plank. The result is a fastening which it is almost impossible to dislodge.

The foremost and aftermost bulkheads are not erected at right angles to the bottom planks but at an an-

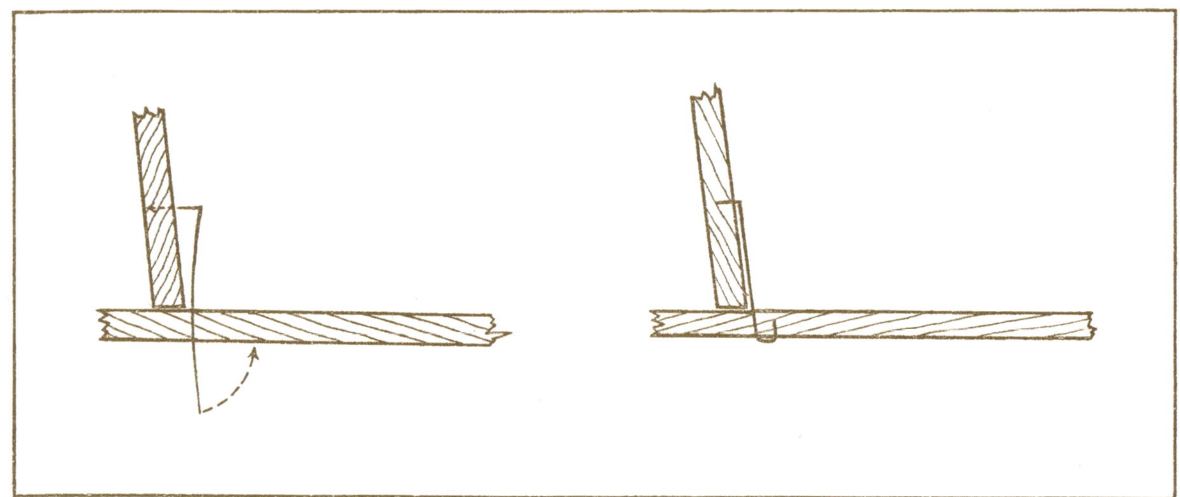

Fig. 33-1 BOARD BONOING MODE

gle of about 5° out of the vertical, leaning forward and aft respectively, for reasons which will later be apparent. All the intermediate bulkheads, sometimes consisting of a single plank, are now erected in the positions they are to occupy in the boat, each being "pinned" and "spiked" in the same manner as in the case of the first and last bulkheads.

The boat is now turned upside down, ready to receive the side planks of the hull. These, which consist of four long, heavy planks of *nan-mu* on either side, are joined together in the same manner as the bottom planks of the junk. The planks vary in number from three to five according to the width available, but four is most usual. The topmost planks of the hull are gently curved amidships so as to form an upward wave in the centre of the boat. When assembled, the two sides of the hull are lifted into position and securely nailed to the bulkheads, commencing amidships and gradually working outwards to bow and stern.

It will be remembered that the foremost and aftermost bulkheads were not erected absolutely vertical, and, as the bow and stern both taper somewhat abruptly at the first and last bulkheads, the action of heaving the side planks down to these bulkheads by means of a Spanish windlass naturally forces the two bulkheads to assume an upright position, in which they are nailed to the side planks.

Deck-beams rest on all the bulkheads, their ends being let into the topmost side planks and retained there by the planks resting on the carling shelf, making the junk very strong in construction.

It must be appreciated that the work of the Yentsingho shipwrights, though ingeniously conceived and skillfully carried out, is of the crudest. This necessarily makes the caulkers' task a formidable one. Caping apertures betwecn the planks, deficiencies in the wood, careless clinching of nails, and other minor errors of omission and commission not only demand a lavish use of chunam and bamboo shavings, but frequently graving pieces have to be inserted to fill up the larger holes.

As may be seen in Fig. 33-2, there are 10 full bulkheads and two half-bulkheads, one in the second and the other in the tenth compartment. The foremost of the two half-bulkheads is reinforced with a 2-inch

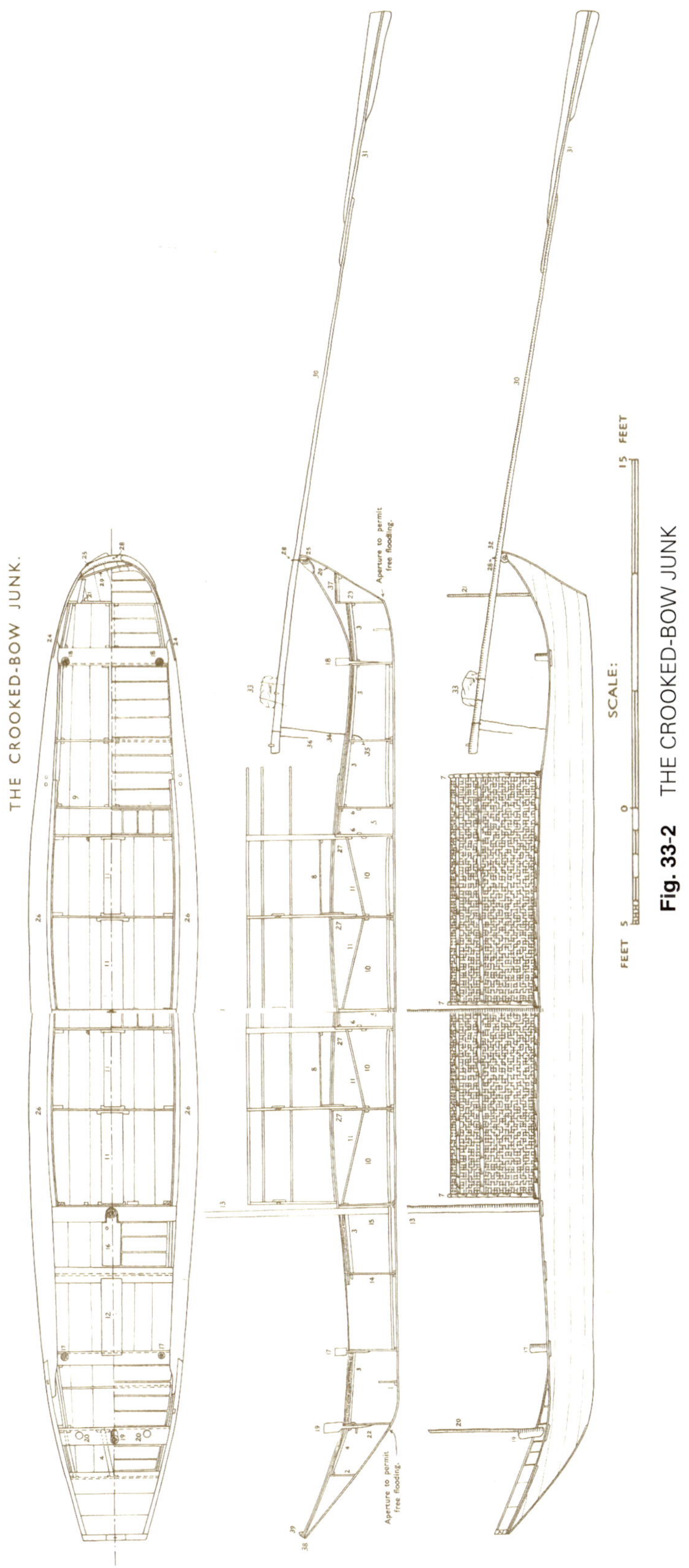

Fig. 33-2 THE CROOKED-BOW JUNK

frame.[1] A small, full bulkhead,[2] more in the nature of a strengthening piece, is situated half-way up the turn of the bow in the foremost compartment. Additional strength is imparted to the fourth compartment by means of the mast-partners. The same is achieved by fore and aft removable deck-beams,[3] fitted between the bulkheads in the first two, the fourth, and the last four compartments. The only one of these deck- beams worthy of note is the small 3-foot one[4] in the foremost compartment, which is fitted obliquely in the crooked bow, not for symmetry, presumably, but so as to clear the foremost single bollard.[19] In true Szechwan tradition, moreover, there is only one way in which it will go in.

A coffer-dam[5] (a term used for want of a better) is situated abaft the sixth bulkhead. This is an uncommon position for a single coffer-dam, which in riverine craft is normally in the fore part of the vessel. The coffer-dam, which is usually to be found in the larger types of junks, is a small compartment always kept free of cargo, having two small apertures, or limbers, leading into the neighbouring main cargo-holds on either side. Their function is to drain off any seepage of water which may have found its way into the holds so that it may he conveniently bailed out.

In former days monetary transactions were conducted in the shape of cash, that is to say, small brass coins of low value with a hole through the middle, by means of which they could be threaded to form "strings of cash". In order to accommodate sufficient of this bulky wealth for daily needs, food, payment to trackers, and so forth, a shelf was made, filling up one side of the coffer-dam. The cash are no longer carried, and the shelf has long since been discontinued, but every new junk is still conservatively built with the supporting slats[6] for the shelf, a relic of the primitive form of sale and evidence of the old traditional honesty of the Chinese in that neither bolt nor lock was used.

The tall rounded mat-house[7] begins at the fourth bulkhead and extends aft to beyond the sixth bulkhead. There is little comfort or accommodation, as there is only one crude bunk,[8] and a small cooking-stove,[9] which, contrary to the usual Upper Yangtze tradition, is on the starboard side.

The two compartments[10] contained within the house are never decked-in. The fifth, or central, bulkhead has a section measuring 2 feet high by 2. 5 feet broad cut out amidships, so that the fore and aft gangplank,[11] which runs the length of the house, has a 1-foot dip in the middle. This permits of ample headroom in the central part of the house alone. The cut-out portion of the bulkhead is fitted with flanges, so as to slide back into the bulkhead when it is required to close the gate, but in point of fact this is never done, and the removable knee high door is always kept slung up out of the way in the house under the matting, yet another instance of the conservative methods of the junk builder, who adheres so closely to the accepted type as to continue making fittings which are never used in the way for which they were intended.

All the other compartments, with the exception of the third, are decked-in with athwartship *sha-mu* planking. The open third compartment has, at deck-level, a small fore and aft central gangway[12] and four loose *sha-mu* poles, two on each side of it, upon which deck cargo is placed. The poles are shaped to obviate rolling.

The full load consists of 90 baskets each weighing 290 pounds of soft salt and 120 baskets cach weighing 210 pounds of lump salt. All the compartments are fitted with dunnage in the form of six fore and aft *sha- mu* poles, whereon the salt baskets are stowed. When loaded, not only are all holds full, but a considerable number of baskets are carried on the fore-deck, and every available inch of space is utilised-even the house is filled up nearly to the roof. A through gangway, however, is left from the bow right through the house, not only as a passage way, but to pernit the laodah, standing aft at the big sweep, a view ahead which, restricted as it may be, seems to be adequate.

The tracking-mast[13] is made of *sha-mu*, and is stepped into two parallel fore and aft chocks; the office of which is to distribute the weight between the third[14] and fourth bulkheads.[15] It is held upright to the level of the deck by a mast-case (Fig. 33-3), and strengthened above that by mast-partners. Absolute rigidity is ensured by means of a 4-foot fore and aft plank,[16] fitting snugly between the third and fourth bulkheads. This method of stepping the mast is quite commonly found with the plank resting on top of the half- frames, but as this craft has full bulkheads practically throughout, the plank rests upon them, that is to say, at deck-level, and therefore constitates a somewhat unusual form of fitting. Back stays are rove through the mast-head and are set up to ring bolts on either side of the after ends of the house. These stays also serve to steady a standing iron gin-block with an iron sheave, which is used to elevate the tow-rope when occasion demands. Details of these fittings will be found in Fig. 33-3.

There are two small forward bollards[17] on the second bulkhead, and two of similar size and design are to be found on the ninth bulkhead,[18] considerably farther aft than is usual. All are of tough *pai-mu* (柏木) and are fitted in a similar manner to the single, larger foremost bollard.[19] This strong post is admirably adapted to take the exceptional strain for which it was designed, as will appear later. It is situated right forward in the centre of the first bulkhead and flanked on either side by two "stick-in-the-mud" anchors[20] of the class so much in use on the Upper Yangtze. The latter usually consist of a square, or sometimes round, boxed-in navel pipe, through which a pole ending in a cross-haft is rammed into the soft mud of the river-bed so as to anchor the vessel, a stone being often hung from the cross-haft to lend extra weight. In the crooked-bow junks, however, a very curious and interesting feature is that the apertures are not boxed-in, but merely consist of two horseshoe-shaped holes cut into the bottom of the second bow planks at the turn of the bow in the first watertight compartment(Fig. 33-4).

Moreover, a still more novel characteristic is yet a third "stick-in-the-mud" anchor aperture[21] situated on the starboard side of the after compartment, thus making three in all. These all permit free flooding of the foremost compartment[22] and, to a lesser degree, of the after compartrnent,[23] and it is claimed that resistance to the water is thereby reduced to a minimum. It is certain that it must reduce pounding.

Although at first sight it may be difficult to understand the reason for this form of free flooding, closer study would seem to show that the ablity to acquire and discharge water ballast at either extremity in a rapid must impart a valuable steadying influence and reduce oscillation. The advantage of this simple automatic device is that it comes into operation just at the most necessary tine to counteract the effect of buffeting, for the boat is balanced by this alternate emptying and filling at either end.

The gunwale, starting from the bow, is scarfed between the first and second bulkheads into a much wider gunwale, 1 foot wide increasing to 1.5 feet amidships. Abaft the ninth bulkhead it is again scarfed into a narrow portion,[24] which tapers until it is lost in the curved top of the transom. This tapering ends unsymmetrically in the *lu-lan* (橹担), or site for the sweep.[25] The wider section of the gunwale[26] forms a conven-

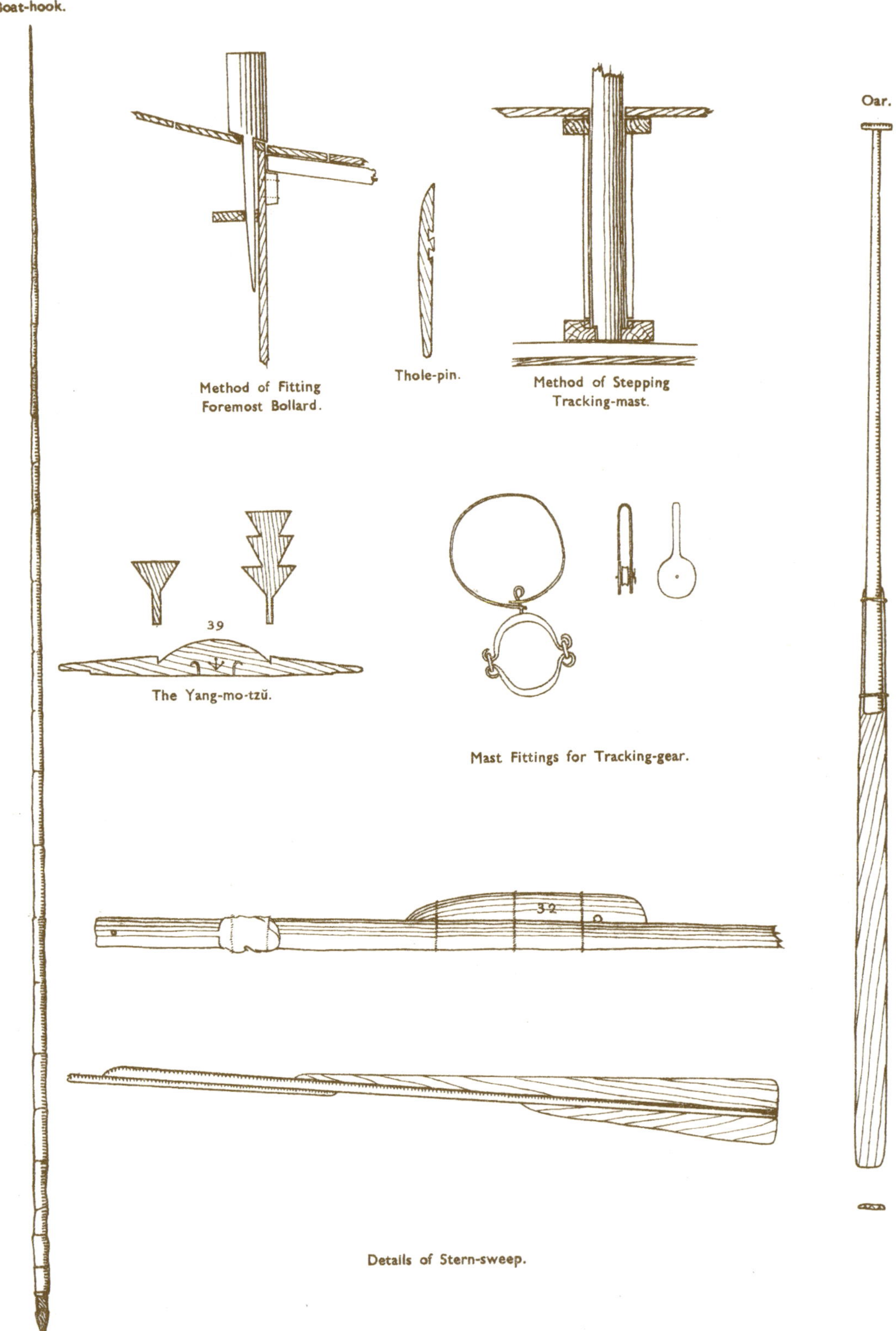

Fig. 33-3 Details of Stern-sweep

ient gangway outside the house for quanting. It is supported on a carling shelf,[27] and at intervals below decks by hanging knees at the bulkheads. An oddly interesting feature of all these junks is that the gunwale has a marked wave in it, for it has a built-up rise amidships of about a foot, giving the vessel a hogged appearance. This rather ugly peculiarity is most carefully adhered to. It is possibly designed to give the quanter additional leverage, and, as it is cambered, it tends to protect the cargo in the rapids when scas are liable to be shipped.

The *lu-tan*[25] consists of a curved trunk of *nan-mu*, grown to shape, but extending across only two-thirds of the transom. In this the iron bearing-pin [28] is sunk. Immediately below is a piece of wood [29] set obliquely across the inner face of the stern planks and serving as a shelf as well as reinforcement. The slanting arrangement of the planking of the stern may be seen in Fig. 33-4. The starboard wing-plank, very narrow at its join with the bottom planks, widens and narrows again in a curve on its outer edge, but the most centric feature about it is that this wing-piece terminates on the transom at a markedly higher level than the other stern planks, thus accentuating the crooked aspect of the outboard face (Fig. 33-4). This is known as the *yen-tzŭ-pan*, or swallow plank. The junkmen say that it is purely decorative and has no use beyond satisfying their remarkable aesthetic ideas.

The *sha-mu* sweep,[30] which consists of a long pole with two (sometimes only one) shorter sections joined at either extremity,[31] measures 57 feet, which is roughly the same over-all measurement as of the junk itself, but is occasionally a little longer. Where the loom joins the neck is a shaped cheek-piece,[32] which takes into the bearing-pin [28] (Fig. 33-3). The sweep is beautifully balanced by means of an abnormally large stone[33] made fast to the top of the loom. A rope[34] secured to the bulkhead[35] passes through the deck planks and round the sweep. The running part of this rope[36] is held by the laodah, its function being to aid him in holding the sweep in the required position. In a bad rapid the sweep's full complement conisists of six men, who brace their shoulders against it for leverage, and extra men have to he stationed on the after platform,[37] bearing down on the sweep with their full weight to prevent it from being displaced from the bearing-pin, It is odd that no device has been adopted to achieve this end without recourse to man-power.

The high bow, essential for work in rapids, is built up with shorter planks. It terminates in a transverse beam laid over the assembled ends of the deck planks, the topmost side planks, the ascending bow plarks, and the scarfed gunwale, thus making a total of five thicknesses rneeting at the bow. [38] Instead of the pole-shaped transverse stem-beam so common on the Upper Yangtze and its affluents, the bow in this type is surmounted by a piece of hardwood of unusual shape let into the gunwale[30] (Fig. 33-3). This is called the *yang-mo-tzŭ*, and serves as an object of reverence. Similar stem-post formations are to be found on the middle Yangtze, where they are known as ling-p'ai and are also regarded as objects of worship by the junkmen, who make their customary sacrifices before them.

In the crooked-bow junks, the inner facing of the *yang-mo-tzŭ* is ornamented with a crudely chiselled device resembling a central broad arrow flanked by two pot hooks; these latter are called the *mei-mao-ting*, or eyebrows. Occasional variations in the *yany-mo-tzŭ* occur, for it may be added to in serrated tiers up to as many as five.

The most outstanding of all the unconmon features of these craft is, of course, the crookedness of the

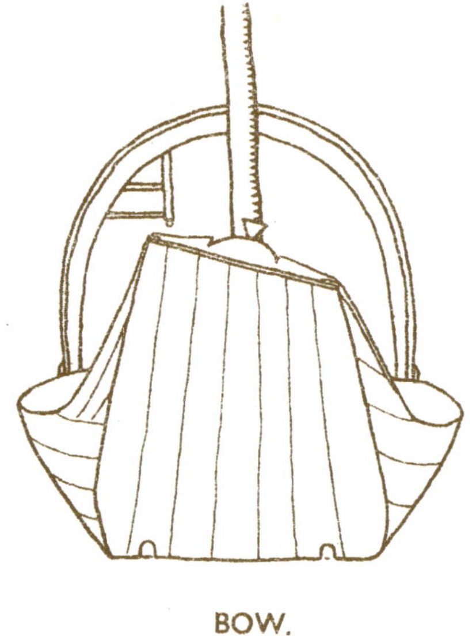

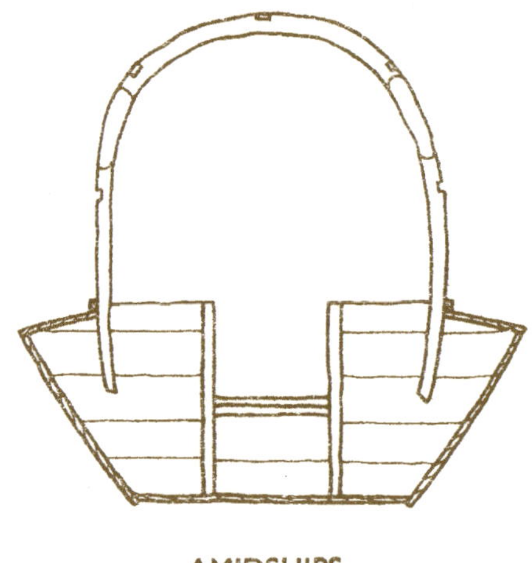

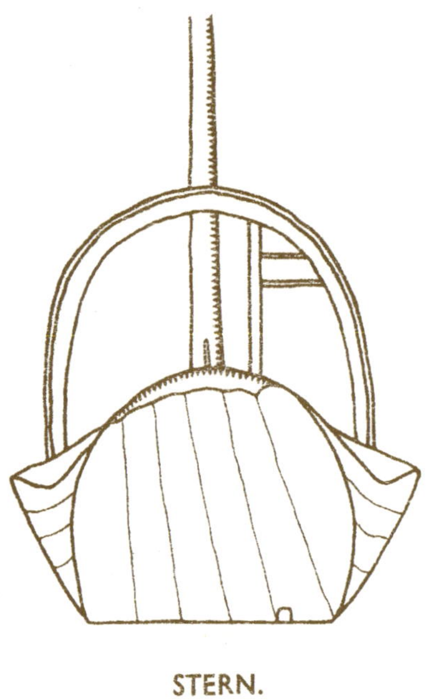

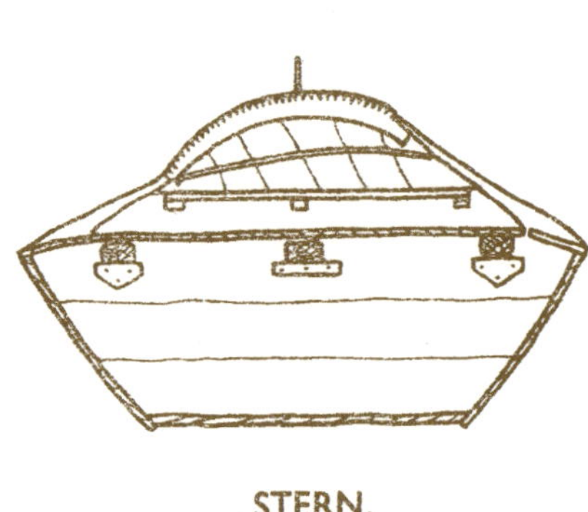

SCALE:
FEET 5 0 15 FEET

Fig. 33-4 BOW, STERN

bow, which tapers from the water-line upwards. On the port side the height from water-line to stem-head is 4 feet 8 inches, while on the starboard side it is 5 feet 11 inches. The angle of ascent is also markedly different, and the planking, as it runs at right angles to the stem-head, is therefore aslant, although to a lesser degree than the stern planking. Seen from the end-on view, this gives the vessel a most odd appearance, as if she had a heavy list to port (Fig. 33-4).

The closest questioning of the junkmen and trackers as to the reason for this novel form of construction was on the whole disappointingly fruitless, for the majority of them had no ideas on the subject at all. A few vaguely affirmed that the channel in some places is so narrow, being little more than sufficient for the junks to pass through, and so steeply bounded by rocks that a cut-away and distorted shaping of the bow averts collision. Others, who seemed better informed, claimed that the bow formation alters the balance of the junk so as to deflect the current in such a manner as to gain the fullest advantage from it when proceeding down stream, while, when proceeding up stream, it facilitates towing and makes for easier handling in the sharp turns of the rapids. The free flooding device already referred to doubtless plays its part here too.

The claim that the whole balance of the vessel is so affected by her unsymmetrical lines as favourably to influence her passage through the water raises an interesting problem and one diffcult to solve. Before lightly dismissing such claims, however, it must be remembered that the ancient Chinese methods of trial-and-error have always been carried out with some ingenious, if unusual, end in view, which has presumably always been attained; albeit by methods strange to Western eyes. Moreover, in favour of the balance theory, it should never be forgotten that the Chinese understand the art of balance better than any other nation in the world, for, in a country where every form of produce and merchandise is mainly carried by man, the principles of balance are intuitively known and appreciated and the knowledge fully exploited.

From persona1 observation on board a crooked-stern junk, both in rapids and in calm water, it would appear that there is some justification for much of what the Chinese claim. Unquestionably, when proceeding down river in the quiet reaches, the elevation of the starboard side of the bow enables the quanter to get a better purchase on his pole.

The rapids of the Yentsingho are of such a nature that they have to be negotiated by crossing from the left to the right bank of the river when descending, and conversely when ascending. The peculiar type of bow would appear to be mainly designed to meet the requirernents of the upward journey, for, as the trend of the channel through the rapids is then always from right bank to left bank, the distorted port bow serves to maintain the trim of the vessel and ensures that the tow-rope will always lead clear of any fouling on that bow. This could ordinarily be achieved by mastheading the tracking-line, but such a procedure would be dangerous, if not disastrous, in a rapid.

Normally a light tracking-line is used. This is attached to an interrupted iron ring and a parrel fitted with halyards. The halyards are rove through an iron gin-block at the masthead, so that the ring may be maintained at any desired height on the mast to suit the conditions obtaining and the height of the trackers' path as well as to "masthead" the tracking-lines when overtaking another craft.

Each *tsai* (载), or group, of five junks has a permanent staff of seven men, that is to say, a helmsman for each junk, a laodah in charge of the group, and a flotilla cook. Additional men are hired as required for periods ranging from a fraction of an hour to a couple of weeks or the whole journey up river. On the down-river trip the numbers hired are usually two or three men for the pasage of the Chungt'an, four or five for the Hsient'an, six or eight for the formidable Yent'an, and three or four for the Laoyat'an. On the upward journey each junk requires from 50 to 70 trackers.

Dams are built at each rapid so as to maintain sufficient water in the low-water season. These dams are opened after the suitable dates have been selected by a joint rneeting of the representatives of the Salt Administration, the Rapids Controlling Bureau, and the Junk Guild. During the low-water season the last dam at the Laoyat' an cannot be opened, and this necessitates discharging the cargo and reloading it into other junks below the dam. High water is also unsuitable for navigation, which is entirely interrupted from July to August.

When water conditions are favourable, the salt junks can berth opposite the town of Tzeliutsing and load their cargoes direct. During the low-water season, however, they have to bank in about a mile below the town, and the salt is brought to them from the factories in open-decked boats ktown as the *yen-ch'uan* (盐船), or salt-boats, which are 43 feet long, of 8 feet beam, and 2½ feet in depth (Fig. 33-5).

These craft are exceedingly interesting, because, although they are never called upon to negotiate rapids and carry the salt only for a distance of little more than a mile, yet they are true to the local tradition in that they all have crooked bows. Indeed, they are in most respects miniatures of the larger salt junks. They have the same long, slender lines, and, in some form or other, embody most of the peculiarities of the crooked-bow junks, The bow itself is less crooked, for the difference in level between the two gunwales is only 4 inches. The stern planks are similarly set at an angle, and the wave amidships is also present, though it is indicated rather than stressed. The gunwales are scarfed into wider amidship portions in the same manner. There are nine watertight compartments and, as in the junks, the foremost and after compartments are free flooding through the apertures for the "stick-in-the-mud" anchors, of which there are two, one at each extremity. The whole sampan is undecked with the exception of the first compartment and small platforms in bow and stern for the quanters. No explanation is forthcoming from the junkmen as to why this pattern has been adhered to for these ferry craft.

When the large crooked-bow junks are loaded either direct or by means of ferry-boats, bamboo baskets of salt are stacked up in every available corner. The craft then leave Tzeliutsing overnight in convoys of 400 with intervals of half a cable between each.

Early the next morning the leading junks begin to arrive at Chung t'an. This obstacle consists at low water of a rocky ledge crossing the river, into which wooden boards have been built to form a dam, leaving an aperture slightly more than that of the beam of the junks. Although there is no particular danger, great care is necessary to keep each boat in the axis of the curent when approaching the weir, over which there is a fall of probably 3 feet at dead low water. Before making the passage two or three men are taken of board to assist the helmsman.

Once fairly in the current the junk gathers considerable speed, and the combined efforts of all the men are necessary to wield the heavy stern-sweep. After passing the weir the surplus men wade ashore and proceed to the next boat.

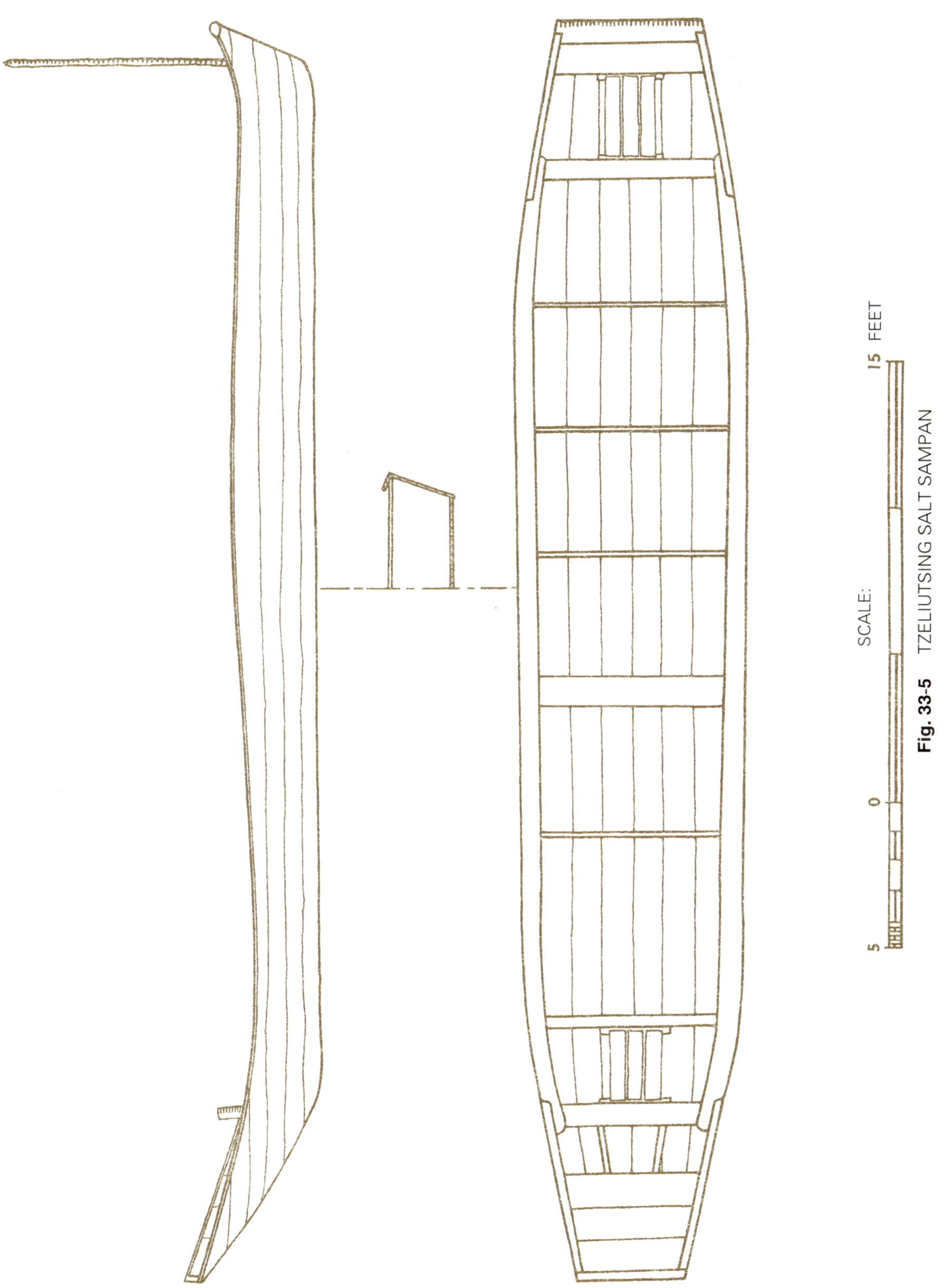

Fig. 33-5 TZELIUTSING SALT SAMPAN

The long line of junks then drifts slowly down with the current to the Hsient'an, on arrival they bank-in and await their turn. This at low level is, indeed, a formidable rapid, and the passage down it is a most exciting and thrilling experience, yielding a sensation of utter helplessness, for there is no turning back once the craft has started her mad rush down the rapid.

Again two or three extra hands board each boat, which moves slowly with the current, 200 feet astern of the next ahead, and crosses from the left bank through a flagged channel to mid-river at the point A (Fig. 33-6). Here a dam extends two-thirds of the way across the river, essentially the same as at Chungt'an, and similarly leaving only a narrow aperture capable of admitting one junk at a time. Gradually gaining momentum, the junk appears to be heading directly for the dam, but partly by the force of the water and partly by the action of the great stern-sweep, it is suddenly diverted as it strikes the axis of the current, and at the point B curves round the end of the dam to come finally to rest, banked-in, at the point C. Here it again awaits its turn for the ordeal of the main Hsient'an.

Keeping perfect station, the boats leave in succession from the point C, where they have been lying. Each boat's crew now consists of four men at the sweep and a bowman with a boat-hook. Having gained a speed of about 6 knots, the boat arrives at the point D, where a long line of men can be seen wading out to meet the boats in mid-stream.

As each boat rushes past, three men nonchalantly slip on board. Instantly one takes up his station at the foremost bollard, while the two others leap to the stern-sweep to direct and assist the men already there. These three are local pilots, of which there are a total of 96, and they receive $ 1 for each junk they pilot. Trained by their fathers for the hereditary work, they start their careers at the age of 12.

From the point C to D, and thence to G, is a straight course, and the boat is now travelling at a very high speed. Across the surface of the river is a perfect shoal of scattered rocks that seem to bar all passage through them, but as the junk gets nearer, an opening between two of the largest groups of rocks can be seen. What, however, is not apparent is how the boat on arrival at the point G can possibly be turned almost at right angles, where the channel is only a few feet broader than the junk itself, and where the stream is at its maddest.

The men at the stern-sweep direct their entire attention to keeping a straight course through the various eddies and races. The swep is kept in the water and is used as a rudder. There is a moment of tension as the boat, moving with what appears to be the speed of an express train, head directly for a rock some 2 feet above the avalanche of seething waters.

The river flows down with a mighty swing, and the rocks at a distance of 2 or 3 feet seem to be flying in the opposite direction. The supreme moment has arrived, and the bowman braces himself for his important *role*. As the junk flashes past the point F, a man standing on the rock neatly hands him the end of a bamboo rope which is, at the other end, made fast to the rock. In a few seconds the bowman has cast three turns round the foremost boliard, and as swiftly starts to surge the rope in short, sharp motions, that is to say, he allows it to slacken in jerks. So deftly does he perform this opcration that the 50-foot length of rope slips smoothly and quickly round the bollard until it finally runs out and falls over the side. On being asked what would happen if the bowman failed to grasp the rope, the junkmen replied that the man on the rock had

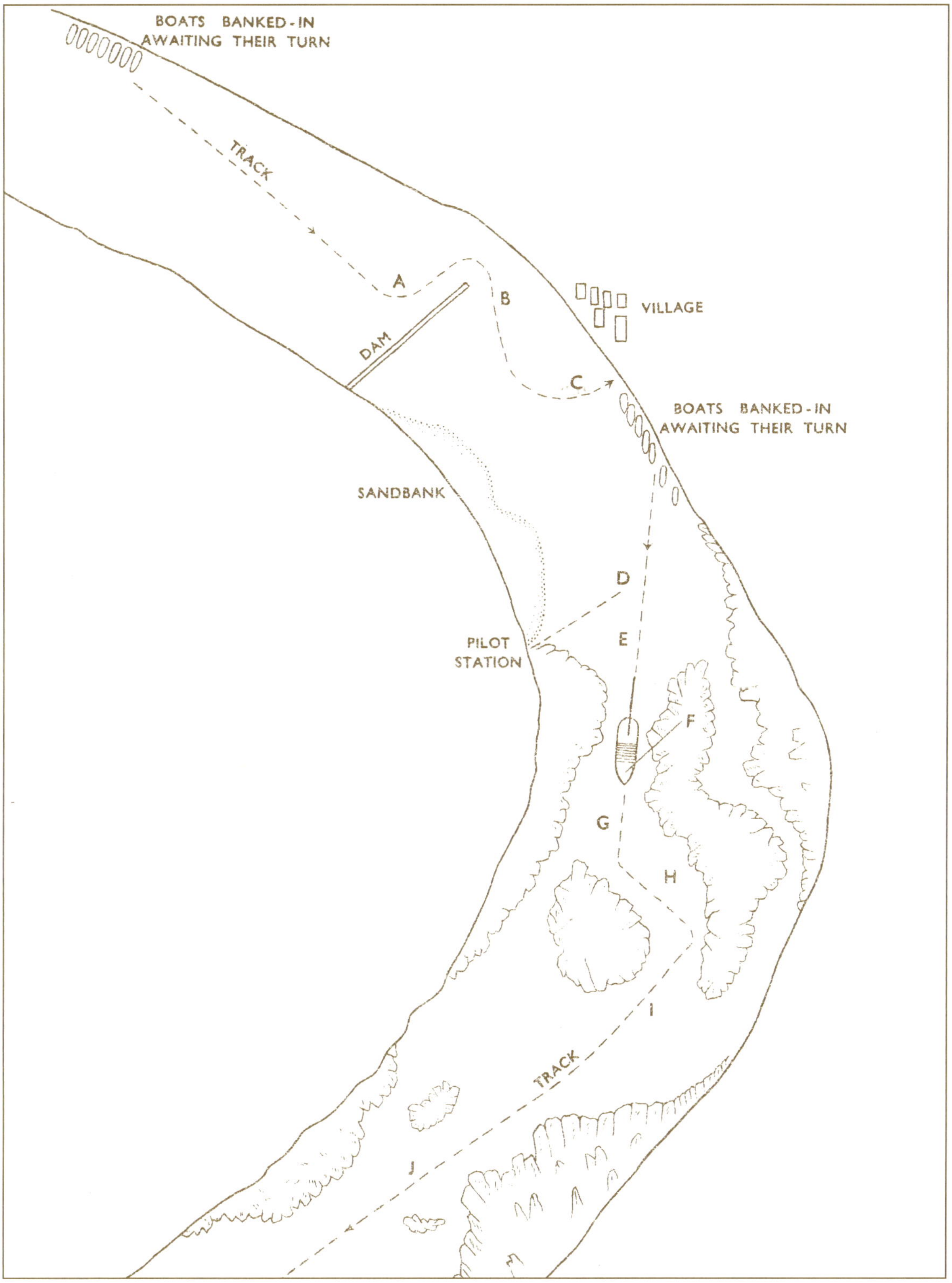

Fig. 33-6 SKETCH PLAN (NOT TO SCALE) OF THE HSIENT'AN AT LOW LEVEL

been passing the rope in just this manner for 20 years, that no accident had ever occurred, and that there seemed to them no reason why one ever should. This rope, which is renewed after five boats have passed down, takes only about 15 seconds to run out, but the restraint has been just sufficient to alter the course of the boat from headlong collision with the ugly jagged-looking rock round which the current foams.

True, the boat is still in the grip of the rapid and appears to be steering a course directly for another rock and utter destruction. The safety of the junk now depends entirely on the men at the sweep, which not only acts as a rudder, but can he used as a powerful lever. The five men bend all the weight of their shoulders against the heavy loom, and with a single movement wrench the junk round at the critical moment when a crash seems inevitable. To achieve this, the sweep must be put over once only and at precisely the right moment, when the junk is only a few feet off the rock. Diverted as if on a pivot, the junk now careers away in comparative safety, still at a fairly high speed, through the narrow gutterway, with the dangers fast disappearing astern.

The current slackens somewhat at the point I, where the junk emerges into an open stretch, but as the channel narrows, she again commences to fly down the lower part of the rapid until eventually she enters a long, even reach, which, after the point J, becomes smooth water.

In the low-water season the pilots do not wait to reach the bank, but, when sufficient way is off the junk, these intrepid men slip off the junk into the icy water in the same unobtrusive way as when they boarded her.

Lying snugly banked-in in a convoy, or hauled up on the bank for repairs, the crooked-bow junks of Tzeliutsing display in their odd yet trim outlines evidence of that antiquity of design which probably reaches back with little fundamental change to the time of the origin of the salt wells themselves some 1,700 years ago; but to be fully appreciated they should be seen in operation in the wild waters of the little river for which they were designed.

To the sailor's eye there is little to surpass in intetest and beauty the sight of a well-handled crooked-bow junk decending the rapids of the Yentsingho at dead low water.

TZELIUTSING FERRY SAMPAN

The *kuo-ho-ch'uan*, or ferry sampan, is a beamy type of craft with a slight rise to a tapered bow and stern. It is found very generally in all the quiet reaches of the Yentsingho and, of course, mainly at Tzeliutsing itself. It serves as a dual-purpose cargo and passenger carrier, either across the river or for short distances up and down.

Notwithstanding small local differences in detail, these boats vary little as a class. The sampan as illustrated in Fig. 33-7 measures 22 feet 6 inches, with a beam of 5 feet 6 inches, and a depth of 1 foot 8 inches. It is built of *nan-mu* throughout. There are two full bulkheads, and the third, which is amid-ships, may be termed a three-quarter bulkhead.

The design clearly shows that it is intended for use in still waters. There is no sweep, and propulsion by oars is carried out by a man in a standing position in the after compartment.

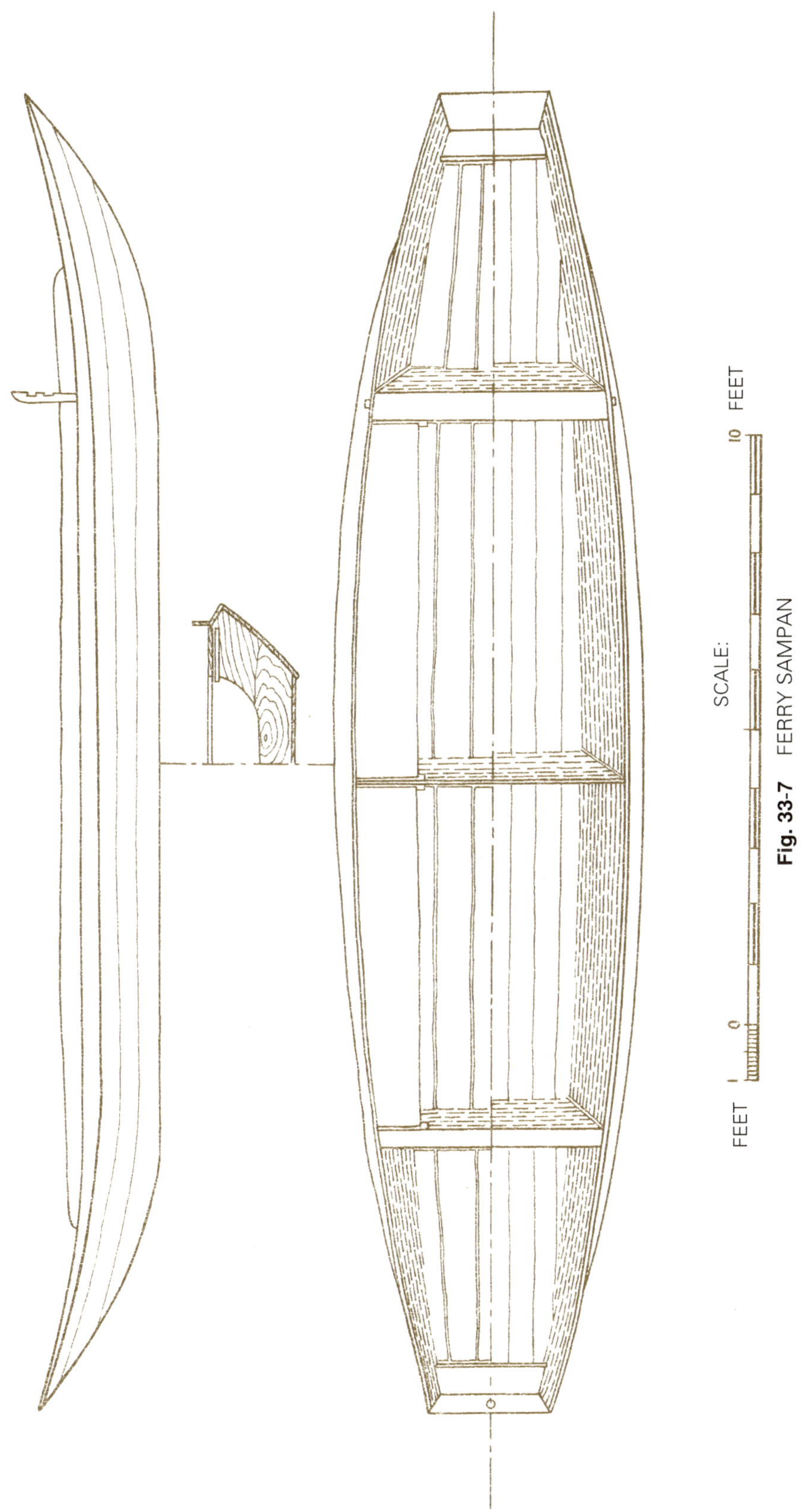

Fig. 33-7 FERRY SAMPAN

NOTE. The first port of call after leaving Tzeliutsing is at Tengtsingkwan on the T'o River, some 100 *li* above Luchow. Here the salt is transhipped into Upper Yangtze junks, usually the *chung-yüan-po*, or willow leaf junks, so named on account of their shape, which tapers at bow and stern.

There is no break of cargo after Tengtsingkwan until Chungking is reached, where the salt is either disposed of locally or transhipped into larger junks at Tangkiato, some 25 *li* below that city.

Salt destined for ports on the Kungt'anho is again transhipped at Fowchow (涪州) into the famous *wai-p'i-ku*, or crooked-stern junks(Fig. 33-8).

Fig. 33-8 Crooked-stern Junk

– CHAPTER 34 –

THE CROOKED-STERN SALT JUNKS OF FOWCHOW

Although not the only crooked-stern junks in China (there being three other known varieties plying on outer Yangtze tributaries), those named after the town of Fowchow (涪州), and peculiar to the Kungt'anho, stand out in importance as being the largest, the most interesting, and as having the most pronounced twist and tilt to the stern(Fig. 34-1).

Owing to the difficulty of access to Fowchow, which, despite a fair volume of trade, is not a normal port of call for river steamers, these jumks are comparatively little known and seldom seen at close quarters, for they rarely venture out from their own river, and the fame of their eccentricity of design has spread little beyond the confines of the Upper Yangtze. These craft doserve to be better known and understood, not only because of their curious appearance, but because they negotiate a river described as the most torrential and hazardous ever attempted by junks. Nevertleless, despite the difficulties and dangers of navigation, the Kungt'anho at one time formed an important link in the great commercial highway between Canton and Western China until the advent of steam navigation on the Yangtze in 1861 caused it to fall more or less into desuetude.

The Kungt'anho, or River of the Rapid of Kung, is known locally as Hsiaoho (小河), or Little River, the generic name for most of the Upper Yangtze affluents. This clear-water river, which rises in the northwest of the province of Kweichow, joins the Upper Yangtze at Fowchow, about 65 miles below Chungking, and is the only tributary of any importance between the latter city and the Tungting Lake, situated some 600 miles apart.

Navigation of the Kungt'anho is said to be possible for about 360 miles, but has to be accomplished in five sections, with transhipment of cargo from one navigable section to the next. The Fowchow type of crooked-stern junk navigates for a distance of about 200 miles up to Kungt'an, the first barrier to continuous navigation.

These junks are called *wai-p'i-ku* by the inhabitants of Fowchow, meaning crooked-stern junks; the junkmen and carpenters, however, refer to them as the *hou-pan-ch'uan*, or thick-plank boats-or, more shortly, *hou-pan*.

They are constructed either wholly or in part of *hung-ch'un*, a wood possessing some of the character of the English elm, though in colour resembling mahogany. *Fêng-hsiang*, or maple, is also in favour, but the

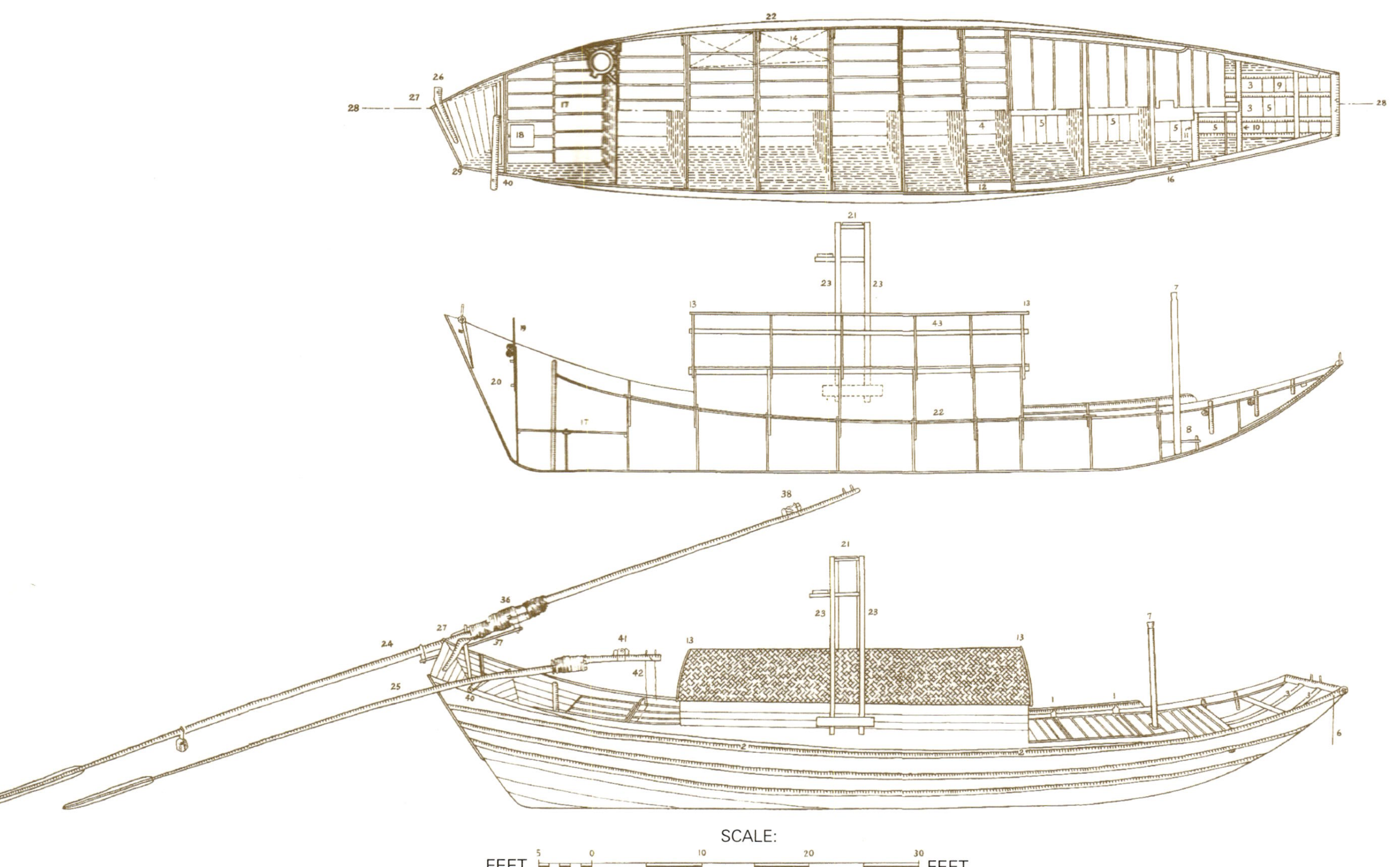

Fig. 34-1 THE CROOKED-STERD-STERN JUNK

bulkheads are always made of *pai-mu*, or cypress.

The first process in the building of a *wai-p'i-ku* is to lay five or more planks of varying lengths, but rarely exceeding 30 feet, side by side on the ground. These are the bottom planks, to which others are joined by scarfing so as to extend from the stern to as far forward as the first bulkhead, and provide much of the longitudinal strength of the junk. They are secured to each other by long, square clincher nails which are driven in obliquely, a hole being first provided for each by a primitive auger. The bottom of the vessel is thus formed, and one end is now hoisted up about 5 feet clear of the ground on to a crutch, the under side receiving a thick coating of mud, while the top is soaked with water. A large fire is kindled beneath the raised end and so adjusted that the greatest heat is along the line AB obliquely across the bottom planks(Fig. 34-2), thus:

Fig. 34-2 Wood processing mode Ⅰ

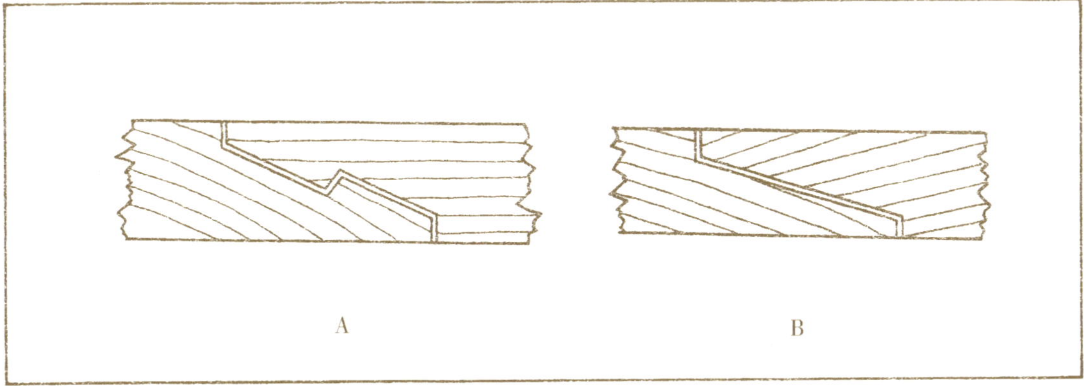

Fig. 34-3 Wood processing mode Ⅱ

Large quantities of stones are placed over the extremity CD, and in about two hours the whole area AB-CD is bent over along the line AB. Very often the wood splits, but this is not objected to unless it is likely to permit the entry of water, and the scars of this burning can always be seen in the junks.

The bottom planks when cooled are turned over bodily, and the bulk-heads or half bulkheads, which may total as many as 13 in number and consist of *pai-mu* planks laid horizontally on edge, are assembled in position and gradually built up. These provide the primary athwartship strength. It is a convention that no iron clamps, or dogs, are ever used in the bottom planking except to join it to the bilge planks. The first and second bulkheads,[1] together with one just abaft the house, are stiffened with two rather ineffectual verticals, or knee-pieces, extending from the bulwarks down to the turn of the bilge and are secured by nails.

The angle that the line AB makes with the line EA determines the angle of the crooked stern, for the planks forming the upper portion of the stern are then built up horizontally, parallel, and on edge on the line CD, point C becoming the higher side of the stern.

The bilge planks are next placed in position beneath and overlapping the bottom planks, a long channel about 4 feet wide being thus formed along the outside of the bottom.

Plank succeeds plank, carvel fashion, each being nailed in the middle, and the two ends of these shaped timbers are hove down into position by a form of Spanish windlass. Nails are driven into the hull in all directions in great profusion and equal carelessness, until the whole hull is a mass of protruding nails, which are subsequently clinched, and the considerable holes filled with chunam. Three wales, the highest being the stoutest, are built-in as side planks.[2]

The method of joining two planks or wales together so that they make one continuous timber of uniform size throughout is illustrated below(Fig. 34-3). Figure A shows the manner adopted when scarfing a large and heavy timber, while Figure B shows the usual method employed in dealing with planks and similar members.

The join is rarely finely adjusted, and gaps of nearly half an inch in width are quite common, the aperture being filled with chunam.

The general method of joining planks and timbers is by means of wrought-iron clamps, or dogs, and spikes, which are illustrated in Fig. 34-4. Type A is used to secure a built-in wale to a side plank. The long slender point is first hammered home as far as the waist from the inside of the plank lying immediately below the wale and is then clinched downward, while the two-pronged fork left protruding on the inner side is then hammered home in the opposite, or upward, direction, the turned-over prongs being buried deeply into the thickness of the wale(Fig. 34-5), thus:

Type C is used in a similar manner, but to connect timbers at right angles, such as side planks to a bulkhead, while types B and E are ordinary connecting clamps. Type D represents a standard-pattern nail with square shanks. For convenience these nails are made in pairs head to head, the portion joining them being so thin that they can be separated by hand.

The square bow, rising steeply to a much higher elevation from the water than is usual, is reinforced by two, three, and sometimes as many as five parallel fore and aft strengthening pieces, known as *lung-ku* (龙骨), or dragon's ribs.[3] Additional thickness and strength is also provided for along the bottom by the fitting of an apron, or doubling-planks, from a point 29 feet from the bow back as far as the coffer-dam.[4] This double skin[5] enables the vessel to withstand frequent contact with rocks, and invariably shows the scars of such impacts. Two grass-line pennants[6] are suspended from each bow for use in conjunction with a boat-hook to assist in snubbing-to.

On the fore-deck is a tall, hardwood, removable timber[7] standing 8 feet above the deck. It is stepped in a shoe[8] at the bottom of the boat and bears against a bulkhead and half bulkhead, At deck-level it rests in a

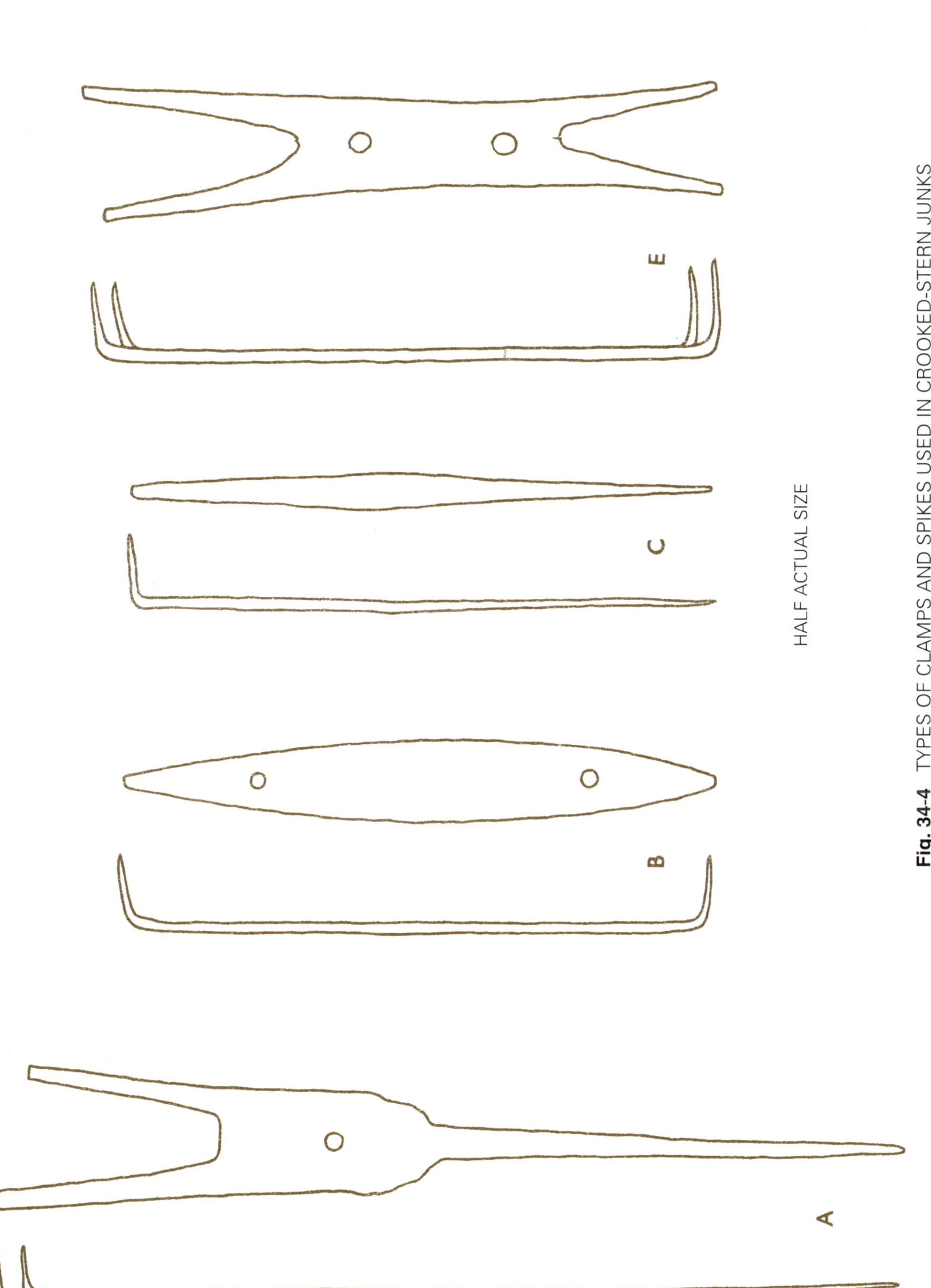

Fig. 34-4 TYPES OF CLAMPS AND SPIKES USED IN CROOKED-STERN JUNKS

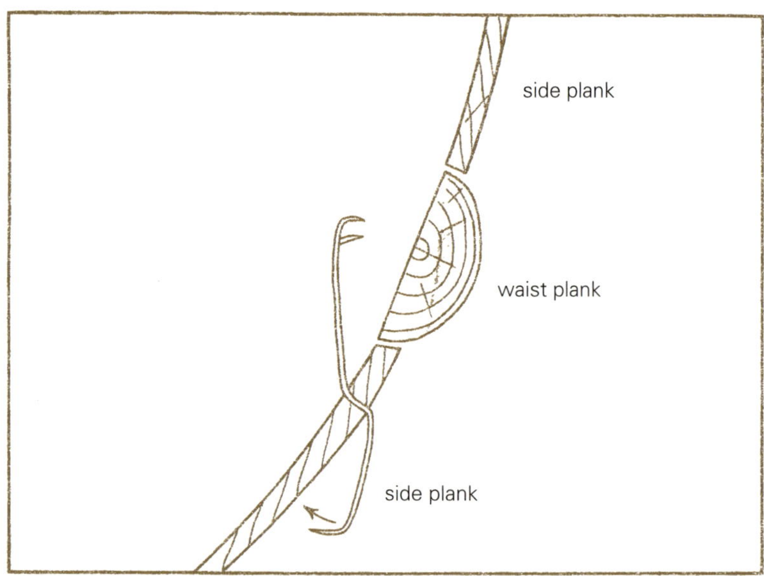

Fig. 34-5 Board Connection Mode

similar shoe. This contrivance has several uses. It can be used as a bollard, or to assist the trackers when the tracking-lines are made fast ashore. Its chief function, however, is as a Spanish windlass, or capstan, and in this it is astonishingly efficient when used to heave a rapid. When not in use it is stowed on the house deck-head beams.

The foremost compartment,[9] known as *chien-lzŭ* (尖子), contrary to usual junk custom, is never decked-in. This departure from convention is in order to leave free the foremost towing-beam,[10] to which three barmboo tracking-lines are secured. The second compartmont, *ch'ien-chia-chia* (前夹夹), is kept free from deck planks when the junk is proceeding, so as to expose a second towing-beam[11] which accommodates three more tracking-lines, so that six in all are available for use in a difficult rapid.

Seven compartments are given up to cargo and are dunnaged with split bamboos joined together. Limber holes, that is to say, apertures to permit the bilge water to flow freely to the coffer-dam, are cut through each bulkhead. On the starboard side of the coffer-dam a trough-scupper is fitted[12] in which is a large square wooden bailer obviously designed to deal with large quantities of water, This bailer usually lies in the water at the bottom of the compartment and swims aimlessly about with the roll of the vessel.

The deck-house[13] is larger and higher than in other types of junks, and contains two or four bunks,[14] and in some junks what may use as a cabin. These primitive bunks consist merely of softwood uprights nailed to the deck-head beams, with a cross-piece at each extremity supporting rough and uneven planks. A log of wood roughly nailed into the ship's side acts as a shelf above the bunk. Sometimes these bunks are improvised out of bamboos.

The design of the matshed roof is not standard. It is sometimes made in one piece, often in two, and more rarely in several smaller portions. It always consists of two skins of bamboo matting with a layer of dried grass and another of bamboo leaves between. When out of commission or banked-in at night the fore-deck is matted-in. For this purpose small mats are provided, and when not in use are stowed in piles on the fore and also on the after ends of the house. Sockets[16] in the bulwarks are provided, but the awning stanchions are nearly always improvised from stray spars or boat-hooks.

The whole of the after compartment[17] is given up to the galley, It contains a cooking-stove,[18] innumerable pots, baskets containing food, and other utensils inseparable from Chinese cooking, littered in great profusion, and is always black from the smoke of the stove. Usually, even when under way, this cormpartment is covered with matting. A strongback from an upright[19] on the after bulkhead travels to the after end of the deck-house and rests on a deck-head beam. When this strongback is being used elsewhere or has been cut up for firewood, an oar, boat-hook, or any available pole or spar is used. The last, small, after compartment[20] is used for nothing at all and is the only part of the junk, or its equipment, which, comes under this heading. Naturally, it is full of rubbish, and often has water in it.

A structure, which may best be described as a flying-bridge,[21] crosses the vessel amidships at some feet above the top of the house. This bridge is commonly 20 feet above the water and may be considerably more. It is almost invariably unbelievably shaky and unsafe. The uprights are often crudely fished, sometimes at most dangerous points, and the whole is saved from complete collapse by bamboo-rope lashings from each wing to the foot of the stanchion on the opposite side. Even under ideal conditions it sways gently. There are no facilities for reaching this coining position except outside the house along the cat's walk[22] (a term employed for want of a better) to the bridge uprights[23] or supports, and thence by swarming up the side rungs when such are fitted.

The stern is not the only thing that is crooked about the *wai p'i-ku*. Bulkheads out of alignment are not uncommon. Planks running thereon are seldom parallel, and a great many junks have been noticed to possess slightly crooked bows. This may arise from a variety of reasons, such as faulty workmanship, or sagging, or even possibly be due not to accident but to design.

But, of course, the main characteristic of these craft, and that which has earned for them their name of "crooked-stern junks", is the distinctive disatortion of the after part of the vessel. This section is full of interest, is exceedingly intricate, and raises innumerable questions for the inquirer.

A great imany reasons have been advanced for this form of construction, mostly fallacious. It is said that the crooked stern permits the junk to negotiate the sharp right-handed bends in the river, but this argumnent, even if permissible, would hold good only for one direction. Another explanation claims that the peculiarity is due to the fact that a junk once fashioned by a master-builder suffered from warping timbers, and, so as not to cause him to "lose face", all builders subsequently copied his example.

Actually thie peculiar construction follows a carefully thought out plan, which is probably the outcome of centuries of try-and-error, study of the plan on Fig. 34-6 makes the reason clear and demonstates the efficiency of the novel method employed, for the necessary requirements could, it seems, be achieved in no other way.

The crooked-stern junk has no rudder and is steered by a gigantic stern-sweep.[24] The main purpose, therefore, of the twisted and uneven taffrail is to permit the use both of this stern-sweep and of a second, smaller, sweep[25] on the starboard quarter.

Both sweeps, though working from different planes, have nearly the same radius of action, namely, 28

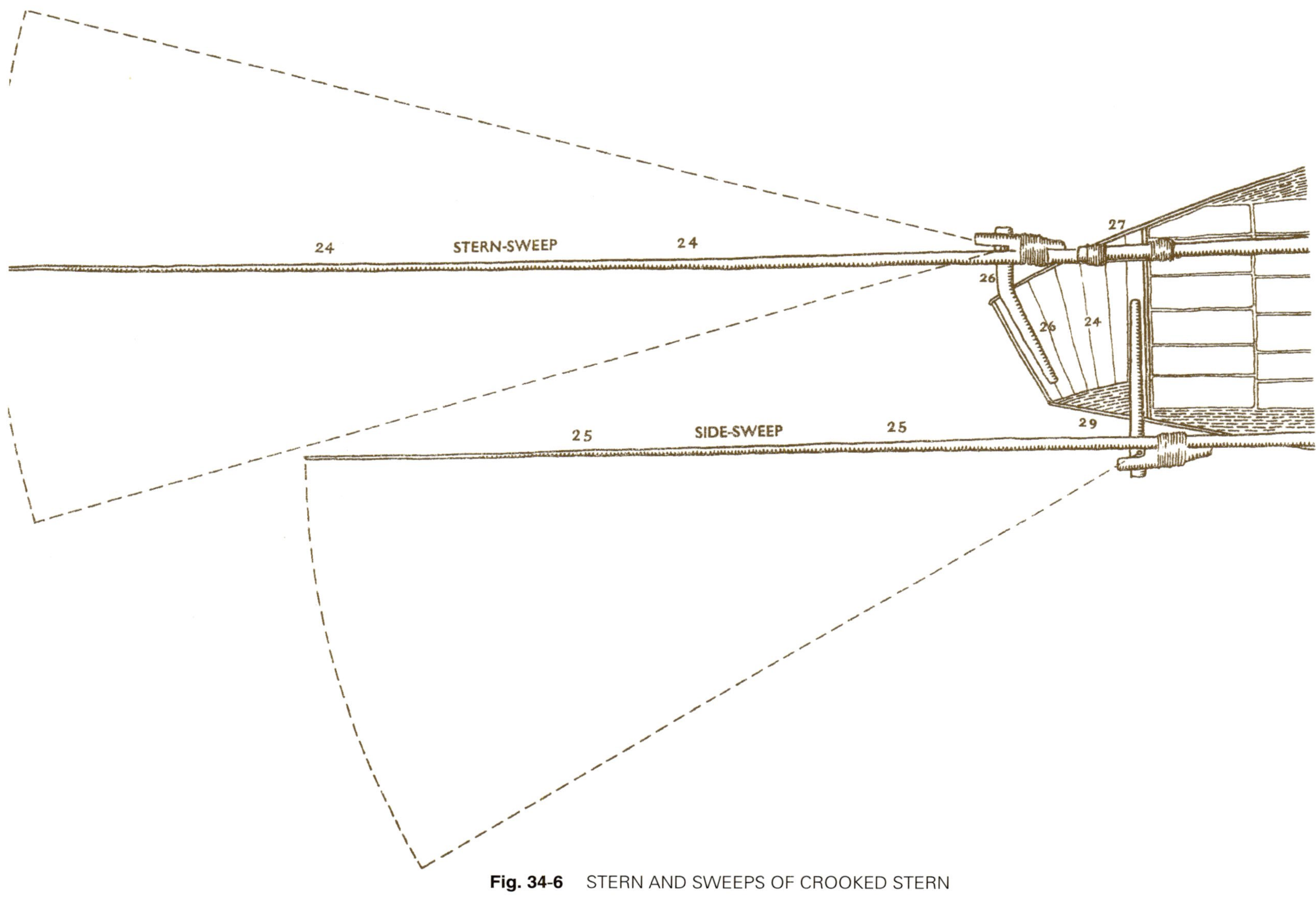

Fig. 34-6 STERN AND SWEEPS OF CROOKED STERN

feet in the case of the large sweep and 36 feet in the smaller, and can be oporated simultaneously if need be. Parallel as they are to each other and able to be used in a small compact area, there is nevertheless not the slightest danger of fouling, which would be so disastrous in a rapid.

The position of the large sweep,[24] more or less amidships, is nicely calculated to give the maximum amount of play in the mininum time, and finally the situation of a huge bumkin[28] on the tilted construction provides considerable additional strength and leverage for the large and heavy stern-sweep,[24] which may measure 90 feet and more. It seems rather a paradox to say that the stern yields extra strength, for the after portion of the junk is as weak in construction as the rest of the craft is sturdy; this nevertheless is the case.

As has been stressed, it is essential to have the stem-sweep running down the centre line of the junk so as to provide an equal control area for the blade on either side of the fore and aft line. The height and position of the bridge[21] and the length of the great sweep itself are accordingly subject to this necessity. In order to achieve this, tle square taffrail of the stern is raised on the port side[27] so as to bring the bumkin[26] for the sweep, and its bearing-pin situated on the outer end, or corner, almost precisely into the centre fore and aft line[28] of the junk. The word"precisely"is used with intention, for even the breadth of the man on the bridge in control of the sweep is taken into consideration. The starboard corner of the taffrail is correspondingly depressed,[29] and this gives the impression that the after part of the jurk has a heavy list to starboard.

There are a number of very strict conventions regarding the crooked sterns. As has been described in the building process, the planks on the high section of the stern run horizontally, while those below run vertically. A cross-piece,[30] probably a strengthening device, runs across the stern, but this never under any circumstances crosses at the point of junction,[31] as would naturally be supposed. Another odd custom is that the upper section[32] is never caulked. If the planks do not happen to fit, large gaps are left between them. For no apparent reason also, the Fowchow carpenters aim at achiving an extra twist, or wave, to the upper part of the stern.

There are two distinct types of crooked-storn junks, known as the *hou-pan*（厚板）, or thick plank, and the *huang-shan*（黄鳝）, or yellow eel, both of which are illustrated in Fig. 34-7. The former type is always true to form, and there is, moreover, a very strict convention that two conspicuous vertical slats[33] should be affixed to the outer surface of the stern. The carpenters could give no reason for this peculiarity except that it was the custom. The yellow eel type is distinctive in that the high, or port, side of the stern is finished in a fourth wale, or portion of a wale, which, after travelling a short distance, merges in the wale immediately below it.[35] This type varies considerably in the curve and exteat of this wale-or yellow eel.

The *hou-shao*, or stern-sweep,[24] is made of two, and in the case of the larger ones, sometimes three, hardwood tree trunks, the overlapping ends being lashed together with bamboo rope[36] in the customary manner, but rendered taut and firm by the introduction of wedges of varying shapes and sizes, a wedge being driven in between the turns of the rope over the first and last turns of the lashing, which can be further tightened at will by more wedges. This very efficient device deserves to be better known. At the centre of gravity of the sweep is a cheek-piece with a slot 1½ feet deep cut in its projecting side, with which the bearing-pin on the heavy bumkin engages, and which, while allowing the maximum amount of play, holds the sweep firmly in position. ThIe cheek-piece is secured with the usual wedge and rope lashings.

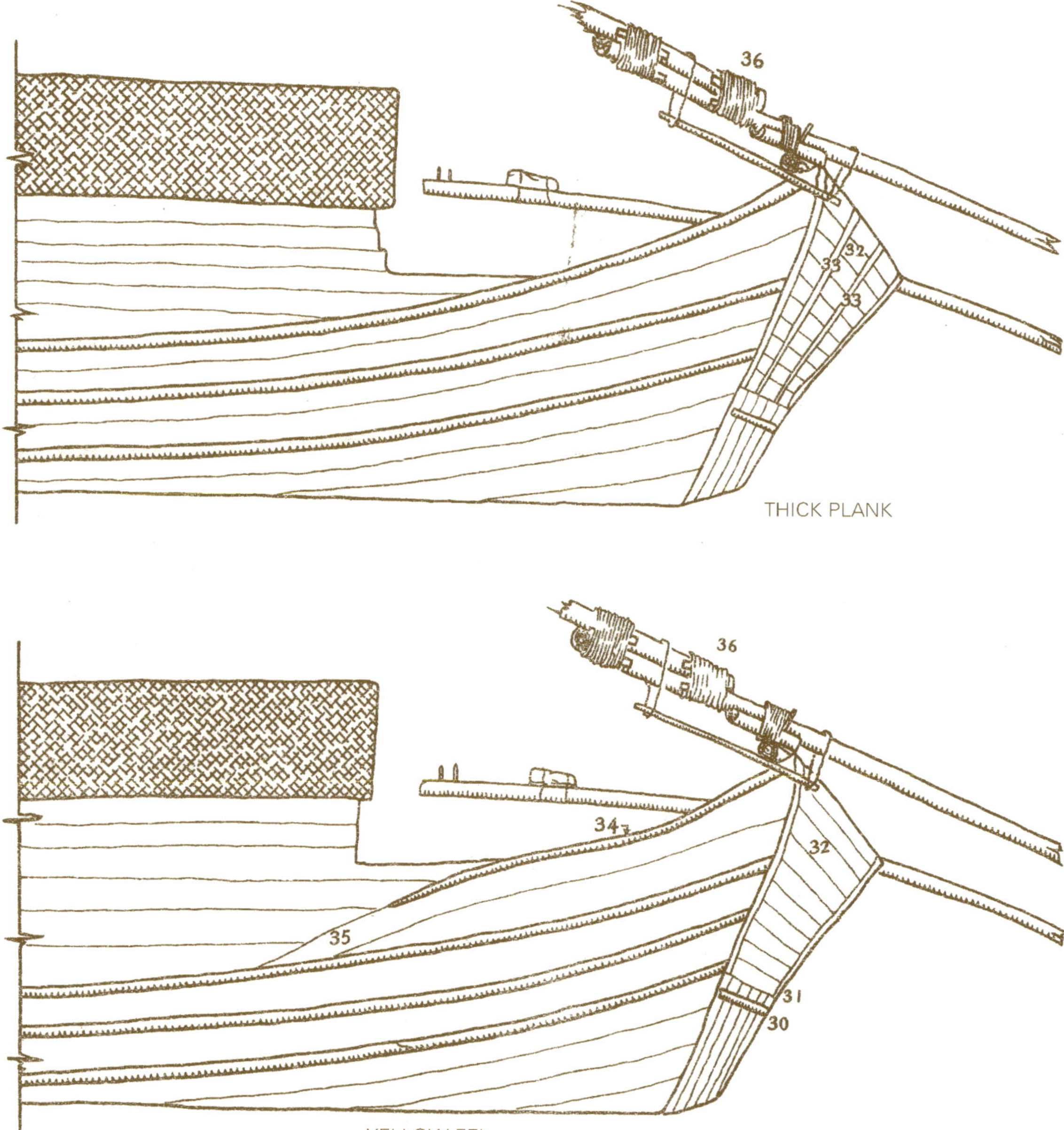

Fig. 34-7 TYPES OF CROOKED STERNS

There seems to be no rule as to the size of this stern-sweep, which approximates in length to that of the junk itelf, although it may be a few feet longer or shorter. The bumkin[26] on which it rests consists of a hard-wood tree grown to shape, which projects outboard from the apex of the taised side of the taffrail, and as it is liable to get unshipped in a rapid, it is locked by means of a heavy wooden batten[37] fitting snugly to the under side of the bumkin. Heavy stones,[38] resting on a featherway, are lashed to the sweep so as to maintain the centre of gravity in the correct place. When used for the blade section of the sweep, a hole is bored through the stones, which are then suspended from a short strop.[39] Despite its enormous size and weight, the-stern-sweep is balanced with such meticulous care and skill that it is surprisingly easy to handle, and is operated by one man, the laodah, literally the "old great one", who normally stands on the top rung of the flying-bridge[21] and preserves his precarious footing and balance by means of the sweep he holds. As the sweep is always head-heavy, he is easily able to elevate the blade about 1 foot out of the water by depressing the loom, although to achieve this he has to bend nearly double until the handle of the sweep is only a few inches above the bridge-deck.

The side-sweep, known as the *hsiao-shao*[25], is used to supplement the steering. Fashioned similarly of two or more tree trunks lashed and wedged in the same manner, this member is about half the length of the big stern-sweep. It, too, is fitted with a large cheek-piece and, like the large sweep, rests on a heavy bum-kin[40] composed of a section of a tree trunk. Large stones[41] are also used to correct the balance, which is very nicely adjusted to the control of one man alone. As the side-sweep is situated near the galley, the duty of tending it is assigned to the cook, who has also to attend to various ropes, which are sometimes run out from the stern and secured to one or other of the sweep-bunkins. A rope[42] rove through the bulwarks, where it terminates in a knot, runs from one side of the vessel to the other and is used to keep the sweep in the re-quired position. These two sweeps, as may be imagined, when used in conjunction, afford a manoeuvring power unequalled in any other type of junk.

When descending the river the junk relics upon the swift current to carry her down, but for occasional use, as for instance in quiet reaches or when moving short distances, the boat is propelled by two types of primitive oar, if such they can be called. These crude, heavy members are also formed of tree trunks with roughly fitted blades, and both types of oar are operated by eight men, who stand in two groups facing each other, four pushing and four pulling on the loom. The only difference in the two varieties of oar lies in their method of attachment. One type functions between two thole-pins and is protected at the fulcrum by a chaf-ing-piece, while the other has a cheek-piece of the usual pattern, which engages against one thole-pin only. In addition to the two sweeps already mentioned, a bow-sweep is also used when descending the river to as-sist in keeping the bow heading in the right direction. True to Kungt'anho tradition, this is usually formed of two tree trunks lashed together, although it may sometimes be in one piece. The length seems to vary con-siderably. A bow-sweep with a downward bend is much in dermand. It is seldom employed when bound up river except when it is desired to sheer out so as to clear outlying rocks, small headlands, and so forth, which the helmsman unaided would be unable to avoid, and also to assist in keeping the junk at the required distance from the bank.

The crew consists of the laodah, or junkmaster, already mentioned, who also acts as the pilot as well as being in control of the large sweep. Next in rank comes the bowman, called the *t'ai-kung*, who is in charge of the forecastle. He directs the men on the bow-sweep, and, when it is not in use, he stands on a beam on the fore part of the junk with a large boat-hook, indicating to the laodah the depth of water, which he frequently sounds with his pole. A good bowman is of the greatest importance. The next two men, narned the *hsien-ch'üeh*, translated freely as the man of all work, and the *pa-liang-chia-ti*, the man who has to climb or ascend, are, as their names imply, general helpers, as is the *shao-huo-ti*, or cook.

The hired trackers live under the shelter of the main house and sleep on the deck below the coiled tracking-lines, which are slung round poles stowed on the beams[43] of the deck-house. About 10,000 feet of bamboo rope is stowed in this manner so that it can be readily run out to the shore or hauled in. Coiling and uncoiling the heavy bamboo rope-as thick as a man's wrist-requires great skill. This paying out and hauling in is an incessant duty, as the necessities of the route require the use of a longer or a shorter tracking-line.

With increasing age the junk takes on a number of strengthening beams, and very early in her career bow and stern lashings are adopted to give greater strength. Another very common "old-age" lashing is that between the two bumkins, a handspike being inserted between the strands so that additional tension may be secured when the rope ages and stretches.

Three kinds of rope are used, all made from bamboo. That used for mooring, instead of being plaited as usual, has the strands laid as in hemp rope. A lighter type of rope is used to lash the joins in sweeps and oars, and for the bow and stern "old-age lashings", as they might he termed.

The tracking-line, upon which so much depends, is eight-stranded and has a double heart. Sometimes six tracking-lines are used, three from each towing beam, but it is more usual to employ three tracking lines from the foremnost towing horse.

The crooked-stern junks when up-bound always move in convoys of seven or eight so that they can pool all their trackers at a particularly difficult rapid. As 16 trackers are engaged for each junk, if necessary, the junks do not move from convoy to convoy, but always remain associated with that which they originally joined. In this connexion it is interesting to note that the name *hou-pan*, or thick-plank junk, is the homonymic name for "wait for company".

The junks take their turn in strict rotation for loading their cargo, of which there is no lack, though there is said to be a shortage of trained men and trackers. The Crooked-stern Junk Guild, which has its headquarters at Fowchow, estimates that there are only 250 of these craft functioning on the Kungt'anho. An 80-foot junk can be built by 20 carpenters in three weeks at a cost, in 1940, of $7,000.

The junkmen of the Kungt'anho are, like most old sailors, a superstitious folk, and therefore before each voyage a ceremony known as "Killing the Cock" is always performed by the carpenter who built the boat. The bow and parts of the house are sprinkled with blood, and while it is wet a few feathers are left adhering to the woodwork.

Although few of the Kungt'anho junkmen can read, they make a point of adorning their craft with *tui-tzŭ*, or parallel sentences. Seldom is a junk to be found on this river that has not at least one pair of these sentences displayed on the fore part of the house.

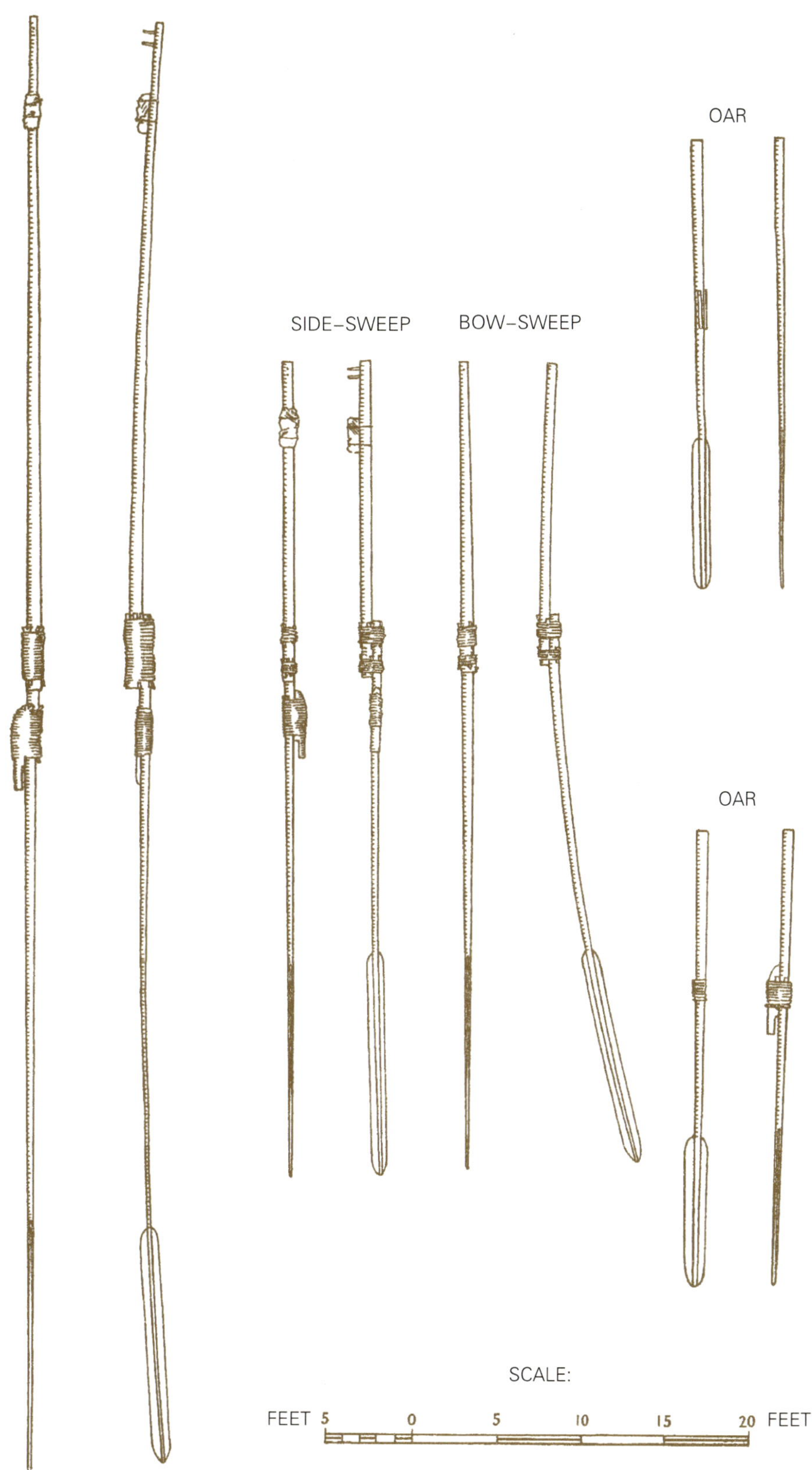

Fig. 34-8 OARS AND SWEEPS

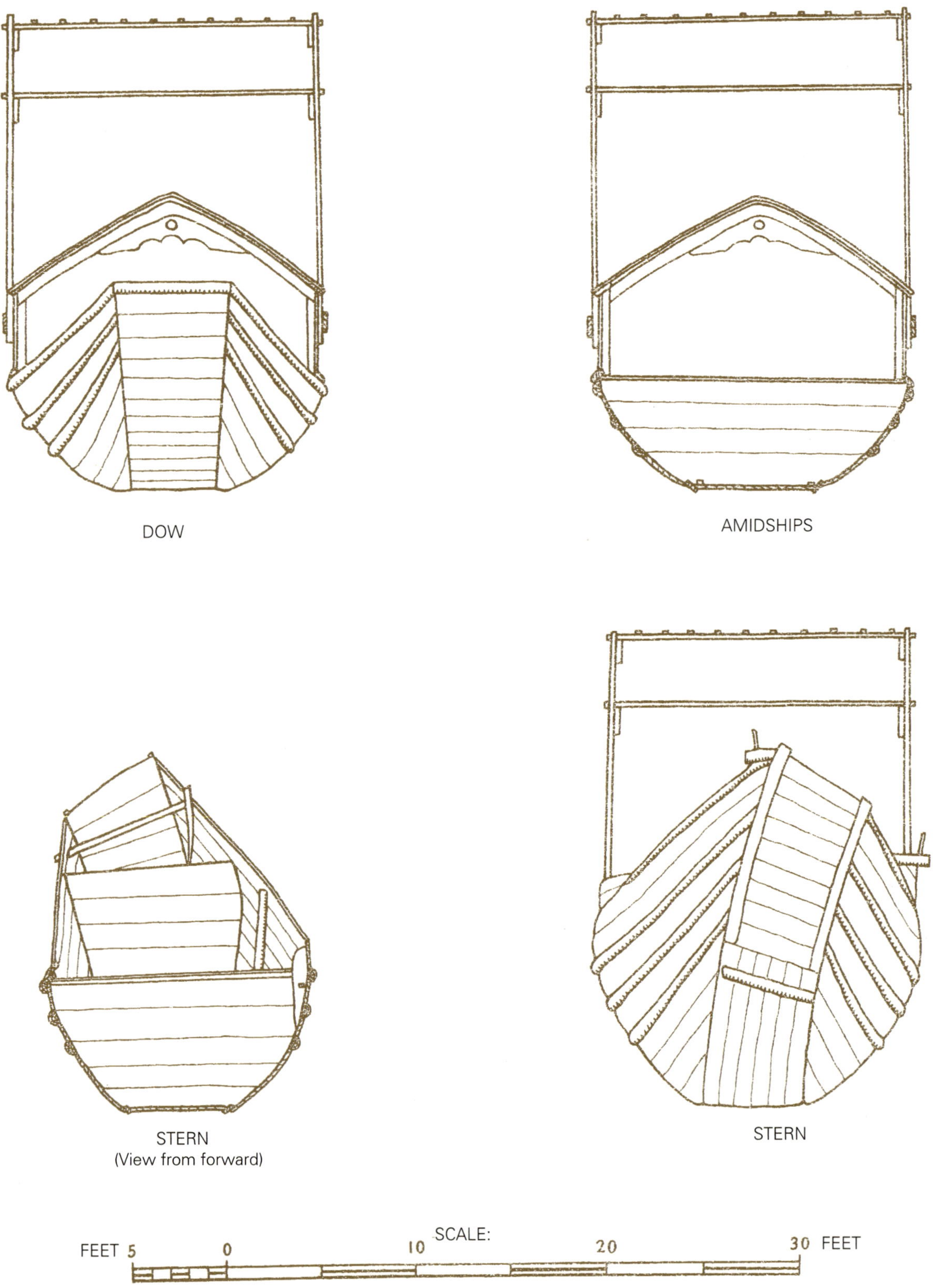

Fig. 34-9 DOW, AMIDSHIPS and STERN